キリスト教学校の形成とチャレンジ

教育の神学　第3集

学校伝道研究会［編］

聖学院大学出版会

目次

学校伝道と「教育の神学」——まえがきにかえて　髙橋義文　5

第一部　学校伝道研究会の理念

1　学校伝道研究会ミッション・ステートメント（二〇〇五年）　18

2　ミッション・ステートメント作成の経緯とねらい　小倉義明　20

3　ミッション・ステートメントをめぐるシンポジウム　倉松功、古屋安雄、近藤勝彦、後藤田典子ほか　25

4　学校伝道研究会ミッション・ステートメントの背景——新たなるキリスト教学校形成の課題を担って——　阿部洋治　61

5　「新しい人」に応じる教育　近藤勝彦　74

第二部　国家・社会とキリスト教学校の使命

1　親の教育権と私学——私学としてのキリスト教学校の使命との関連で——　倉松功　88

2　キリスト教学校と教育基本法　深谷松男　99

3　教育における公共の精神と愛国心——中央教育審議会の答申をめぐって——　近藤勝彦　133

4　「教会と国家の分離」体制におけるキリスト教学校の使命　阿久戸光晴　151

第三部　学校伝道の展開

1　ティリッヒの伝道論と日本　菊地　順　176
2　明治大正期における保育思想受容に関する一考察
——中里幼稚園主任保母　中澤咲子の場合——　鈴木健一　201
3　小学校におけるキリスト教教育の展開
——組体操を通しての賛美の表現——　木戸真千子　226
4　中等教育（中学・高校）におけるキャンパス・ミニストリーの実践と課題　木戸健一　246
5　「緑聖教会」の試み
——学校伝道の一展開例——　濱田辰雄　257
6　これからの日本伝道とキリスト教学校　古屋安雄　272
あとがき　阿部洋治　281

資料

1　学校伝道研究会規約　(6)
2　学校伝道研究会の歴史と活動記録　(9)
1　学校伝道研究会の歴史　(9)
2　学校伝道研究会の活動記録　(11)
3　学校伝道研究会紀要「キャンパス・ミニストリー」総目次　(24)
3　学校伝道に関する参考文献リスト（濱田辰雄・編）　(30)

学校伝道と「教育の神学」——まえがきにかえて——

学校伝道研究会会長　髙橋義文

このたび、学校伝道研究会から論文集『キリスト教学校の形成とチャレンジ——教育の神学第三集』を上梓することができますことを、心より感謝しております。

学校伝道研究会では、過去二つの論文集を出版してまいりました。第一論文集は、『教育の神学』と題して、一九八七年に、第二論文集は、『キリスト教学校の再建——教育の神学第二集』として、一九九七年に出しました。幸い、いずれも関係各方面で広く読まれ、編集に携わった者としてうれしく思っています。

学校伝道研究会は、一九八〇年に小倉義明先生（聖学院副院長、聖学院キリスト教センター所長、女子聖学院中学高校校長、当時女子聖学院短期大学宗教主任）の提唱で始まったのですが、その頃、教会やキリスト教学校には、まだまだ紛争の余燼が各所に残っているときでした。小倉先生は、それを踏まえて、しかし前に向って今後キリスト教学校をどのようにしていくべきか、とくに宗教教育に関わるチャプレン、キリスト教科目担当者として何をすべきか、それを根本から考えなおしたい、と呼びかけに応じた十名ほどのチャプレンたちを前に、訴えられ、定期的な学びが始まりました。二年後、この学びをより公的なかたちにすべく、「学校伝道（キャンパス・ミニストリー）研究会」を立ち上げることになりました。そのとき、キリスト教学校のなかには、正面からそれを掲げることに少なからぬ躊躇がないとは言えない当時の雰囲気の中で、あえて、会の名称に「学校伝道」を選んだのでした。それは、キリスト教学校と教会を峻別して、伝道は、学校がなすべきことではないとの考え方にたいして、本来のキリスト教学校の使命や伝道概念についての本来的な理解が取り戻されるなら、学校伝道は成り立つはずであり、積極的に推進すべきことだ、との明白な意思の表明（マニフェスト）でもありました。それは伝道学的に言えば、ある意味で、「ミッシオ・デイ」的伝道理論がやや違った方向へ流れていることへの反対の表明であり、キリスト教学校における伝道意志の確認でもあったと言って良いと思います。

しかし、同時に、伝道という語が極端に狭められ歪曲されて理解されることもないわけではないことから、その頃すでに定着し始めていた「キャンパス・ミニストリー」の語を加えました。

今日、キリスト教学校で、「学校伝道」の語がかなりの程度一般的になり、「学校伝道」と「キャンパス・ミニストリー」とが、自然な形でしかも積極的な意味あいをもって結びつく状況が見られるとするなら、それには、学校伝道研究会の名称がいささかなりとも寄与したところがあったのではないかと思います。

今年、その前身も含めると、学校伝道研究会は、小倉先生の提唱から数えて二六年目を迎えております。その間、私たちの学びは、規模としてはささやかでしたが、その内容は有意義で、実りの多いものでした。顧問の先生はじめキリスト教学校を内からあるいは外から見てこられた長い経験を持つ多くの先生方に、公開講演会や夏季研修会で講師をお願いし、研究会とは言うものの、もっぱらそれらの先生方からひたすら学ぶ会であったように思います。その際、しばしば、あつかましくも、講師の先生が所属しておられる学校を会場として使用させていただくということがありましたが、それは同時に、その学校のキリスト教活動の様子など学校伝道の現場を見学させていただく貴重な学びのときともなり、参加者の視野が広げられ種々の示唆を受ける機会ともなりました。そのような活動への参加者は、それぞれが奉仕するキリスト教学校におけるさまざまな課題との取り組みの中で、学んだことを反芻・消化しつつ、新たな意欲が与えられて学校伝道に励んでまいりました。

これまで、この会のために、講演の労をとってくださった多くの先生方に心より感謝申し上げます。この会が今日に至るまで継続されているのは、ひとえにこうした先生方のご奉仕とお励ましによるものです。

そうした学びの中で、学校伝道研究会の基礎となる視点と方向が与えられたのは、一九八三年、学校伝道研究会第二回定期総会公開講演会でなされた、会の顧問の大木英夫先生（聖学院院長・理事長、当時東京神学大学教授）による「教育の神学」と題されたご講演からでした。この講演は、わたしたちにとってほとんど決定的なものとなりました。それゆえ、最初の論文集を編むに当たって、書名を「教育の神学」としたことは、会としてごく自然なことでした。

その後、「教育の神学」は、学校伝道研究会では長く合言葉のように用いられてきました。しかし、わたしたちの間での理解の内実はどうか、と言えば、必ずしも満足のいくものではありませんでした。大木先生が提起され、それを学校伝道研究会に期待されたことが、十分に深化・展開させてきたとはなお言えない状況にあるからです。

学校伝道研究会では、これまでの二十数年の活動を踏まえて、会の使命を今一度確認することにいたしました。あらためて「ミッション・ステートメント」を作成し、二〇〇五年の総会の折に、シンポジウムを開き、その内容の検討をいたしました。（その経緯は本書第一部をご覧いただきたいと存じます。）

ここでは、その補足として、学校伝道研究会の基本思想となってきた大木先生のご論文「教育の神学」の内容をもう一度確認し、わたしたちの課題を整理すべくその一部をいささか敷衍して、まえがきにかえさせていただくことにいたします。

＊「教育の神学」の論文は『教育の神学』（ヨルダン社、一九八七年）の冒頭に収録されています。その後、大木英夫著『「宇魂和才」の説――二一世紀の教育理念』（聖学院大学出版会、一九九八年）に再録されましたが、こちらでは、全体が五項目に分けられそれぞれに見出しが付されて読みやすくなっています。両者間に本文の違いはありません。

「教育の神学」の趣旨は、大きく三点あります。

まず、「日本のキリスト教教育に関係する人々は、いまや新しい課題に直面しているのではないか」との認識を背景に、そこで必要とされていることは、従来なされて来たキリスト教教育学ではなく、「教育の神学」だ、という点です。

著者によれば、キリスト教教育学とは、「『キリスト教教育』というものを一つの教科目のように考える仕方でとりあげ……そういう一つの教科レヴェルで考えて、いかにキリスト教信仰を教育のプロセスにのせるかという技術論」であり、「教育学の専門家が、キリスト教という特殊教育分野に入っていく」というものでした。しかし、それでは、新しい課題に立ち向かうには「間に合わない」のです。そこには大きな「発想の転換」をはかる必要があります。それが、「教育の神学」の提唱です。

「教育の神学」とはどういうことでしょうか。著者によれば、端的に言って、「教育そのものを神学的にどう考えるかという仕方で捉え直し、そこから見直してい」く、ということです。言わば、「教育について神学的に取り組む」ということであり、またそうしなければならない時代がきたということです。それは、「文部行政的な発想」であるとも言われます。すなわち、文部大臣（いまであれば文部科学大臣）は、日本の教育はどうあるべきかと考えるのですが、そのような発想を、神学者や牧師、あるいはキリスト教教育に携わっている者が持つということです。それは、学科目の一つとして、他の一般学科目に並ぶものとして聖書科目をどのように意味あるようにするかというレヴェルの課題ではないのです。「要は、教育全体をどうするかという仕方で取り組むべき神学的課題」なのです。それは、まさに「トータルかつラディカルな問い」であり、今日、そのような発想から、教育に取り組んで、はじめて、キリスト教学校が意味を持ってくるというのです。

第二に、著者は、そのことは、言い換えれば、「日本における『キリスト教学校』の存在理由を明らかにする」ことを意味すると言われます。そしてそれは、「たんに現代社会におけるキリスト教学校全体の存在意義にとどまらず、今日の国民教育、公教育が神学的にどうでなければならないか」ということをも問題とするという発想です。「日本国家の教育の課題を根底から神学的に考える」ことがいま必要であり、「そこから教育一般を考える」のであります。

第三に、そのような作業が「教育の神学」であるなら、さらに、その具体的な「拠点」はどこにあるのかを問わねばなりません。大木先生は、この点では、神学の場を教会とする弁証法神学の確信を受け継いでいく必要があると主張されます。たとえば、バルト神学は、教会を場とした神学ですが、大学の神学部で、神学の課題は説教の課題と同じだと主張してそれをいたしました。それは、神学を歴史学的方法の枠で遂行しようとしたいわゆる十九世紀の科学的神学と非常に異なる側面であり、バルトの革命的な発想でした。そして、大学の中で、教会的神学をすることを主張したわけです。

大木先生によれば、「『教育の神学』と言った場合、その根本的な立場となっているものは何かというと、神学が共通にもっているその場としての教会だ、ということになる」のです。つまり、「文部大臣がもっているような考え方を、教会を基礎において考えてみる」ということでもあります。

以上の「教育の神学」の作業とその性格を根底に据えると、学校内ではっきりしてくるものがあるはずだと、著者大木先生は次のように言われます。

それは、「キリスト教学校の中における、いわば『教会的なるもの』がとくにくっきり出てくるところ、つまり学校における礼拝です」。学校における礼拝は、教会のそれと比べて、中途半端であり、しばしば教会に格好だけは似ているると批判されることがあるが、「その似ているところに意味がある」のであり、「そこに座をおいて考える」ということがまさに意味をもつのです。したがって、「キリスト教教育機関の奉仕者が『教育の神学』というものを試みる学校内の場所があるとするならば、それはチャペルであり」、そのような立場の人にとって、「非常に重要な自分のいわば『生の座』になってくる」のです。

さらに「チャペルを重んじるということは、ただ心の中の決意みたいなものだけではだめで、それを神学的にどう弁証していくか」ということが重要になってくると指摘されます。たとえば、神学教育の場には礼拝があるが、礼拝をもって神学をするという、その神学とは何か、という問題が出てくるが、それは、「キリスト教学校においてチャペルに立脚し、それに命をかけているキリスト教教育担当者にも関わってくる問題」にも深く関係します。広くいえば、礼拝をもって学問をする、あるいは礼拝を踏まえた教育の性格とはどのようなものか、ということです。

この点に関して、大木先生は、学問と敬虔の関係として、十三世紀のトマス・アクイナスとボナベントゥーラの学問への態度の違いに触れて、神学の特質を説明しておられます。自然から超自然へ上っていくトマスの仕方にたいして、ボナベントゥーラは神から自然を見るという仕方を取ります。被造世界から始めて神のもとへと達しうるというトマスの方法では、スキエンチア（知識）は増大するが、サピエンチア（知恵）は壊されるとボナベントゥーラは危惧します。サピエンチアとは「神を畏れることは知恵のはじめ」とあるその知恵です。このボナベントゥーラの方法は、もともとアウグスティヌスにさかのぼります。アウグスティヌスは、「内面において神と触れ合って、永遠に確かなものを捉える、それから始めなければならない」と考えたからです。そこではスピリチュアリティが非常に重要になります。アンセルムスは、これを受け継いで、「知らんがために信じる」という行き方を取り、バルトはそれを受け止めて自らの神学的方法論を確立いたしました。

今日、スキエンチアの増大とともにサピエンチアが破壊されるという状況には深刻なものがあります。そのなかで、キリスト教学校は、礼拝のある学び、祈りのある学びをする、すなわち、敬虔を踏まえて学問をするのです。祈りによって、そこでなされる学問や教育の方向と性格がきまってきます。著者は、「祈りの中でなされる学問がある、ピエタス・エト・スキエンチア〔敬虔と学問〕の結びつきをもって（その）伝統を新しく生かすこと……それをいまのキリスト教学校のチャペルに求めねばならない。トマスから出発してくるこのいまの文化的流れ……に歯止めをかける、方向転換を与えるということがその役目です」と主張されます。それは、知識を否定することではなく、「知識の性格を変え、文化の性格を変えていく」ということを意味します。

これがキリスト教学校の文化的意義ということになります。キリスト教学校の文化的意義を、中心的に担い推進しているのが、場としてはチャペルであり、担当としてはチャプレンや聖書教師であり、それはまた学校の行政主体、理事会の課題でもあります。そして、それは、学校伝道の課題でもあるわけです。

以上のように論じられたうえで、大木先生は、キリスト教学校が、公教育のなかで、あってもなくても良いようなものではなく、いわば「心臓」であると指摘され、それを「キリスト教学校心臓説」として主張されています。

以上、少々長くなりましたが、大木先生の論文「教育の神学」の概要を確認してみました。これまでさまざまなキリスト教学校論がありましたが、このような捉え方は例を見ないものだと思います。教育にキリスト教的な次元を導入してキリスト教学校を形成するというのではありません。現代の教育を、トータルかつラディカルに、別な視点から、すなわち神学的に見直す、というのです。そこに、キリスト教学校の意義、チャプレンたちの奉仕、キャンパス・ミニストリーの根源的機能がある、というのです。

ここで、二点ほど、大木先生の論文を踏まえ、学校伝道研究会の課題として考えておきたいと思います。

一つは、学校伝道は、じつはきわめて大きな課題のもとにあるということです。日本の教育をトータルかつラディカルに捉えなおすことに深く関係するからです。しばしば、われわれは、学校伝道の現場で、狭い視野で、学校のさまざまな教育活動の中で、キリスト教教育を意味あらしめようと、キリスト教科目の充実に、またさまざまなキリスト教活動の充実に努めることにだけ心を砕いてそれで終わってしまいます。しかし、学校伝道は、キリスト教学校のキリスト教性を確保することがその重要な責務となります。それのみならず、その意義を考えます。すなわち今日の教育におけるキリスト教学校の存在意義にかかわる。その意味で、教育の神学の作業に参与するのです。

大木先生は、キリスト教学校は公教育の心臓たるべきと言われます。それになぞらえて言えば、学校伝道は、教会との関係を密にすることにおいて、キリスト教学校の心臓であるべきであります。実際、キリスト教学校の存在意義は、そのキリスト教性にあると言えます。それを守り推進するのは学校伝道・キャンパス・ミニストリーの働きです。そうだとすれば、キリスト教学校における学校伝道の質が問われることになります。そしてそれが、ある意味で日本を変える苗床の意味をもつでありましょう。そのような大きな歴史的パースペクティヴを持ってキリスト教学校に奉仕することが必要であります。

しかし、このことは、単に学校伝道に直接関わるものたちの間での確認だけでなく、キリスト教学校の構造としても確認されていなければなりません。関係者の頭の中の認識だけでなく、学校がそのような視点に立っていることを、何らかの形で構造的に示す必要があるのではないかと思います。

二つは、以上のことは、学校伝道・キャンパス・ミニストリーの単なる歴史的社会的意義に留まらず、そこにおける霊性（スピリチュアリティ）に深く関係するものであるという点です。これまで、学校伝道研究会では、礼拝の重要性については繰り返し確認してきました。大木先生の論文で確認したように、礼拝は、教育の質に深く関係するものであり、キリスト教学校にとって、その位置はきわめて重要だからです。やはり会の顧問である倉松功先生は、かねてより、学校礼拝はキリスト教学校にとって必須の「公的校事」であると繰り返し主張してこられました。

ところが、霊性の必要に関して、礼拝とくらべて、学校伝道研究会としてそれを取り上げ学ぶことは少なかったように思います。もっとも、第十五回公開講演会で、金子晴勇先生によって「人間学から見た霊性教育」と題された講演がなされたことがあります（それは、『キリスト教学校の再建――教育の神学第二集』に収録されています）。金子先生は、霊性の概念を、哲学と神学、東洋思想とキリスト教思想の比較において概観し、アウグスティヌスやルターの理解を踏まえて「霊性教育」を訴えられました。これは、霊性について考える際に改めて確認すべき基本となる文献と言えます。

それにもかかわらず、学校伝道研究会として、霊性についての取り組みは不十分であったように思います。今日、霊性の重要性については、教会内のみならず一般世界でも指摘されるようになってきました。学校伝道・キャンパス・ミニストリーにおける霊性は、ますます重要になっています。学校伝道研究会のミッション・ステートメント作成に当たってのシンポジウムでもそれが指摘されておりました。

言うまでもなく、霊性をどうとらえ、学校伝道のなかにどのように取り入れていくかということは決して容易なことではありません。ここに学校伝道研究会の新たな課題があります。

ラインホールド・ニーバーは、キリスト教的洞察の歴史的意義を思想的にも実践的にも強力に展開した稀有な神学者として知られていますが、実は、同時に、超越的次元、神への畏れの次元の重要性をこれまた強力に強調した神学者でもありました。しかしニーバーはそれを、キリスト論的に徹底させたカール・バルトらの神学とは非常に異なった仕方で提示いたしました。たとえば、「秘義と意味」（Mystery and Meaning）に関して弁証法的な関係において提示した洞察がその一つです。そこには、学校伝道・キャンパス・ミニストリーの遂行に示唆となる基礎的視点として受け止められるような洞察があるように思います。関連すると思われる文章を二、三引いてみます。

「生の秘義への感受性は人間の尊厳の本質である。それは、われわれの意識の源泉の育成地であり、意味の感覚が引き出される土壌である。人間は、説明によってだけで生きるものではない。驚きと秘義の感覚によって生きるものである」。

「われわれは、さまざまな意味の領域のなかで生きているが、それは合理的に首尾一貫したものではない。われわれが生きる意味の領域は、秘義の影に半ば囲まれており、理性によって見通されるものではない」。

「秘義と理解、静寂と言葉の正しいバランスを維持することは、宗教的実存の目標であると思われる」。

学校という場に、霊性の位置を確立するには、適切なバランスが大切です。霊性の強調はときとしてある種の濃密な神秘体験の強調と混同されてしまいがちだからです。あるいは超越次元の誤った徹底には歴史的次元が失われてしまいます。歴史的視野の欠落した神秘体験や超越への意識に知識や文化の性格や方向を変える力はありません。ニーバーは、人間や歴史における秘義の次元を意味の次元とのかかわりの中でとらえることによって、秘義がすべてを覆って人間の歴史的責任がないがしろにされることにも、また、すべてが理性によって明らかにされるという立場に過剰な信頼を置くことにも与さず、両者のバランスを、それも形式的なバランスではなく、弁証法的で力動的なバランスを取ろうと努めたのです。それは学校のようなところに、とりわけ学校伝道の場で必要な洞察ではないでしょうか。

学校伝道研究会は、これからも、こうした先人の洞察を踏まえ、「教育の神学」の課題を覚え、学校伝道のキリスト教学校における意義を確認しつつ、学びを継続していきたいと考えています。その際、そうした学びがただ理論的な作業に終わるのでなく、初等教育から高等教育にわたる各教育機関における学校伝道の現場に密着しながら実践的にも有意義な学びを続けていきたいと考えています。

本書をお読みくださって、率直なご意見やご批評をお寄せくださいますようお願いいたします。また、多くの方々に、研究会に加わってくださるようお願いいたします。

最後に、本書に論文、報告を寄せてくださった執筆者の先生方に心より感謝申し上げます。今後ともご指導をよろしくお願い申し上げます。

第一部　学校伝道研究会の理念

1　学校伝道研究会ミッション・ステートメント（二〇〇五年）

学校伝道研究会は、幼稚園から大学までのプロテスタント・キリスト教学校において、伝道と教育と学校形成に奉仕することを使命とする者たちの相互の研鑽と支援を目指す同志の会である。

宗教改革に端を発するプロテスタント教会は、主イエス・キリストの十字架の贖いを唯一の救済根拠とし、その恩恵の信仰的受容と主体的継承を教会形成の生命線とする。それゆえ、教育が教会形成の重要な営みとなった。同様に、プロテスタント教会の伝道においても、教育はそれと不可分のものとして重要な役割を果たしてきた。ここにわれわれはプロテスタント・キリスト教学校の原点を見る。ひるがえって、今日の日本の教育界が抱える課題を顧みるとき、われわれは福音の伝道なくして真実の教育は実現され得ないとの確信を深めるものである。プロテスタント・キリスト教学校は、福音の光に照らされた人間理解に基づく人格教育を積極的に展開する意味と使命を深く共有していかねばならない。

これらの認識に立って、われわれは以下の五項目を活動目標として掲げる。

一、学校伝道研究会は、プロテスタント・キリスト教学校（以下はキリスト教学校とする）における学校伝道に従事する者自らが、絶えず霊的にも人間的にも成長することの重要性を認識し、そのために相互の研鑽を目指す。

二、学校伝道研究会は、キリスト教学校における学校伝道を、各学校における孤立した活動としてではなく、全国的視野に立った意識と連帯のもとで捉え、そのために相互の現状を理解・共有することを目指す。

三、学校伝道研究会は、キリスト教学校における学校伝道に奉職する者たちが孤独な戦いに陥ることがないように人的な交流の場を提供し、必要に応じて支援し合うことを目指す。

四、学校伝道研究会は、園児・児童・生徒・学生の霊的・人格的育成を教育の目標とし、その実現に向けて、福音に基づく教育の具体的展開、実践的課題の探求を目指す。

五、学校伝道研究会は、キリスト教学校における学校伝道が、どのような時代においても聖書によって正しい方向性を持ち、常に深い霊性に基づいた活力ある働きとなるために、その基盤となる「伝道と教育に関する神学」の構築を目指す。

（二〇〇五年四月二九日総会にて採択）

2　ミッション・ステートメント作成の経緯とねらい

小倉義明

学校伝道研究会ミッション・ステートメントは、二〇〇五年四月二九日総会において、可決成立した。これに先立って、二〇〇四年四月二九日には、運営委員会案として提示されたミッション・ステートメントをめぐりシンポジウム「学校伝道と霊性の回復――ミッション・ステートメントの検討に際して――」が開催された（本書三五―六〇頁）。どのようなミッション・ステートメントを作成するかという具体的問題をきっかけとしたシンポジウムであったが、内容的にはキリスト教教育の根本に関わる重要な議論が展開された。ここでは、学校伝道研究会が担って行くべき課題、ひいてはキリスト教諸学校・大学をその名にふさわしく形成して行くためによりいっそう研鑽を深めて行かなければならない大切なテーマが示唆されている。

ミッション・ステートメント作成への動きは二〇〇三年秋の運営委員会合宿において開始された。その合宿では、一九八二年五月五日に始まった本会もすでに二十二年目を迎えていたことから、学伝研はどういうことを使命として取り組んで来たか、また今日的の状況において取り組むべき課題は何か、こうした点をより一層明確に捉えなくてはならないのではないかという話し合いがなされ、ここからミッション・ステートメントを作成しようということになったのである。翌二〇〇四年一月一二日に起草小委員会が組織され、菊地順、後藤田典子、小倉義明の三人がその役目を与えられた。この委員会が作成した素案（本書七〇頁以下参照）を基に、二月二二日に運営委員会において討議を行った。素案のまとめは菊地順委員に委託した。当初は、四月二九日の総会にこのミッション・ステートメントを発表する心づもりであった。しかし、討議をして行く中で、内容をめぐる議論がまだ十分熟し切れていないことに気付き、むしろ今回は案（本書二三―二四頁）という形で提示し、シンポジウムでの議論を踏まえて、その後に成案を得ることにしたいということになった。

二月二二日の運営委員会で討議されたことの第一は教育と伝道の不可分離性である。今から十五年程前、キリスト教学校教育同盟総会において、二つの分離説が基調講演として述べられた。教会と学校すなわち伝道と教育は別だ、教育を主語とする学校が伝道のようなことを考えるべきではない、伝道は教会の仕事であり、学校では改宗者獲得主義はやめたほうが良いなどという辛辣な発言であった。しかし教会の信仰の継承は本質的にも歴史的にも教育と伝道にある。とりわけプロテスタント教会の場合には信仰のみ、聖書のみという旗印の下、伝道と教育とは不可避的に要請されて来る。また福音の伝道なくして真実の教育は実現され得ないとわれわれは考える。こうした二つの点から「伝道と教育に関する神学」の探究を目指すという目標を第五項目にまとめた。およばずながら学伝研は過去二十数年にわたってこの課題と取り組んで来た。

第二は教育目標について。キリスト教教育の中核部分は魂の教育にある。人間は単に心と精神だけではない。魂すなわち霊的次元を持ったものである。従ってキリスト教教育は魂にふれるものでなければならない。これを具体的にどう展開するか、その実践的な課題を探究して行きたい。これが第四項目である。こうした教育のために教師自身が相互に霊的成長を目指す。これが第一項目である。

第三は、キリスト教学校に遣わされている各教師たちがそれぞれの置かれた状況について分かち合い、豊かな深い理解と共感を持ちたい。そしてお互いに助け合う必要がある。教会に派遣された伝道者が孤立していてはならないように、学校に遣わされた伝道者たち、教師たちが孤立していてはいけない。共通した使命感と教育理解を持つもの同士が互いに連携し合い助け合って行きたい。これが第二及び第三項目である。

このシンポジウムのテーマは第一項目と関係している。「学校伝道研究会は、プロテスタント・キリスト教学校における学校伝道に従事する者が、絶えず霊的にも人間的にも成長することの重要性を認識し、そのために相互の育成を目指す」。ここには、教師は自ら人格的かつ霊的に生きるということでなければならないという自覚と反省がある。

キリスト教学校のキリスト教性を担保するものには学校法人の寄付行為、理事会の根本方針や体制、教職員の構成および組織、礼拝やカリキュラム、教師の資質等々がある。しかしここでわれわれはこの中の「教師の資質」を取り上げた。教師は教授能力・指導力を備えていなければならないことは当然であるが、それに加えて品性を具備していなければならない。キリスト教教育の場合には品性のみならず、教師自身が霊的次元の経験や理解をもっていなければならない。

霊性とは何か。「神は霊であるから、礼拝する者も、霊とまこととをもって礼拝すべきである」（ヨハネ四・二四）が手がかりとなる。ここでの神の霊性とは超越性である。神の超越性とは聖性と贖罪力である。神は愛の御方として贖罪の力をもっており、その力に神の超越性、霊性がある。人間の霊性とは神のこの霊性に結びつく関係性である。霊なる神に結びつくあり方——神の超越性に直面するときの人間のあり方、罪人なる有限な人間が神の聖なる超越性に直面させられるあり方——は、雷に打たれるような体験と言える。その雷に打たれているようなあり方が人間の霊性だと思う。同時に神の贖罪力に促されて応答せざるを得ない。その応答する時の人間の意志、これが人間の霊性と言える。

霊的な神に直面する時と場は礼拝と祈りである。聖書とその説き明かしの場である。この聖書の説き明かしにおいて人は霊的にさせられる。また祈りにおいて人は霊性が与えられる。祈りとは霊的な神との人格的な生ける交わりをするチャンネルである。「このたぐいは、祈りによらなければ、どうしても追い出すことはできない」（マルコ九・二九）。ここには有限なる人間の限界性が示されている。同時に神の全能に触れるチャンネルが祈りであることが教えられている。霊的な神に直面するのはこの祈りにおいてである。プロテスタントはイグナチウス・ロヨラのような霊操の修練といったプログラム化までは行けない。しかし「絶えず祈りなさい」（第一テサロニケ五・一七）という戒めを聞いていることが私たちの霊性を担保するぎりぎりのところではないだろうか。

資料・学校伝道研究会ミッション・ステートメント案

学校伝道研究会は、幼稚園から大学までのプロテスタント・キリスト教学校において、伝道と教育と学校形成に奉仕することを使命とする者たちの相互の研鑽と支援を目指す同志の会である。

宗教改革に端を発するプロテスタント教会は、主イエス・キリストの十字架の贖いを唯一の救済根拠とし、その恩恵の信仰的受容と主体的継承を教会形成の生命線とする。それゆえ、教育が教会形成の重要な営みとなった。同様に、プロテスタント教会の伝道においても、教育はそれと不可分のものとして重要な役割を果たしてきた。ここにわれわれはプロテスタント・キリスト教学校の原点を見る。

ひるがえって、今日の日本の教育界が抱える課題を顧みるとき、われわれは福音の伝道なくして真実の教育は実現され得ないとの確信を深めるものである。プロテスタント・キリスト教学校は、福音の光に照らされた人間理解に基づく人格教育を積極的に展開する意味と使命を深く共有していかねばならない。

これらの認識に立って、われわれは以下の五項目を活動目標として掲げる。

一、学校伝道研究会は、プロテスタント・キリスト教学校（以下はキリスト教学校とする）における学校伝道に従事する者自らが、絶えず霊的にも人間的にも成長することの重要性を認識し、そのために相互の研鑽を目指す。
二、学校伝道研究会は、キリスト教学校における学校伝道を、各学校における孤立した活動としてではなく、全国的視野に立った意識と連帯のもとで捉え、そのために相互の現状を理解・共有することを目指す。
三、学校伝道研究会は、キリスト教学校における学校伝道に奉職する者たちが孤独な戦いに陥ることがないように人的な交流の場を提供し、必要に応じて支援し合うことを目指す。
四、学校伝道研究会は、園児・児童・生徒・学生の霊的・人格的育成を教育の目標とし、その実現に向けて、福音に基づく教育の具体的展開、実践的課題の探求を目指す。
五、学校伝道研究会は、キリスト教学校における学校伝道が、どのような時代においても聖書によって正しい方向性を持ち、常に深い霊性に基づいた活力ある働きとなるために、その基盤となる「伝道と教育に関する神学」の探究を目指す。

3　ミッション・ステートメントをめぐるシンポジウム

パネリスト　倉松　功
古屋安雄
近藤勝彦
後藤田典子

キリスト教学校の祝福と課題

倉松　功

ミッション・ステートメントは全体として良くできていると思うが、私の発題とも関連して、一つだけ重要な点を付け加えることを提案したい。第五項目の後半に「その基盤となる『伝道と教育に関する神学』の探求を目指す」とあるが、ここを「その基盤となる伝道と教育に関する神学を探求し、キリスト教学校の形成に仕えることを目指す」としてはどうか。キリスト教学校の形成ということが重要だと思うので、これについて発題したい。

私の資料には「キリスト教学校の祝福と課題」というテーマを掲げてある。何故このようなテーマが出て来たか。

日本のキリスト教学校は、クリスチャンの構成率が二〇パーセント前後であれば良い方だと言える。そういうところで「カナンの言葉」だけを語っても通用しない。教育の現場でキリスト教性を獲得し形成して行くためには、「キリスト教学校の祝福と課題」というテーマである。キリスト教学校に与えられている「祝福」を確認し、そこからキリスト教学校に課せられている「課題」について考えたい。それに基づいて、キリスト教学校に遣わされる教育者（教職者を含む）の務め、要件、問題との対応ということをめぐってお話をしたいと思う。

まず、基本的なことを言えば、祝福の第一は教育そのものが神の命令・委託であるということである。それゆえ、それに応えて教育に従事することはすべての人間に与えられた祝福なのである。これが聖書から来る考え方であり、また特に「キリスト教学校」の名付け親というべきM・ルターの考えでもある。このことに関しては、キリスト者であるか否かによる相違はない。教育に従事することは神の祝福に与ることであり、これが教育職が聖職だと言われることとも符号する。もちろんその場合キリスト者以外では皆が神の教育命令を考えているわけではない。しかし人間が人間を教えることの尊さ、人間が成育する、人間が教育的に触れ合うということにおいて経験される超越性すなわち「育てるのは神である」ということを暗々裏に感じるということはあるのではないか。ここに聖職ということを説くきっかけがあるように思う。

キリスト教学校は「主イエス・キリストを説き、歌い、賛美する（Predigen, singen, loben）」、これを学校の公的な行事として行う。これは唯一の最もすばらしい礼拝である、とルターは詩編四五・一八に基づいて記している。そのような意味のある礼拝をキリスト教学校は行うことが許されている。それはわれわれにとって第二の祝福であると共に課題である。

この第二の祝福と課題はたしかにキリスト者だけに約束され、与えられたもののように見える。しかし、この祝福と課題はちょうど聖書と同じように、すべての人に向けられ、開かれたものなのである。そもそも誰が主イエス・キリストの苦難・十字架の死と復活を充分に説き、唯一の、最も素晴らしい礼拝を捧げることができるのであろうか。キリスト者は、そのように約束されている完全な礼拝を捧げることが本来はできないことを知っている人間である。実際、主イエス・キリストは、まだ誰もキリスト者になっていない時、従って非キリスト者に向かって語られたのである。キャンパス・ミニストリーはこの原点に立ち返るべきではないか。これが私の第一の提案である。

それでは、キリスト者教員はキリスト教学校の形成のためにいかにあるべきか。キリスト者教員には教える務め、魂への配慮の務め、管理の務めの三つがある。こうした務めを遂行するための要件の第一は、生徒、学生、学校の問題を共有することである。自分が部外者であるような関わりであってはならない。第二は、問題に対する共同の責任を担うことである。どんな問題が起ころうとも自分がそれと関係ないということであってはならない。問題が起これば自分は逃げてしまい、あるいは外部に告発するということでは困る。第三は学校の使命のために人に仕えること。それは校長を大切にする仕方において学校の使命のために仕えるのである。

それでは具体的にはどのように問題に対応すべきか。第一は、審判者・糾弾者・預言者である前に共同の責任者として協力して問題の解決方法を探ることである。大学出立ての頃は批判的な立場に立つ傾向がある。第二は、どのような立場にあろうとも予告なしに学校責任者を公的に（教授会、職員会議などで）糾弾すべきではない。事前に十分な話し合いをすることが必要である。「先走りをしてさばいてはならない」（第一コリント四・五）。ましてや十分な話し合いなしに、官憲の手にことの解決を委ねるようなことをすべきではない。ただし学校当局は、明白な反社会的行為に対して積極的にいちはやくアカウンタビリティを示さなければならない。

いずれにしても、学校における牧会・管理の務めについて、適切な訓練のないままにキリスト教学校に派遣されると学校の形成に与ることは難しい。教職の特権意識、宗教原理主義の誤り、即ち独善的批評家に陥る危険がある。

以上のような視点から、学伝研の規定およびミッション・ステートメントに「キリスト教学校の形成に仕える」という項目を入れるべきだと思う。

学校伝道と霊性の回復について

古屋安雄

シンポジウムのテーマに「霊性の回復」という表現が見られるが、果たして過去において霊性の教育があったと言えるか。むしろ「学校伝道と霊性教育」とすべきではなかったか。本来、学校伝道は霊性教育との関係で考察すべきである。これまで伝道は教育の一部とは考えられては来なかった。チャプレンは異質な存在で教員の一部とは見られていなかったし、伝道が教育の一部として結びつけられてはいなかったように思う。逆に言うと、教育というものが伝道とは無関係の中で行われて来た。従って、礼拝や聖書の時間が特別のものとなってしまっている。しかし霊性の教育は教育の完成としてあるのであって、その意味で伝道は教育と無関係ではないということをもっとはっきりさせるべきであろう。その意味で、ミッション・ステートメントの「『伝道と教育に関する神学』の探究を目指す」〔二四頁参照〕という部分は、「学校伝道の霊性教育の神学の構築を目指す」と言い換えた方が良いのではないか。

霊性教育を考える場合、日本における霊性を無視して考えることはできない。具体的には新渡戸稲造の『武士道』（矢内原忠雄訳、岩波書店）がある。一般には新渡戸が武士道的な精神を奨励しているように見られているが、それは誤解である。新渡戸は、ベルギーの法学の先生から、日本では宗教なしにどうして道徳教育が行われるのかと問われ、自分の場合には武士道であったと答えた。しかしこれからはキリスト教でなければならない、これが新渡戸の主旨であった。ところが、内村鑑三等の信仰は「武士道に接ぎ木されたキリスト教」と言われたために、武士道が根本にあるように思われ、武士道がナショナリズムの精神であると利用されることになった。しかしながら、日本での道徳教育、倫理教育、宗教教育、いわゆる霊性教育がかつては何であったかを知る意味で武士道を取り上げることは意味がある。

霊性について語る場合にもう一人大事なのは鈴木大拙である。彼は敗戦の前の年に『日本的霊性』（岩波書店）、敗戦後には『日本の霊性化』（岩波書店）について記している。彼は、日本の神道では日本人の霊性は養われなかったという。クリスチャンでない人がこのように言っていることが興味深い。彼は日本で最初に「霊性」の問題を取り上げた人ではないか。鈴木は、神道によっては日本人の霊性は養われなかったということに加えて、日本において霊性化が起こったのは鎌倉仏教になってからと見ている。この意味でこの人こそ「霊性の回復」を語りたかった人であり、彼はそれを仏教で行うことができると考えた。

霊性ということでキリスト教の話をする前に、こうした人々が日本人の霊性をどのように見たかということを明らかにすることが大事ではないか。特に、鈴木が仏教で行うことができると考えている霊性教育をわれわれはキリスト教でやって行こうとしている。この意味でも、まず、神道や仏教ではどうであったかということに目を向けてみなければならない。日本のキリスト教がこうした点に関心を注いで来なかったことこそ、霊性教育をおろそかにして来た原因ではないか。特に、「学校伝道」が教育の一環となるためには、新渡戸稲造の『武士道』とか、鈴木大拙の『日本的霊性』『日本の霊性化』というものを取り上げ、わが国の宗教における「霊性」というものがどういうものであったかを問い、その問題点や限界を指摘する。これによって学校伝道やキリスト教の意味が分かって来るのであって、このことを無視してやって来たから反発だけが起こっているのではないか。

霊性教育をめぐって問題にしたいもう一つのことは、一九世紀神学において問題になった「神の国」のことである。一九六五年に亡くなったA・シュヴァイツアーの遺稿の中に「キリスト教と神の国」という草稿がある。シュヴァイツアーはその最初において、「キリスト教は神の国の到来を告げる宗教だ」と述べている。二〇世紀になってこの問題を取り上げなくなったことが問題ではないか。また聖書の観点からいえば、何故パウロやヨハネは神の国についてあまり語らないのか。霊性という時にイエスの神の国を言わないといけないのではないか。

自由学園の創立者、羽仁もと子は神の国についてよく語った。しかし羽仁がキリスト教信仰について書いた『信仰篇』はそのテキストのほとんどが福音書から選ばれていると言われる。つまりパウロについての言及はあまりない。それで高倉徳太郎は、羽仁もと子がもう少し罪の問題（すなわち贖罪論）に触れるべきだと言ったといわれる。しかし羽仁もと子は高倉のほとんど語らなかった神の国について語ったのである。神の国と信仰義認とをどのように結びつけるのか。これも霊性の教育と関係があるのではないか。

新しい人に応じる教育

近藤勝彦

キリスト教学校はどういう「教養」を考えるのか。教養は文化全体の有り様と関係する。また教養の理念の中に今の日本人をどのように教育しようとしているかが現れる。人権の教育、人格的な考え、デモクラティックな考え方、宗教的寛容の思想、いわゆるプロテスタント的な文化価値を加えた教養の理念を考えるべきではないか。それは旧来の日本的なアイデンティティとは違うものになる。「新しい日本人のアイデンティティ」をどう立てるかという問題である。大江健三郎流に言えばそれは「新しい人」という問題に通じる。今日日本人のアイデンティティは分裂しているのではないか。こうした中でこの「新しい人」に応じる教育とはどのような教育かを問いたい。

最近の大江健三郎の『「新しい人」の方へ』（朝日新聞社、二〇〇三）は彼の信仰告白と言えるものではないか。彼はイエス・キリストの復活を「新しい人」として生きられたことだと理解し、これを「人間の歴史で何より大切に思っています」と語っている。

これと対応して考えたいことは、「新しい人」は「なる」ものではなく、「着る」「身につける」（エペソ四・二四、コロサイ三・一〇）ものだということである。ということは、「新しい人」は「発展」概念ではない。すでに潜在しているものを引き出すことではない。その意味で教育は限界にぶつかることになる。従来の人、「古い人」の単なる「成長」という連続線ではない。「変化」や「変貌」、「断絶」や「飛躍」、すなわち「回心」という問題が位置を持つ。「回心」や「悔い改め」を欠いて「新しい人」はない。「新しい人」と「古い人」との識別は、新旧の時の問題ではなく、キリストのものとされているかどうか、キリストの問題であり、聖霊の問題であり、恵みの問題であり、洗礼の問題である。霊性ということもこうしたことと関係がある。この意味において霊性の問題は発展的な教育の問題を越えている。キリストのものとされることが重大問題である。これは努力目標でもなく教育目標でもない。恩寵による霊的賜物である。しかしそれでも、これが教育と関係するのではないか。この賜物に備え、この賜物に応ずる教育はあると思う。そういう教育は何かということが問題である。

堀米庸三氏は、遺書「人と時の流れ」（一九七五）において、プロテスタント宣教一〇〇年になっても日本には全人口の一パーセントのキリスト教信徒しかいないという事実をめぐり、日本人には「キリスト教」「人権の思想」「人間尊重」に代わるものとして、「人間と同様に生きとし生けるものの、あるいは生命そのものの尊厳を信じる」生き方があると言う。その根本にあるものは「古代以来のアニミズムの思想」で、「これが仏教と融合して、現在のわれわれの心の奥底にある」と述べている。堀米氏のこうした言葉に感銘を受けて、磯部忠正氏は、日本人の宗教意識をもう半歩修正する形で、「万有仏性の形をとったアニミズムと根源への回帰あるいは祖先回帰」という。そして文明がどんなに進んでもこの型を出ないという。だから人権思想とか人命尊重ということは日本人には合わないとし、磯部氏においては、非常にラディカルな憲法改正思想となっている。

こういう考えに対してキリスト教教育は「新しい人」に応ずる教育をすることになるであろう。この教育の基盤となる「教養」とは何かと言うなら、憲法とその中に表現された精神と価値観がその骨格となる。そうでなければ憲法は教養や価値観の基盤を持たず、いつまでも定着しえないということになるであろう。日本における教育は、憲法にも潜んでいる日本人のアイデンティティの分裂と取り組み、この問題の克服を考えて行かなければならない。憲法は人権の思想や人間の尊厳を支持する根本的価値観的原理に支えられている。しかしこうした原理と象徴天皇制との間には齟齬や分裂がある。象徴天皇制はむしろ「万有仏性の形をとったアニミズム」や「祖先回帰」と親和性がある。

キリスト教学校は「新しい人」に応じた教育を推し進めていかなければならない。それは、「キリストを着る」「洗礼を受けてキリストのものになる」ことを奨める教育であり、それに基づく教育で、具体的には教会への出席を奨める教育である。さらには、「新しい人」に応じた倫理道徳、人権や人間尊重を中心においた憲法教育、日本人の文化の意味ある変貌を含む「教養」、世界共通文化を視野に入れた歴史教育などを考えるべきであろう。

霊性の教育

後藤田　典子

ミッション・ステートメント作成するためのキー・ワードを考える段階で思いついたのは「霊性」という言葉であった。学校教育の現場を考えると生徒と共に教師自身の霊的な向上が望まれるからである。

前任は初等教育の現場だったが、小学校は子どもにとって非常に大きな影響力を持つことを実感させられた。日本にはプロテスタントの小学校が非常に少ない。日本基督教団中部教区では一校のみ。関西においても多くはない。九州に至っては皆無である。こうした状況の中でキリスト教学校はいかに生徒に向うべきか。生徒たちは教会に行っていない、保護者も教会や聖書から遠い存在。子どもたちがキリスト教学校に入学するだろう理由はキリスト教だからというのではない、むしろ聖書には無関心である。よりよい大学に入るためによりよい中学・高等学校を選んでいるのが実態ではなかろうか。

キリスト教学校である中学・高等学校の多くは礼拝、宗教行事・宗教活動、聖書科授業という三つの柱で宗教教育を展開する。それは各学校の建学の精神の具現化という仕方で行われ、これまでは教派的背景をもった神学や創立者の信仰的思想に支えられて来た。その意味で現在のキリスト教学校は過去の遺産を食いつぶすような形でかろうじて存続しているのかもしれない。校風や精神、卒業生のありようを通してキリスト教学校はまだ保たれている。しかし今後はどうなるか。この二〇年、クリスチャン教師の人材不足、キリスト教教育を理解する保護者の激減やいろいろな課題が叫ばれてきた。手を尽くしてはいるものの、結果としては功を奏していない。キリスト者としての使命を感じて学校教育を担って来た人々が退職等で減る一方、若い方々のキリスト教教育・人格教育への意識は弱くなって来ている。

対象生徒の実情や私たちが属する各校のキリスト教学校としての教育力低下が心配される。状況の中で、教師自身の霊性が高められることが必要ではないかと考えさせられてならない。

今日、教師として心痛む問題の一つに憲法改正や教育基本法改正の問題がある。今回はそこに関わる「心のノート」の問題を取り上げたい。

これは公立の全小学校、全中学校に配られている道徳教育に用いる教本である。最近私立の学校にも全面的に配られていることを知った。文部科学省は二〇〇三年度になって公立の学校ではどの程度使用しているかの調査をはじめている。これは単なる調査というよりも使うことへの促しを意味しているのだが、やがてこの調査は私立学校にも及ぶかもしれない。キリスト教学校では道徳（教育）は聖書科に読み替えており、あえて「心のノート」は使う必要はない。けれども、やがてキリスト教学校が、「心のノート」を使わない場合には、どのような道徳教育をやっているか、どのような成果が得られているか等が問われるようになるかもしれないのである。その時には私たちがキリスト教学校の教育で行っていることをきちんと答えられねばならない。答え方いかんでは私学助成金が断られるということも起こり得るだろう。キリスト教学校であるから聖書に基づいて信仰に基づいてやっているのだという弁明だけでは「心のノート」を推める文科省の道徳教育・心の教育強化への答えとしては不充分である。

一方、生徒数が減っている地方のキリスト教学校が生き延びるための課題は、何としてでも偏差値を上げることだと聞く。良い教育ということよりも、良い学校への進学率が高い、名の知れた学校になって行くということが不可欠と言うのである。こうなって来ると「心の教育」などというようなことは言っていられなくなる。従って、職員室の中では信仰・聖書・キリスト教のことは頭にあっても、人格教育に関心のない保護者・生徒との関係の中ではこうしたことは机上の空論になりかねない。建前はそうであっても、本音ではそういうことはやっていられないということも起こるだろう。このような面においてもキリスト教学校の存続のために教員たちの霊性が強められなければならない必要性を感じさせられる。

「心のノート」は教育基本法の改正と密着している。これについては東京大学や早稲田大学の方々が批判をしているが、キリスト教の立場からの批判は公にはされていない。それどころかキリスト教学校の先生たちも執筆に加わっている。「心の教育」が大切だと純粋に考えるクリスチャンの先生方がこれに協力したのであろう。教会の役員をしているようなクリスチャン教員が、無批判に「心のノート」の利用を考えている場合もある。「心の教育」は大事であるが、キリスト教学校は、心よりさらに深められた霊性の問題、魂の問題に目を向けていなければならないのではなかろうか。

以上のようなキリスト教学校を囲む外側の要因からも、教師自らの霊性の向上が重要な課題だと考える次第である。

〈討論〉

討論参加者（発言順）

髙橋義文（司会）

小倉義明、倉松功、古屋安雄、近藤勝彦、後藤田典子、鈴木健一（以上発言者の紹介は巻末の「著者紹介」に載せている）、森田美千代（聖学院大学総合研究所）、中川寛（聖学院中学校・高等学校）、濱田辰雄、塚本信（金城学院高等学校宗教主事）

午前のセッション

髙橋（司会）　最初に、小倉先生に四人の先生のご発言についてのコメントをいただきたい。その後先生方からの補足および相互のコメントをお願いしたい。

小倉　四人の先生方のご忠告はもっともだと思って伺った。学校伝道研究会のミッションは広くは国家社会への広がりを見ていなければならない。その中での教育であり伝道である。もう一つは、非常に関心を集約させたわけであるが、教える者自らが深いところで新しい人になっていなければならないということであった。今日の私たちの関心事はやや狭まったというか、中核的な部分に限定された嫌いがある。けれども、四人の先生方から教えられたことは、社会的なあるいは歴史的なコンテキストの中で、私たちがやっている教育の仕事あるいは学校における伝道の仕事がより有効に、より活発になるにはどうあるべきか、ということであったと思う。各先生方のご発題を関係づけて論じるだけの準備はないが、スペクトラムがあるなと印象づけられた。また倉松先生の「キリスト教学校の形成に仕える」というフレーズをミッション・ステートメントに入れるべきだというご提示は私たちにとって有益なご示唆であったと思う。

倉松　それに関連して言えば、「学校伝道研究会規約」（資料(6)頁）の第二条にそれに相当するものを入れられないかということである。「本会は学校（大学、高等学校、中学校、小学校）及びその他の教育機関において福音宣教の実を結ばしめるために、研鑽を積むことを目的とする」とあるが、その後半を「福音宣教の実が結ぶと共にキリスト教学校の形成に仕えるために研鑽を積むことを目的とする」というような表現にするのはどうか。

古屋先生のご発言に関連して言えば、日本においてはシュヴァイツアーのものはかなり読まれているだけではなく小中の教育の中にかなり取り入れられているのではないか。深井智朗氏の訳した著書にもあるように、ハルナックの『キリスト教の本質』は一八世紀の神学を代表しているわけであるが、一八世紀というのは汎ヨーロッパ主義が確立した時代であり、神学がそれと結び合った時代だと私は理解する。その中でキリスト教がヨーロッパ文化と嚙み合うきっかけになったと思う。それがハルナックの時代に完成期を迎えたということであろう。しかし、そうした中で神学はヨーロッパ文化とは結び合ったが、文化を超越する側面がかけていた。この点にバルトの発言の意味があったと思う。しかし、バルトの問題は、彼の言う超越性が実際の文化形成の中でどういうふうに関わるかということが十分ではなかったのではないか。ある意味では、そのことを補って行くのがわれわれの仕事ではないかという気がする。その場合にただバルト神学そのものを展開すれば良いのか、もっといろいろの先人の役割を見直さなければならないのではないか。

また、語ることだけではなく形成して行くことが大事なわけで、語ることの持っている不完全さではなく、形成された実を共同で見ることができるような努力が大事ではないか。その意味では、近藤先生が引用された大江健三郎氏の発言は用いるべきところがあるのではないか。

古屋　特に、近藤先生は憲法のことに触れたが、鈴木大拙は、戦前においてではあったが、憲法問題について発言している。また、霊性の中心思想は自由の問題だと言った。日本にはそれまで自由はなかった。彼によれば、神道には自由がなかったが仏教において出てきた。その意味で彼は仏教を主張するわけだが、それにしても、彼の書物を読むとキリスト教に学ぶという姿勢が強く感じられる。このような人が神道をどう見ているのか、仏教における自由、キリスト教における自由をどのように見ていたか、憲法をどのように見ていたかというような点を取り上げることは教育的にも大事なことではないか。その意味では、ステートメントは、もう少し時代のことと触れたほうが良いと思う。

近藤先生の発題の中にアニミズムの問題があったが、シュヴァイツァーの『生への畏敬』はこれとの関連で注目されている。レイチェル・カーソンの著書 Silent Spring, 1962（邦訳『沈黙の春』）はシュヴァイツァーに献げられた。ここには、アニミズムの問題、神道の問題、エコロジーの問題、自然の問題が出てくる。シュヴァイツァーの神の国というのはこう言ったことと関係しているのではないかと思う。

後藤田先生が取り上げられた「心のノート」は確かにクリスチャンの人たちが執筆している。けれども、公立学校では直接にキリスト教を教えることはできないのであるから、こうした領域でクリスチャンが活躍することは悪いことではないと思う。「心のノート」をもってキリスト教教育ができるかという点では問題があるとしても、だからと言ってこれを否定する必要はない。その点では後藤田先生は少しネガティブに受け取り過ぎているのではないかという印象を受ける。むしろ、「心のノート」は霊性教育をやろうとしているのであるから、そこにキリスト者が参加しているということをいけないと言うのは狭すぎるのではないか。

近藤　倉松先生の発言は、大学の形成者としての具体的な問題に触れたものであった。私も大江健三郎には時折、政治的発言の感覚をめぐっては問題を感じるときがある。しかし、この『「新しい人」の方へ』は興味深いものだと思う。彼はここまで言うからには、教会に行って洗礼を受けるべきだと思う。特に、「イエス・キリストがよみがえられたということを人間の歴史で何より大切に思っています」と言う。これはいわば彼の信仰告白であって、洗礼を受けなければおかしい。

古屋先生の言われるシュヴァイツァーの「生への畏敬」は生命そのものが神格化されていて、日本に持って来るとアニミズムになる。アニミズムとは対決が必要になると思う。ヒューマニズムとの関係も緊張が必要であるが、カール・バルトの場合、対決だけだった。むしろ、対決を潜った変貌というか、対決を経た総合がなければならなかったのではないか。一歩間違えばナチズムに行く時代であったから、自然神学論争をやりながらナチスと戦い、人間学的なものや自然的なものに対して断固として否を言うところがバルトにはあった。それには時代的にやむを得ない面があった。しかし今日われわれがそれを引き継がなければならない謂れは何もない。日本には日本の戦いがあるので、キリスト教的「特殊性」をはっきり出して、その「特殊性」が「普遍性」をもっているということを明らかにする努力がなければならないのではないか。

今の時代、どこもかしこもアイデンティティの危機が見られる。日本もそうだが一番激しいのはイスラムではないか。イスラムは近代化できないために原理主義的な反発が起こる。EUでさえもアイデンティティの危機を孕んでいると思う。日本のアイデンティティの危機も非常に深いものがある。憲法そのものの中に危機を孕んでいるという感じがする。皇太子妃が病気になってしまったが、これは、後継者は男性でなければならないとする皇室典範の問題と関係している。こういう皇室典範は憲法違反の嫌いがある。少なくとも、憲法の精神によれば男女同権であり、人格尊重が強調されているわけで、皇室典範の考えはこうした憲法の精神と合致していない。こうした問題は日本のいたるところにある深い分裂だと思う。こうした問題がどこに落ち着くかは世紀を越えた戦いの問題で、残念ながらキリスト教の力は非常に弱い。

後藤田先生が提起された「心のノート」は切実な問題にぶつかっている。まだ詳しくは見ていないが、命の問題に触れている。生命観に触れているわけで、これは宗教的な問題で、ここにはアニミズム的生命観が入って来る危惧があると思う。キリスト教的生命観と合わない。こうした点でキリスト教学校が後手後手に回っているのではないか。キリスト教教育の観点から「心の教育」とか、「モラル教育」とか、「歴史教育」とかについてもう少し、積極的に打ち出していくべきだと思う。学校でそれらを担当している人がいるわけだが、その担当者と聖書科の先生や宗教主任たちとが嚙み合っていないのではないか。この辺が工夫のしどころで、キリスト教学校における心の教育、キリスト教学校におけるモラル教育、キリスト教学校における歴史教育、キリスト教学校における憲法教育、こうしたものを考えないといけない。ただ反対しているだけでは弱いと思う。

古屋　シュヴァイツアーは単にアニミズムを肯定しているわけではない。日本の神道からはシュヴァイツアーのような生き方は出て来ない。彼はクリスチャンだからあのような生き方をした。私はバルトよりはシュヴァイツアーの方がエコロジーとか自然神学の方に行くことができると思う。そしてそれは決してアニミズム肯定にはならない。

近藤　私はシュヴァイツアーを日本にもって来た場合のことを言っている。

古屋　そのことについては注意が必要だが、だからと言ってシュヴァイツアーを否定すべきではない。むしろ彼を生かすことが大事だ。鈴木大拙も引用しているほどに、シュヴァイツアーは多くの人に共感を起こすようなものを持っている。しかもキリスト教的なものを持っているのだから、そこを評価すべきだと思う。近藤先生の言われたように、今われわれはバルト神学を引き継ぐことはできないのであって、シュヴァイツアーをもう一度見直した方が良いと思っている。

近藤　ただバルト的な対決も失ったらだめだと思う。

古屋　シュヴァイツアーには対決がある。あの人の生き方それ自体が対決だ。

近藤　シュヴァイツアーの生き方の中に対決があるかどうかというのではなく、シュヴァイツアー思想に対するバルト的対決を持っていなければならない。生命についてのキリスト教的見方を明確に持って、その上で彼の思想をどう生かすかということだと思う。

後藤田　倉松先生のお話を伺って、私は、自分の意識がキリスト教学校の形成というには至ってなかったということを気づかされた。キリスト教学校の祝福と課題という項目の「問題への対応」では倉松先生のご苦労を伺ったような気がして、自分の学校の上に立つ人のご苦労のことにも思いを深めさせていただいた。やはり学校は教職員全体が一枚岩でないと、社会に対しても戦えないし、様々な問題についても取り組めない。何かが起きてそれを糾弾するような形で議論をするということは、学校形成にとっては良くないのだということを改めて自覚させられた。

「心のノート」についてキリスト者が関わることは望ましいのかも知れないが、やはり私は反対である。今回の私の意図はそういう人々を糾弾することにあるのではない。実際にこうした「心のノート」で育てられて来た小学生あるいは中学生を引き受けた私たちがその先どういうふうに彼らを教育して行くかという課題を背負うということを明らかにしたかった。近藤先生が言われたように、「心のノート」は命の問題、自立の問題、集団の問題、公共性の問題といった様々の問題が組み込まれるようになっている。小一の段階から自分で記入して行くという参加型の学習になっている。この参加型学習というのが味噌であって、自分が決心して「心のノート」のラインに乗って行くようになっているところが怖い。また、自分の心の中に秘密をもってはいけないことになっている。すなわち自分の心の秘密は公にしなければならないようになっている。私たちは自分に罪を持っているが、それを公にすることによって赦されるのではない。神と自分との一対一の対応の中で赦しが与えられるものである。これがキリスト教の人間観であり、また贖罪の考え方であると思う。ところが、このノートを使って行くと、公になる中での「許し」となってしまうところが怖いような気がする。

ある教師たちは、こうしたことから、これがナショナリズム、全体主義に繋がって行くと糾弾している。しかし私は、「心のノート」が悪いと糾弾して使わないというのではなく、キリスト教学校はキリスト教教育をするのでこれを使う必要はないと言えるようでありたい。勤務学校の聖書科の講師会においては、聖書科の授業の内容を充実させ、聖書そのものを教える方向を強く打ち出している。

「心のノート」の持つもう一つの問題は、道徳を担当する小学校の担任教師の取り組み方である。担任の先生が、クラスで起こった問題解決のために子どもに取り組むことなく、手軽に「心のノート」をマニュアルのように用いることになりかねない。文科省から配られた教師用指導書もあり、そこには評価法まで記されている。「心のノート」は教員にとって大変便利にできている。言葉もきれいで、参加型の授業でもあり、この形は総合や生活ですでに取り入れられているので子どもたちもすぐに取り組める。「静かにしなさい」と注意しなくても、「今日はこれをやるよ」と言えば生徒たちはパッと開いて取り組める。このようにして子どもたちが「心のノート」で問題を解決するという一つの考え方・方法に習慣づけられてしまうことに私は危惧を感じている。これに関与されたクリスチャンの先生方がこうした点を見渡しておられたのかどうか。むしろ、教育の現場では、こうした先生方が執筆しておられるのだから使って見ようと安易に流れるような動きは否めない。こうした意味でキリスト教学校の関係者たちが「心のノート」の内容と共にそれが用いられる現場の実態を見極め、賢く対応することが求められていると思う。

古屋　あなたのそうした危惧についてはキリスト教学校教育同盟の機関誌等々でも公にすべきではないか。

倉松　実は、私もかつての道徳教育についても今と同じ問題を感じて、それを産経新聞に書いたことがある。それは『キリスト教大学の新しい挑戦』（聖学院大学出版会、一九九八、二七頁以下）に転載されている。要するに、これは大変な心のコントロールをやっているわけである。また評価をするということから、完全なブリッコを作ることになると思う。これは大変な偽善者作りとなる。宗教があるところは道徳教育はしない。一般的な仕方で道徳的なものが醸成できるように国語の時間に取り上げている。特にドイツはそうだ。国語の教育の中に道徳に類する問題を取り上げて、国語の問題として扱っている。国語の時間であるから、どんな意見を言っても良いし、誰が何を考えても良いという自由がある。ところが、道徳教育においては指導要領がある。「心のノート」であれば指導要領に基づいて評価がなされるわけである。その評価の仕方はアニミズム的評価の仕方もあろうし、国家主義的な評価もある。これはファシズムの根源になる問題だと思う。

一例を挙げれば、道徳の教科書の中には、「お父さんの病気とひまわりの種」の話があった。聖書の種蒔きの話と一緒になっていて、ひまわりの種をもらって来てそれを植え、それが成長すると同時に父親の病気が治るという話である。これについて指導要領は、「皆さんはどのようなお祈りをしますか」とある。これはお祈りを評価することになるから大変な問題だと思った。これは、まさにアニミズムである。植物が成長することと父親の病気がなおることとは何の関係もないわけである。こうした道徳を教科書を用いてやって行き、評価までしてしまうと心のコントロールになり、ファシズムの母体となる。

けれども、評価をしない仕方において取り上げるのであれば、教科書として用いることのできるところもあるのではないかという気もする。

鈴木　今の中高生の非行の問題を考えても根本的問題は戦後教育の無思想にあると思う。学問だけを教えればそれでちゃんとした人間になるという感じのカリキュラムがかなり長く続いていた。公立、私立を問わず、価値観を出して行かなければどうにもならないのではないかという現状が今の議論の背後にあるのだと思う。それが「心のノート」のようなものを認めざるを得ないのではないかという議論にもなる。そういう点を受け入れた上で、それではこれを認めた場合にはどうなるのかというのでないとディスカッションにならない。特に、「心のノート」で取り上げられているエコロジーの問題は科学的認識だけでなく価値観の課題として教えて行かなければならないキリスト教学校でも重要課題であると私は思っている。

森田　霊性というのは、私の感じでは、カトリックがスピリチュアリティということばで一生懸命に言って来たのではないか。むしろプロテスタントのクリスチャン・スクールでは、御言葉によって養われる、御言葉が私たちをつくるのだということが・強調されるべきであると思うが、それがミッション・ステートメントには入っていないのではないかという感じがする。霊性ということが前面に出すぎてはいないか。そこのところを午後のディスカッションにおいて深めてほしい。

午後のセッション

髙橋（司会）　午前中、森田先生から次のような質問が出されていた。すなわち、霊性教育あるいは霊性の問題は、プロテスタント的と言うよりはカトリック的ではないか。

プロテスタントなら御言葉をもっと強調すべきではないか。言葉と霊とは関係の深いことであると思うが、この点については小倉先生からお答えをいただきたい。

小倉　私は、先程の発題（本書二〇頁以下参照）では、礼拝と祈りに霊性が担保される、開発される、あるいは生起するという表現をとらせていただいた。従って、カトリック的なある種の修練すなわち瞑想の必要性を考えているのではない。イグナティウスにおいては、組織的に階梯を踏んで霊の修練を考えていると思う。これも真実な一生懸命な努力であって、私としては敬意を感じているが、これを私たちプロテスタントの中に取り入れるにはちょっと距離がある。ちょっと作為的な面も感じる。こうしたものを受け入れる伝統が私たちの信仰にはない。従って、森田先生が指摘された通り、聖霊の助けによる御言葉の味わい、御言葉によって引き起こされるものが中心でなければならないと私も考える。ただ、言葉というのは良きにつけ悪しきにつけ理解を前提とする。その意味ではインテレクチャルなものである。それは決して悪いものではない。しかし、発題においては祈りを強調させていただいた。それは、神との対話を通して事実として人格的な交わりが神との間に生起することが私たちの霊性と呼べるものではないかと考えるからである。

古屋　今の小倉先生が話されたことはティピカルなプロテスタントの答えだと思う。しかしそういうことが大事だと思っていながらプロテスタントの人々はあまりやらない。そこがプロテスタントの弱いところではないのか。プロテスタントは言葉を聞くことであり、それは理解であるから、どうしても知的になり、頭だけになり、体がついて行かない。それが問題だと自分も思ったし、それを感じたのは第二ヴァチカン公会議におけるヨハネ二三世だった。あの人にはチャプレンが付いている。法皇にチャプレンがついているというので私はびっくりした。私たちプロテスタントの牧師の場合にはどうか。私の周りには大木英夫先生や佐藤敏夫先生のような人たちがいたが一緒に祈っていたというようなことはない。だからこうした交わりにおいて霊的に深まったということはなかった（一同爆笑）。この点カトリックの人たちは違う。法皇でさえチャプレンがついているということなのだ。

三〇年ほど前にマニラの大学で教えていた時、アカデミック・ディーンに会いに行った。するとその秘書が彼はいま山に行っているという。忙しいので山で仕事をしているのかと思った。ところが、仕事をすべておいて一週間何もしないで霊的な祈りをしているということであった。これが大事なことではないか。私たちはたとえば御殿場のようなところに行っても仕事を携えて行くのではないか。

カトリックの人たちは禅に興味をもってカトリック禅とか、クリスチャン禅というようなことを実践している。ある人は禅からテクニックだけを学んでいるのではないかという人もいるが、私はテクニックも大事だと思う。カトリックの人々がどうして禅に関心があるかというと、祈るという時に姿勢があるという。どういう形が一番祈りにふさわしいのかと研究したのは西洋にはあまりなく東洋にはたくさんある。やはり座っているのが無理がなく、椅子に座っていると疲れてしまう。だから祈ってはいない（一同爆笑）。カトリックの人たちは禅から祈りの姿勢を学んだという。こういうことを私たちは全く無視することは出来ないのではないか。フランスで始まったテゼーの祈りは国際基督教大学などでも人気があるが、ここでは実際的なことが祈られている。今の人々は知的なことで教会に行くのではない。バルトやボンヘファーのような神学書を読んで行くのではない。むしろこうした実際的なことから霊的な世界を学んでいくのではないか。チャプレンはこうしたことをもっと研究すべきではないかと思う。祈りが大事だということをただ頭だけで分からせようとするのではなく、今の学生には実際に祈るということが必要なのではないのかということを感じている。

近藤　霊性とかスピリチュアリティということは悪くないと思うが、パイエティということも考えた方が良いのではないか。いずれにしても霊性についてはそれぞれの信仰の生き方で、一種の系譜があるのではないか。プロテスタント教会には、やはりプロテスタント的な霊性、プロテスタント的なスピリチュアリティ、あるいはプロテスタント的なパイエティがある。それを生き生きと活性化させたり、掘り起こす、そしてさらに豊かにすることが大切と思う。別タイプの系譜にある霊性を学んでも、あまり身につきにくい。ローマ・カトリック教会から学ぶことは良いにしても、なかなか身につかない。東方教会の霊性を学んでも、それが私たちのものになるかというと、教会生活はもっと全体的な関連の中にあるので、やはり身につきにくいのではないか。プロテスタント教会としての霊性を継承して、さらに開発する姿勢が大事である。これを言っているのはティリッヒで、この人はあまり霊性を感じさせる人ではないから、駄目だという人もあるかも知れないが、彼の言っていることは正しいと思う。私たちそれぞれの霊性のタイプを尊重しながら、プロテスタント的な霊性というものを生き生きと保持することが必要ではないか。

そうすると、先程の森田先生の発言にあったように、御言葉に聞くということはプロテスタント的なパイエティである。あるいは時代と共に変わって来た面があるとしても、プロテスタント的なアスケーゼ（禁欲・訓練）もあった。安息日を厳守するサバタリズムのパイエティもあった。こうした伝統を踏まえながら今日的なあり方を考えるべきではないか。霊性という言葉を使う場合には、まず、その概念の定義が必要なのではないか。私はむしろパイエティというのがよいのではないかと思うが、小倉先生の発題は神との関係を表わす意味での霊性にふれたもので、それはそれで適切であったと思う。いずれにしても、プロテスタント的霊性というものの特徴、特質を自覚し、継承し、さらに豊かにすることを考えるべきではないか。

古屋　パイエティということは良いと思うが、プロテスタント特有のパイエティとかスピリチュアリティというものはあるのだろうか。

倉松　パイエティすなわちラテン語でいうところのピエタスという言葉がラテンの世界ではどのように使われているかを『キリスト者の敬虔』（ヨルダン社、一九八九）という論文集で言及している。私はルターの場合のピエタスについて論じた。ただルターがどういうふうにしてピエタスを養成したかということは文書には出て来ない。だからカトリックの修練場でどういうことをしているかということを見るとか体験するとかということになると思うが、しかし近藤先生が言われたように、それを実際の生活の場に導入するということは難しいのではないか。そういう意味ではそれぞれの教会なりのやり方にかかって来ると思う。聖句を読んでしばらく瞑想をするということもある。スピリチュアリティやピエタスということの言葉の定義はそれなりに調べるなら明らかになる。しかしその定義されている事柄がどういうふうな形で実際に訓練として行われているかということは、……われわれに馴染むかどうかという問題が残る。われわれにできることは聖書を読んで、聞いて、それを瞑想するということは比較的なされていることではないのか。因みにルターのピエタスという言葉自体が多義的な言葉なので詳細については前掲の論文を参照してほしい。

近藤　祈りを教えることは宗教改革のどのカテキズムにもある。十戒と使徒信条と共に祈りを教えるということがある。ウエストミンスター信仰基準には公の集会での礼拝を重視するとある。しかし、そのパブリック・アセンブリーにおける礼拝を重視すると言うのは、プライベートな礼拝の存在が前提になっている。個人の礼拝、家庭の礼拝、祈りの生活、そうしたプライベートな礼拝があることを前提にして、パブリック・アセンブリーの礼拝が重要だと言っている。ところが、これを日本にもって来ると「公の礼拝を守り」と言って、それしかなくなってしまうから、何で公の礼拝と言うのかよく分からなくなっている。しかしウエストミンスターの背景には、家庭でパイエティを教えている現実がある。

思うにプロテスタント的なパイエティや霊性ということで考えると、ルターの中にそして彼の教育の中にあることは言うまでもないが、その後の敬虔主義やピューリタンのパイエティもある。それはアスケーゼの形をとって、その中にも現れている。その形は、そのままではないとしても、明らかに明治、大正の日本のキリスト教にはモデルとしてあった。今から見ると古くさい感じもしないわけでもないし、もう少しユーモアがあってもよかったのではないかとも思うが、しかしそこにはプロテスタント的な独特な信仰の形があり、パイエティがあったと言える。現代は、むしろ信仰の個性が失われてしまっているのではないか。

古屋　プロテスタントのパイエティの根本的な問題について言うなら、ルターはもともとカトリックだから良かったが、リッチュルなどはパイエティズムを非常に嫌った。そうした伝統がある中では、祈りということが無くなってしまった。公の礼拝での祈りはあるとしても、どこまで個人の祈りがあるのかという問題が出てくる。明治の場合のアスケーゼすなわち禁欲と結びついて禁酒禁煙というような形は残っているわけであるが、祈りということがどこまで現代において残っているだろうか。祈りは、霊性とかパイエティということと深く関係して来ると思う。しかし祈りということはどうなっているだろうか。私が病気をして入院していた時、いろいろの牧師が訪ねて来てくれたが祈らない牧師たちがたくさんいた。自分自身も死ぬ間際の人を訪ねた時、どう祈って良いか分からなくて祈らなかったこともある。ここまで医学が進歩して来た中にあっては、どこまで祈りをすることができるのかという問題もあるであろう。

近藤　古屋先生は率直な言い方をされるが、それはご自分の問題ではないのか。

古屋　いや、こういうことが現代の問題ではないのか。現代人は祈れなくなった。昔は分からないことがたくさんあったから祈った。今は、医学によって治るということが分かって来れば祈っても仕方がないという気になるだろう。祈りが霊性すなわちパイエティの中心だとすれば、現代人は祈れるかという問題になって来る。この問題をはっきりさせなければならない。病室に来て祈ってくれたのは大木英夫先生で、この人の祈りは本当の祈りだという気がする。病人が牧師だから祈らなくても良いというのではなく、牧師が一番祈られることを必要としているかも知れない。ともかく、現代の青年が祈ることを考えないのは、祈らなくても済んでいるからだと思う。

小倉　告白的に、体験的にお話をすると、私が祈りを本気で考えるようになったのは大木英夫先生の祈りに触れてであった。結局、霊性教育というのは、解説があったり指導があったりすることも有益でありまた必要でもあろうが、霊性が伝わるのは、そこで祈っているというか、人格がそのような生き方をしている、ということではないか。説明や解釈ではなくて、伝わって来るという要素があるなと思う。理屈よりも祈りとはこういうものだ、人間の有限性が無限にぶつかって手を挙げている、そういうことが身に沁みて分かって来る。私は校長として会のはじめと終わりに祈りをしている。ある教師たちはそれが身についていない、あるいは馴染んでいないらしく、私が居て促すと祈るが、しかし彼ら自身が司会をする時には祈りなしに相談に入ってしまう。こうした姿を見ながら、これは教会の霊的な状態が信徒である教師たちに反映しているのだなと思う。そして、諸教会の牧師たちが絶対者なる神の前に頭を垂れてひれ伏している。あるいは心を開いているという経験を深いところでなさっているのだろうかと疑問に思うことがある。まず、キリスト教の学校教師や伝道者は、この祈りの生活をまずもってなさねばならないと思う。

後藤田　古屋先生の率直なお話を興味深く聞いた。私は中学生や高校生に教える時に、二種類の祈りについて教えている。一つは自分の限界から来る祈り。たとえば、入学試験に絶対に受からせてほしいという切なる祈り。病気を治して下さいという祈りがある。自分が自覚して何かをしてほしいという強烈な願い、これが祈りだということを生徒たちは容易に理解する。そして、その祈りの対象は神様でも仏様でも誰でも良いと言うのではなく、必ず答えてくださる神様に祈るべきではないかということについても彼らはすぐに分かる。少なくとも頭の中では彼らは理解する。もう一つは、種蒔きをした時に、それが私たちの知らない内に絶対的に目が出て来て花が開くということを知っているが、「早く大きくなれ」とか「早く芽が出てきてほしい」という思いを込めるということがある。こういうものも祈りの一種であり、そういう意味では私たちは知らない内に祈っているということがある。これを霊性というのであり、教師たちはそういう意味で生徒たちには、あなたたちのために祈っているのだと教えている。

古屋　種蒔きの話はおかしいと思う。子どもが良く育つようにということで祈ることはあるかも知れないが、私は種をまいたからと言ってお祈りはしない。

後藤田　もちろん、そこで具体的に手を合わせてアーメンと祈ることはないと思う。けれども、そこで願いを込めるということはあるのではないのか。

古屋　願いを込めると言っても、昔の人と今の人とでは違うのではないか。昔の人は九九パーセント種がそのように成長するということが分からなかった。だから皆お祈りをした。私がアメリカに留学した時、一世の人は車での出入りの時に必ずお祈りする人がいた。その人はドライブがはじめてであり下手だからお祈りをしたかも知れない。しかし私は自動車を運転する時にお祈りはしない。祈らない人が必ず事故に合うかというとそんなことはない。ドライブはテクニックの問題だ。

近藤　祈りは分かるか分からないかとは関係がない。以前、よく「神様には出る幕がある」と言った先生がいた。私はこれには抵抗があった。神様は常に居られるのであって、出る幕と出ない幕があるというようなことではない。また、お祈りは科学を知っているか否かということとも関係がないのではないか。祈りとは何かいうことと関係する。最近機会があって、よく知られているフォーサイスの『祈りの精神』を読みなおしてみたが、これは良い本だと思う。彼によれば、神には二重の意志がある。お祈りによって神の意志を変えると言う。それだけに非常にアクティブな意志的な祈りが強調されている。そして、神様には意志を変えさせられることを喜ぶ意志がもう一つ奥にあるという。従って、フォーサイスによれば、祈りが成立する理由は、神のこの二重の意志の存在にあることになる。私はこの説明に感心はしたけれども、納得がいかない面も残った。彼の祈りはアクティブで、意志的で、大人の祈りであって、神を変えようという迫力が感じられる。この点は非常に素晴らしい。こうした祈りは、あの主イエスの喩えにある、夜中に客を迎えた人がパンを借りるために隣人の家を訪ねる話を思い起こさせる。「友人だからというのでは起きて与えないが、しきりに願うので、起き上がって必要なものを出してくれるであろう」（ルカ一一・八）という主イエスの譬え話と同じように聞こえる。しかし実際はそうではないのではないか。主イエスの教えはフォーサイス以上である。主イエスの言う「しきりに願う」という言葉の背後には、「子」とされているということがあるのではないか。だからあの譬えでも後半で「父」のことが出て来る。イエス・キリストがこの譬えで教えている祈りは、大人の意志的な祈りではなくて、私たちが神の子とされているということが、祈りがなくてはならない理由とされていると思う。祈らないということは神を父として認めていないことになる。祈りは父に対する信頼であり、自分は子とされていることを受け入れている。フォーサイスに反論するつもりは特にはないが、彼が大人の意志的祈りを非常に強調したのに対し、祈りの根本は「子とされている」ことにあるのであって、子とされている者の信頼の行為だと言わなければならない。従って、祈るケースと祈らないケースがあるということではないと思う。

古屋　近藤先生自身も「大人」と「子ども」とは違うという前提で話しているのではないか。

近藤　いや、そうではない。人間は根本において誰も皆、子どもなのだ。

古屋　根本においては子どもだが、この世においては大人と子どもは違う。「子どものようになれ」と言われるが、それはchildishになれと言うのではない。自然科学が発達する前と後では人間の意識は違って来る。

近藤　神と私たちとの間においては、神学がそうであるように自然科学も小さな問題である。

中川　少し話が違うが、私はシュヴァイツアーの話をもう少し展開したいと思う。彼がアルザスにいた時にオルガニストとして推奨したジルバーマンのオルガンを私の教会に入れたことがきっかけでシュヴァイツアーのことを少し学んだのだが、彼はその幼少年時代を叔父叔母のところに行ったら、新聞を読むのと同じように聖書を読んでいた。彼の日常生活の中には御言葉の研鑽と祈りの習慣（たとえば食卓の祈りも含めて）というものがあった。従って、パイエティの形成ということから言えば伝統があったわけである。合わせて彼がアフリカに行くきっかけになったのが、アルザスのバルトルディの造った悲しげな黒人の像を公園を通る度に見て「この弟たちを助けなければならない」ということを青年時代から感じていた。そういう意味では彼のアフリカ行きは信仰の必然的帰結であったとも言える。しかし同時にバッハの演奏家として名を成し、合わせて彼自身のパイエティの中にはオルガン音楽を通して感性が蓄積されたということがある。このように見て来ると、霊性というものは個別には議論ができないわけで、もう少しトータルに見て行かなければならない。ヨーロッパであれば教会のみならず修道院の中からそういうものが生まれていた。日本で霊性の問題を取り扱う時には、個別に一つ一つ身に合うかどうかということを吟味しながら全体としての霊性を体験できない弱さがある。時代が違うし、神なしに生きる時代であるから、祈らなくても神はちゃんと分かっているから安全を確保してくれるということはあるかも知れない。しかしそれでは、やはり、霊性は養われない。教会の教育においてもそうであり、また学校という場においても、祈りを中心にした礼拝形成の中にパイエティを養って行くという要素が必要ではないか。御言葉と言っても、ただ聖書の話をすれば良いのではなく、説教者自身がその御言葉の中でどういうふうに養われているかということがきちんと伝わって行かないと、子どもたちにはとってつけた形式的なものということになり、霊性が養われる以前に反発するというところがあるのではなかろうか。

お話を伺っていて反発をするわけではないし、さまざまな大事な局面について語られていたと思う。しかし、私としてはもう少しトータルにとらえるべきではないかと思うわけである。

小倉先生に是非お願いしたいことがある。私たちの聖学院の創設者であるH・H・ガイ博士が宣教師としてやって来て完成できなかったことなのだが、いわゆる東西文化の融合、アメリカから来て日本・アジアの文化をどのように融合するかということを自分の課題として考えたのではなかったか。そうした点について小倉先生にどこかで発表していただくようなことでできないか。そういう歴史を学ぶ中で聖なるものの感性が育成される。

主の祈りの中には「聖」と「俗」とを分ける厳しさというものがあるのではないか。生徒たちに主の祈りを暗記させることは大事だけれども、お題目になっていてその意味内容が誤解されていたのでは良くないのではないか。霊性というのはまず聖なる意識、それから神の国形成、そしてその中で心が養われて行く。こうしたことを見直して行く。そういう意味で聖なるものについてのガイ博士の研究をぜひ小倉先生に文章にしていただきたい。聖学院の一〇〇周年に向けて、学校の伝統として、キリスト教の伝統としても、霊性の継承は大きなテーマだと思う。

古屋　先程の食前の祈りのことだが、五〇年代にアメリカやヨーロッパに行った時には、たいていの神学生たちは皆食前の祈りをしていた。ところが六〇年代、七〇年代になると神学校においても教授の学生も全然祈らない。祈っているのはアジアの留学生だけだった。特に韓国や南アから来た人たちであった。アメリカ人は全然しなかった。バルトだって私はそういう姿を見たことがなかった。

近藤　バルトは授業の前に祈ったり讃美歌を歌ったりしたということも聞いたことがある。しかし、確かに、ドイツでは一般に食事の前など祈らないように思う。モルトマンが演習の時に祈ったことがあった。しかし一般の学生は大学食堂で祈らない。大学の食堂で祈っているのは敬虔主義のグループに属する学生たちだろう。だから食前の祈禱をしているとドイツではそういう仲間の一人として奇異な目で見られる。

古屋　五〇年代と七〇年代とは全然違うわけである。五〇年代の時には、まだ季節感もあったし、神様が雨を降らし太陽を昇らせてくださるということを感じる時代であった。ところが、今になって見ると、スーパーマーケットで買い物をするわけでそういうことは全然感じることができなくなっている。今の若い人たちは土に生きたことがない。食前の祈りをするかどうかということはこうした生き方と関係しているわけで、これを無視することはできない。

中川　近藤先生が午前中のお話においてEUがアイデンティティの危機を孕んでいるということを言われたが、最近の新聞によると、憲法草案の中にEUはキリスト教に基づいて形成された共同体として位置づけるかどうかについて各国で議論するという話があるようだ。こうした議論が起こる背景にも今の古屋先生が提起されたような問題があるのだと思う。そうした意味では歴史と伝統の違いというものをきちんと捉えることが大事だと思う。

近藤　私のドイツ経験から言うと、日本のキリスト教は広い意味で敬虔主義だと思う。そしてその敬虔主義的なパイエティというものをしっかり維持した方が良いというのが私の年来の考えである。そうするとアメリカ流に言えばエヴァンジェリカルズの要素と近くなる。ドイツで公の場で祈らないのは最近のことではないのではないか。それはある時代以来できているタイプだと思う。それは信仰がないわけではなく、信仰の型が違う。食前の祈りをしてもらおうとしてもドイツの神学生はうまくできない。それで、「あなたにとってキリスト教とは何なのか」と聞くと、むしろ立派な答えが返って来る。「キリスト教とは信仰義認だ」という。日本では食前の祈りをしているが、そういう神学生に同じ問いをしてもキリスト教とは信仰義認だという人はまず少ないだろう。信仰が教理的に入っているタイプと、そうではなくてもっとパイエティをもって祈り、御言葉に触れ、礼拝をするというタイプとの違いがある。しかし、セキュラリズムに対して、どっちが耐える力を持っているかは疑問である。祈らなくなったら信仰がなくなってしまうが、教理の方は残っている可能性がある。敬虔主義はセキュラリズムに弱かったという話がある。日本のキリスト教が高度成長以来没個性的になった背景にはそうした問題があるかも知れない。

小倉　パイエティズムがひょっとすると頽落する傾向があるということについて一言のべたい。一九七〇年以来の日本基督教団の紛争の中に現れて来た最初期の造反教職たちのかなりの人たちはそれまでは非常にパイエスティックな人たちが多かった。公のところで彼らが怒号している姿は、彼らの教会に於ける牧会している善良な姿とは結びつかない。同一人物なのかと信じ難い思いをした。ということは、いわゆるピエティスムスが頽落したということは、私の一九七〇年頃の経験からするとやはりパイエティズムの理解の仕方が御言葉によって、御言葉の説き明かしによって、あるいは知的な訓練によって耕され続けていないと「わざとらしい謙遜」（コロサイ二・二三）となる危険性があると思う。この点は十分に気をつけなければいけないと思うが、今日のこのカサカサに渇ききった世俗化の中では近藤先生が言われたようにもうちょっとパイエスティックな潤いがないと私たちの生命的なみずみずしい信仰は支えられなくなるかなという感じがする。私はケンタッキーのレキシントン神学校で勉強したが、そこでカトリックの神学院の院長先生を講師に迎えてパイアス（pious）な生活とは何かというセミナーが開かれた。今でも二年に一度は修道院の人たちを何人かを呼んでセミナーを開いて実際を伝えてもらうというサマー・セッションがあるようである。ということは、アメリカの教会もだんだん祈らなくなってカサカサになって来たこれではいけないのではないかという反省からカトリックの伝統の中に何か手がかりを求めたいという気持ちでこうした学びをしているのではないかと思う。

森田　霊性ということばを聞いた時に、カトリックとの関係で spirituality という言葉を当てたが、午後には piety という言葉を当てられたので、そういうこともあったのかというふうに思った。piety とか pietism という時に私の中にすぐ思い浮かぶのはモラビア・パイアティズムで、それがウェスレーに行って、アメリカではそれがエヴァンジェリカルの一つの要素となって行ったというふうに理解していた。それが、今度は聖学院に赴任して来たら、pietas et scientia（敬虔と学問）ということがスクール・モットーになっていて、最初ここはウェスレーの学校かという印象を持った。いったい、この piety を使うのと spirituality を使うのとどちらが良いのだろうか。あるいは「敬虔」という言葉を使うのと「霊性」という言葉を使うのとどちらが良いのだろうか。

近藤　プロテスタンの信仰者にとっては「敬虔」(piety) というほうが馴染み深いのではないか。「霊性」というのは、言葉としては昔からあるが、プロテスタントが使用するのは比較的新しいことではないか。Spirituality も piety もほとんど違いはないと思うが、spirit の場合、大文字であれば聖霊を意味するから、当然、小文字の人間のスピリットと聖霊の関係をどう理解するかという問題が起きる。この場合、小文字の spirit とは何なのかという議論が必要になる。

宗教改革以後、プロテスタント教会には、啓蒙主義以前にも敬虔主義があった。ドイツにも、フランクとかシュペーナーという人が代表するようにスピリチュアリズムがあった。イギリスのピューリタニズムにも敬虔主義的な性格があった。プロテスタント信仰の中には敬虔主義に展開していく要素が最初からあったわけである。

倉松　spiritualityは古い言葉であると思う。聖書以来の「霊」を表すのはspiritualityという言葉である。だからプロテスタントの歴史では宗教改革のころには、piousという言葉は今のpietismとは全く別な意味で使われている。それは、神の正義・神によって赦された者の義と信仰深さの二つのものがpietas、piousということの中で意味されているのである。だからpietismのpiousとは全く異なっている。ツィンツェンドルフのモラビアンたちにおいてはpietas, pietismという言葉が使われた。それと区別する意味でspiritualityとかspiritualitätという言葉が戦後起こって来た。それはモラビア派の過激性と区別する意味があった。spiritualityという場合には聖霊のspiritusと関連しているので、こちらを使う方が分かりやすいのではないか。そしてそれは宗教改革やアウグスティヌス、ルターの理解とも通ずるのではないか。人間にはボディ、ソウル、スピリットがある。スピリットと関係したものがspiritであり、スピリッツはその受け皿である。これはアウグスティヌス、ルターを通して共通している。そういう意味では、近藤先生が言われたように、spiritualityという言葉は聖霊と関係しているということができると思う。

近藤　パネンベルクがSpiritualitätと言うのは、pietyと言うとPietismusと混同されるのでドイツでは警戒されるからと言っているところがあった。だからルター派であれ何であれ包括する概念としてspiritualityというほうが使いやすいらしい。しかし日本の場合には、pietismの伝統を評価するという意味でpietyという言葉を用いることは意味がある。

倉松　日本の場合にspiritusと言うとアニマと結びついたものとなってしまうことがある。「霊」という言葉自体が日本では誤解を招き安い。

近藤　さきほど古屋先生が言われた鈴木大拙の『日本的霊性』の場合には、「霊性」という言葉をキリスト教的なものとしてではなく「宗教的心性」とでも言うような、一般概念として使う。だから一般概念としての「霊性」

とわれわれが通常用いるspiritualityとの概念的な区別や整理が必要になる。われわれがいうspiritualityは聖霊との関わりにある霊性であるから、元来はキリスト教的な概念として使っているのではないか。

古屋　鈴木大拙は霊というのは精神とは違うと言っている。日本精神とか大和魂というものとは違うと述べている。

近藤　超越的なものとつながっているということか。

古屋　その意味では超越的かどうかが問題である。

近藤　それでは内在的超越になってしまう。

古屋　鈴木大拙の書物は神道の問題、仏教の問題、キリスト教の問題に触れていて興味深い。日本では鈴木大拙が霊性と言っているが、ヨーロッパにおいて問題になって来たのは、パンネンベルクの『現代キリスト教の霊性』もあるが、世界キリスト教協議会がspiritualityというようなことを言い出した背景には宗教多元主義がある。J・ヒックなどが、spiritualityについて言っているのはキリスト教だけではなく他の宗教にもあるではないかということを言うためである。こうした中からカトリックと禅などが見直されることになった。このようにヨーロッパなどでspiritualityというようなことを言い出したのは東洋宗教との関係があるわけである。だからこの言葉を使うのが、今日「心」に言及されている状況の中で良いのかどうか。

小倉　新共同訳聖書は、これまで口語訳聖書が「御霊」「聖霊」と訳していたところを〝霊〟と訳している。私たちは、これまで、口語訳や文語訳聖書に基づいて三一の神という意味での聖霊として神学的に受け止めて来た。ところが、新共同訳聖書は、原文ではプニューマだからこのような訳にもなるのだと思うが、宗教多元主義的な翻訳になっているわけである。

諸宗教と聖書の宗教である私たちの宗教とどのように関わるのか。例えばアシュラムのように多宗教の要素を取り入れてやっているようだが、一種の宗教心理的なテクニックを導入するということで良いのであろうか。カトリックから教わることは良いとしても仏教やイスラムから教わるという必要性はないだろうと思う。

古屋　そこら辺に日本のキリスト教が浮き上がっている原因がある。全然関係のないドイツのピエティスムスとか、アスケーゼというようなことをいうから日本のキリスト教はインテリに限られてしまうのではないか。

濱田　教会でも学校でも本気で霊性の教育を考えると、小倉先生の言われた意味だけではなく、きちんとした教理に基づいた、日本的に言えば、作法が必要ではないか。先程、学園紛争に言及があったが、どうしてあのようにもともと福音主義的な背景に育った人たちが変わってしまったか。それは形がなかったからではないか。内面的なパイエティだけでやっているとある時別の要素に捉えられることになる。どうしても形で意味づけるという要素も必要ではないか。形は何かというと、ある面では作法であり手続きである。受洗志願者にお祈りの仕方を教えて来ただろうか。お祈りの神学は教えるが、作法はほとんど教えていないのではないか。それは教会の礼拝や集会の中で身につけるべきだという考えが基本にあるからである。しかしそれが身についているのといないのとではずいぶんと違うのではないか。祈りの意味に加えて、祈りの作法を教えなければならない。

私は大学時代に道元の曹洞宗を勉強した。これを読む前、私は禅というのは無念夢想でじっと座っているだけかと思っていた。ところが、たくさんの作法がある。こうした作法を踏まえないと無念夢想の境地に至ることはできないという考えなのだと思う。また折口信夫は感染教育について語っている。それは、日本的な霊を宮中を中心として次の世代に引き継がせる教育であるが、その一つは和歌を造らせることによるという。あるフレーズは繰り返さないとその霊は伝わらないということがある。ただ祈っているだけではなく作法を大事にしている。こうした点について日本のキリスト教はどうなっているだろうか。日本のようなキリスト教伝統のないところでは、皆の納得し得る神学に基づいて教えて行かなければならないのではないか。

小倉　プロテスタントはフリー・チャーチであり、フリー・プレイヤーであるからやりにくい。

濱田　どう祈って良いか分からないので祈禱会にも出ずらい。祈りが苦手なんでというクリスチャンがたくさんいる。これはきちんと教えて来なかった私たちにも責任があるのではないか。

古屋　濱田先生は形から入れと言われるが、自由学園の羽仁もと子は日本の教会のお祈りは非常に形式化していると言って反対した。だから礼拝に出ても全然祈らない。ところがクリスマスとイースターには「お祈りします」と言われた。私はその時pietyを感じた。あの老婦人が「お父様」と呼ぶ。私はこの人にはまだ「お父さん」がご健在なのかと不思議に思ったほどであった。このように普通は祈らない、だからかえってこのほうが祈りになっているわけである。いつも祈っているのとそうでないのとどっちが良いのだろうか。

聖学院に来て驚いたのはどんな集会においても必ずお祈りする。大木英夫先生はクリスチャン一世だからこのようにしているのか。私は二世だからそんなふうにはしない。佐藤敏夫先生もそうだ。大木先生という人はちゃんと祈る。形式から入るのが良いのか、あるいは祈りを教えることが良いのか。

塚本　三月まで牧師をしていて教会学校をやっていた。教会員の師弟だけで幼稚園から中学校までの生徒であった。教会学校の礼拝の後に必ずお祈りをさせていたが、最初は子供たちは未経験であったので嫌がっていた。ところが五年ほど続けているうちに祈りができるようになった。何故できるようになったのかと思い返してみると、十畳の部屋に十人くらいで牧師と生徒たちが一緒にいると共同体感というものが生まれるのではないか。祈りとパイエティは相互関係があるのではないか。今学校では主の祈りをやるのだが、ちょっと距離感を感じる。神との縦の関係が強調されて、共同体にいます神の近さというものが失われているのではないか。共同体における信頼というものと祈りというものとは相互関係があるのではないかという感じがする。

髙橋　このあたりで終わりにしたい。大変有意義な示唆に富んだ話し合いが持てたのではないか。またもっと先生方のお話を聞いて見たい点も残されているように思う。古屋先生が言われるシュヴァイツァーのことや神の国をめぐる一九世紀神学についても話し合いを深めたかった。しかし学校伝道に奉仕する者として今日の話し合いの中からいろいろ示唆があったのではないか。それぞれの課題を絡み合わせて考えることが多くあったのではないか。

今日の会の発端は学校伝道研究会のミッション・ステートメントの内容をどのようなものにするかということにあった。今回の話し合いを踏まえてミッション・ステートメントをより良いものにして行きたい。

4 学校伝道研究会ミッション・ステートメントの背景
——新たなるキリスト教学校形成の課題を担って——

阿部洋治

はじめに

学校伝道研究会二〇〇五年度総会（四月二九日）において「学校伝道研究会ミッション・ステートメント」が採択された。ミッション・ステートメント策定への動きは二〇〇三年一〇月一二〜一三日の運営委員会合宿における協議から始まった。これは、学校伝道研究会（以下学伝研と略す）が一九八二年五月の創立以来すでに二一年を経過した時点において、これまでの活動を振り返ると共に、学伝研の担うべき課題を再検討する取り組みであった。さっそく小委員会が発足して検討が開始され、二〇〇四年二月二二日（金）の運営委員会では、小委員会案[1]に基づいて具体的に検討し一つの素案[2]が練り上げられた。二〇〇四年度総会ではこれを土台としたシンポジウム[3]を開催。これを受けて、同年九月二三日、二〇〇五年一月一〇日の二度にわたって運営委員会において検討が重ねられ、「学校伝道研究会ミッション・ステートメント」（案）が確定され、この案は二〇〇五年度総会にて採択されるに至った。

学伝研の視点

学伝研は創立当初（一九八二年五月五日）から現代の日本の教育が直面している問題を直視して来た。当時の趣意書[4]には次のように記されている。「わが国における最近の教育現場における荒廃の現状はまことに憂慮すべきものがあります。知識、学問、技術という面では驚異的な発展を可能とする基盤が教育によって形造られている反面、人間そのものを真に人間らしくする教育の方は弱体化の一途をたどっているとさえ思われる現状が見られます」。ここには、「教育の荒廃」が指摘されており、それは「人間そのものを真に人間らしくする教育」の弱体化として捕らえられている。しかし、この趣意書は、この問題が「教育の荒廃」とか「弱体化」ということでは捕らえきれない問題であることを次のように示唆している。「壮大華麗な科学技術文化を築く基礎を据える」という点でその結実をもたらしたかに見える現代の教育は、その反面において、「恐るべき破壊の原動力を生み出す」ことにもなっている、と。すなわち、教育が人間を人間らしくすることにおいて弱体化しているというだけではなく、教育そのものが人間性を破壊へと追いやっている。いわば教育の悪魔化ともいうべき現実をこの趣意書は捕らえているのである。

かつてO・F・ボルノーは、その著『実存哲学と教育学』[5]において、一九二〇年代の教育運動の問題を次のように捕らえた。この教育運動は、第一次世界大戦の苦い経験から教育による人間改革を試みたものであったが、それは人間のうちにある「根源的に善なる核心」への信頼に基づくものであった。この教育運動は、人間の根源にある善が「堕落した文化のために頽落しており」「社会的貧困のゆえに埋没している」と見た。従って、堕落した文化および社会的貧困から解放し、人々の内に残るこの根源的善を開発することがこの教育運動における課題であった[6]。しかし、ボルノーは言う、一九四五年以降、こうした楽観的な人間像は失われてしまった、と[7]。その後の教育者が直面しているものは、「あまりにも人間的な、弱さ・みにくさの経験であった。それは、人間性のあまたの深淵、人間的状況全体のあまたの疑わしさにたいする、動揺をひきおこさずにはおかない看破であった。（中略）本来悪魔的なあしき存在が、人間のうちなる一つの可能性として、原則的に認められねばならなくなった。そして、このものが、まったく途方もない仕方で束縛から解放されてしまったあとでは、人間のうちなるよき能力をただ導いていけばよいのではなくて、そのかわりに、このあしき存在を、さしあたりなんとかして、外から阻まなければならないという、もっとさし迫った必要が生じたのであった」[8]。

ボルノーは、人間の内なる悪魔的な悪しき存在の故に、人間の内なる良きものを育む教育がもはや成り立ち得ない現実を見ている。これは、学伝研の趣意書が「教育そのものが人間性を破壊へと追いやっている」と見ている現実の真相であろう。ここでは、教育の技術や方法に問題があるというのではない。いかなる教育技術や方法をもってしても克服し得ない人間の内なる悪魔的な悪しき存在が問題なのであり、その存在が教育を逆手にとって人間性の破壊をもたらしているわけである。

同じように、松本昭は、その著『愛による愛への教育』（聖燈社、一九八二）において、ヨーロッパの啓蒙時代に起源する伝統的な教育学とは異なる教育学の必要性を主張している。彼によれば、ヨーロッパの啓蒙主義に基づく教育学は、人間を生まれながらにして徳性の種を内に宿しているもの、生まれながらに真理を有しているものと見る。従って、その教育学は、「それを引き出してやり、顕現させてやることによって、人間を人間にすることができる」とするのであり、「悪しき人とは、それがまだ十分に引き出されていない人、あるいは何らかの事情で欠損を生じた人である」と見る[9]。これをソクラテス流に言えば、「人はみな真理を知ってはいるのだが忘れてしまっている。したがって、教師は生徒にはたらきかけて、それを思い出させることによって教えることができる」。徳性は生まれながらに人のなかに有るがまだ顕現されない状態にある。これを顕現させさえすれば人を人間らしい人間にすることができるというのである。しかし、松本は、こうした教育学に対して、「聖書の教えをまことと信ずるならば、伝統的教育学とは根本的に立場をことにした教育学をもたねばならない」としている。[10] ここでも、まさに、ボルノーが指摘しているように、悪しき存在を「外から阻む」ことのできる教育学の出現が期待されている。

松本にそって言えば、聖書の立場からするなら、人間は「内からの想起によって真理を生み出す」のでない。「外からの恵与によって真理を受け取るのである」。この場合の教師は学ぶ者に真理を与えてくれるものであり、その真理を理解する力をも与えるものでなければならない。「かくして教師とは、神ご自身である。彼がみずから『きっけ』として働きかけて、学ぶ者におのれが非真理であることを、しかもおのれ自身の咎のゆえに非真理となったことを、自覚させたまうのである。（中略）かくして教師とは、真理理解のちからを与え、また真理を与えたもう神である」。こうして、松本は、福音による教育を示唆して次のように記している。「ではわれわれは、彼に真理理解のちからをふたたび回復し、かつあわせて真理そのものを与えてくれる教師を、なんと呼ぶべきであろうか。これを解放者と呼ぼう（中略）また救い主と呼ぼう（中略）。この教師は、贖い主にほかならない」。[11] こうして松本は、教育が真の意味において人を人間らしくさせるためには福音を必要としていることを示唆している。

学伝研の趣意書も次のように記している。「福音を土台とする人間形成の教育なくして真の文化形成はあり得ず、従ってまた人類の歩みも極めて危険な方向へ迷って行くであろう」と。「福音を土台とする人間形成」とは、松本の言葉をもって言うなら、「学ぶ者におのれが非真理であること」「おのれ自身の咎のゆえに非真理となったこと」を自覚させ、「真理理解のちから」および「真理そのもの」が与えられることを通してなされる人間形成のことである。人は福音によって自己の非真理から解放され、真理による自由へと引き上げられる。ボルノーが悪魔的な悪しき存在を「外から阻まなければならない」という時、それは、強権による強制、命令、叱責の教育のことではない。悪魔的な悪しき存在は強制、命令、叱責によっては阻むことのできない実態である。人の内にある理性的な力もそれを阻むことはできない。それは「外から阻まれなければならない」のである。すなわち「外から」与えられる福音こそが、それを阻む力となるのである。

このような意味で、人間形成の教育は福音を土台としたキリスト教学校においてこそ可能となるのであり、逆にキリスト教学校が真実なる意味において人間形成を目指すなら、それは福音の宣教なしにはあり得ないということになる。学伝研創立当初のもう一つの文書「キリスト教教育界の伝道者に呼びかける」（以下「呼びかけ」と省略）[12]は、これを次のように表現している。「キリスト教学校の存立の基盤はキリストの恩寵であり、この恩寵が人格形成の核となる故、それへの発見・再確認へと生徒・学生を導くことがキリスト教教育の目的となる」。人格は「キリストの恩寵」を欠いては形成されない。有るに甲斐なき罪人、その罪故に裁かれるべき者をも招いて赦しかつ生かすところのキリストの恩寵、人はこの恩寵に支えられてはじめて他の何ものでもない自己自身となって行く。

学伝研の戦いと使命

ところで、「呼びかけ」は、「キリスト教学校の存立の基盤はキリストの恩寵である」という理念が揺り動かされている現実を指摘している。それは、「学校と教会は違う、教育と伝道は区別されなければならない、礼拝は強制されるべきではない」という議論に基づいて学校形成がなされていることである。この議論は、実際に、一九九四年のキリスト教学校同盟総会において、ある大学の神学部の一教授が公に述べた議論でもある。「教会と学校、すなわち伝道と教育は別だ。教育を主語とする学校が伝道のようなことを考えるべきではない。伝道は教会の仕事であり、学校では改宗者獲得主義はやめたほうが良い[13]」。

教会と学校、伝道と教育、これら両者は区別されるべきものであることは確かである。学校がキリスト教を土台としているとしても教会となることはできないし、また学校は伝道のために存在するものではなく、各学校が公にしている果たすべき教育的責任がある。しかしながら、キリスト教学校は、すでに見てきたところから明らかなように、世俗の教育には果たし得ない教育的使命がある。「教育を主語とする学校が伝道のようなことを考えるべきではない」という先の議論は、上に見てきたような人間の深刻な問題と教育の限界についての理解と洞察を欠いているだけではなく、キリスト教学校としての存在理由を自ら否定しキリスト教学校を世俗化することに寄与するものである。「伝道は教会の仕事であり、学校では改宗者獲得主義はやめたほうが良い」というのは、伝道についての神学的理解の欠如を露呈するものと言わざるを得ない。少なくとも、伝道というものを「改宗者獲得主義」という程度にしか理解していないところに問題がある。こうした議論の根本的問題は聖書的な人間理解の喪失にある。

しかしながら、現実的には、こうした議論がキリスト教学校に根づいており、こうした議論によってキリスト教的なものが片隅に追いやられてしまっているだけではなく、空洞化されてしまっているという事例が少なくない。華麗なる礼拝堂があっても、礼拝に集うのは極少数の関係者のみという事例もある。

学伝研はキリスト教学校のこうした現状を憂い、キリスト教学校をその建学の精神にふさわしく建て直し、日本の教育の歴史において果たして来たキリスト学校の役割を自覚的に捕らえなおすべく発足した。[14]このために第一に目標としたことは「教育の神学」の構築であった。それは、教育についての神学的基礎づけ、教育現象に対する神学的考察、こうした取り組みによって「キリスト教学校の運営やキリスト教教育の方法・実践に重大な影響を与える知見」を開発することである。[15]キリスト教学校が拡大化されてますます世俗化されて行く反面、教会の文化的・社会的影響力が十分とは言えない状況の中で、「教育の神学」の構築は重要な意味を持っていたし、今日においても変わりない。

ジャック・マリタンは、教育は神学と相互関係をもたねばならないことについて次のように記している。「その理由は簡単である。人間は単に一個の自然的存在（ens naturale）ではなくて、一個の超自然的な目的にめざされているのである。人間は堕落した本性か、回復された本性のいずれかの状態にいる。原罪およびそれの結果である本性の蒙った傷が存在するのか、しないのか教育にとって重大な問題である。人間の完全な形成を取り扱う一個の実践科学として、教育学は神学的な学問である[16]」。

継続と新たなる展開

さて、今回採択された「学校伝道研究会ミッション・ステートメント」は、以上に詳述した学伝研の視点、その戦いと使命を背景として成り立っている。その前文は、これまでの学伝研のたどって来た歩みの明文化とも言えるが、特に、前文の第三段落は、これまで主張されて来た学伝研の教育の神学の神髄が述べられていると言えよう。「ひるがえって、今日の日本の教育界が抱える課題を顧みるとき、われわれは福音の伝道なくして真実の教育は実現され得ないとの確信を深めるものである。プロテスタント・キリスト教学校は、福音の光に照らされた人間理解に基づく人格教育を積極的に展開する意味と使命を深く共有していかねばならない」。

それにしても、今回のミッション・ステートメントの特色は、これまでの学伝研の取り組みが、どちらかと言えば、キリスト教学校における建学の精神の明確化とそれに基づく組織化・制度化という面に力点を置いて来たとすれば、「霊性」に関心を向けたことにある。その第一項目は、キリスト教学校で学校伝道に従事する者たちについて、「絶えず霊的にも人間的にも成長する」ことが重要だとしており、第五項目では、これまでと同様、引き続いて教育の神学の構築の必要性について触れているが、それは、キリスト教学校における学校伝道が「深い霊性に基づいた活力ある働きとなるため」であるとうたっている。学伝研の活動が伝道と教育をめぐる議論に終始するだけではなく、相互の霊的な成長を目指すものでありたいということであり、学校における伝道が霊的活力に満ちたものとなるための研鑽を深めたいということである。そして、第二項、第三項は、キリスト教学校および学校伝道に関わる者たちの孤立化を避けるための連帯の必要性を協調している。こうして、学伝研は、学校伝道における霊的活力を活性化することに貢献しつつ、日本におけるキリスト教学校の新たなる形成に取り組みたいと願っている。

それにしても、「霊的な成長」「霊性に基づいた活力」とは何か。これについて消極的な側面から語るなら、それは教師自身が自己自身の役割とその限界を知ることと言うことができよう。たとえば、マリタンは、「教育者たちは教育から余りにも多くを期待してはならない」と述べている。教師が生徒たちの魂の中に知識や道徳を生み出し、道徳に見合った習慣を作り出すことができるとしても、「教師は作用因としてではなく道具因としての役割を果たすのである」とマリタンは言う。教師は自らの教育的活動の主人公ではなく、むしろその教育活動そのものが道具として用いられることによってその役割を果たすことができるにすぎない。換言するなら、教師の役割は、陶芸家が生命のない粘土を形造るように、思いのままに子どもの精神を形成することではなく、「生きた霊的存在である精神を援助すること」である。

霊的であるということのこうした消極的側面は、その積極的な側面を保証するものである。マリタンによれば、「教師の仕事は神と協力することである」。彼は次のように述べている。「神は真理の源であるとともに第一原因であり、神の行為はすべての被造物の行為をしのぎ、神は人間の教師が獲得できない成果を用い、時には外部の作用因を使い、時には直接、個々の魂に語りかけて、かれの作った理性的動物を絶えず教えている」。つまり、霊的であるということは、教育における主人公は神であるということを知っていることである。マリタンが「恩寵の知恵は外部からわたしたちを守護し、内部からわたしたちを教える」というアウグスティヌスの言葉をもってまとめているように、霊的であるということは「恩寵の知恵」を知っており、恩寵の力に身を委ねることを知っているということである。

ミッション・ステートメントを検討するシンポジウムでの発題において、小倉義明牧師は、「神は霊であるから、に述べている。

礼拝する者も、霊とまことをもって礼拝すべきである」（ヨハネ四・二四）という聖句を手がかりとして次のように述べている。

ここでの神の霊性とは超越性である。神の超越性とは聖性と贖罪力である。神は愛の御方として贖罪の力をもっており、その力に神の超越性、霊性がある。人間の霊性とは神のこの霊性に結びつく関係性である。霊なる神に結びつくあり方——神の超越性に直面するときの人間のあり方、罪人なる有限な人間が神の聖なる超越性に直面させられるあり方——は、雷に打たれるような体験と言える。その雷に打たれているようなあり方が人間の霊性だと思う。同時に神の贖罪力に促されて応答せざるを得ない。その応答する時の人間の意志、これが人間の霊性と言える。(17)

要約するなら、霊的とは、超越的にして聖なる神の前での罪の懺悔であり、その罪人を赦しこれを再び生かしたもう神の恩寵に応える人間のあり方と言えよう。

さらに、小倉牧師は、「このたぐいは、祈りによらなければ、どうしても追い出すことはできない」（マルコ九・二九）というイエスの教えと「絶えず祈りなさい」（第一テサロニケ五・一七）というパウロの言葉を引用しつつ、ここには、祈ることなしには克服できない問題に直面する人間の弱さと、祈りをとおして全能なる神に触れてその弱さから立ち上がる人間の可能性について語っている。従って、霊的であるということは、一方においては弱さを持った自己の真の姿を知ることであり、同時にまたその弱さの中で全能なる神に依存して立つことを知っていることと言えよう。

このように見る限り、霊性の問題とは、単なる心の有り様の問題ではなく、深く人間理解と関係する。キリスト教学校が真剣なる意味において霊性の問題に取り組むためには、神による救いなしには真の自立した自己とはなり得ない人間の罪と限界を見つめるところから教育を始めなければならない。その教育は福音に立脚することにおいてはじめて可能となる教育であり、福音に立脚する教育の中心は、真実に聖書の御言葉が説き明かされる礼拝である。けれども、その場合、ただ礼拝が形式的に行われているというだけではなく、キリスト教学校がこの礼拝を中心とした教育共同体として形成されるということが求められるであろう。今回のミッション・ステートメントが強調している霊性とは礼拝での御言葉の説き明かしをとおして賦与される賜物であり、それは、また、礼拝を中心とした共同体において豊かに育まれるものとなるであろう。

注

(1) 委員は小倉義明、菊地順、後藤田典子の三名。

(2) この段階での素案は以下のとおり。

【前文】学校伝道研究会は、幼稚園から大学までのプロテスタント・キリスト教主義学校において、伝道と教育に奉仕することを使命とする者たちの研鑽と相互育成及び支援を目指す同志の会である。

そもそも、伝道と教育はプロテスタント教会を形成する重要な柱であり、両者の間には密接な関係がある。マルティン・ルターに始まる宗教改革は、それまでのローマ・カトリック教会に対して、特に「信仰のみ」、「聖書のみ」のプロテスタント原理を打ち出した。これは、ローマ・カトリック教会が持っていた七つのサクラメントに基づく救済の制度に対して、聖書に証言されているキリストの十字架の贖いに唯一の救済の根拠を見、それを受け入れる信仰こそ人間に与えられている唯一の応答であり、またその信仰によってのみ救いに預かることができることを主張したものである。その結果、聖書に唯一の権威を認め、それに基づく主体的信仰の育成と継承（教会内伝道）がプロテスタント教会形成の基軸となった。そして、それは、主に教育という手段において担われることになったのである。従って、教会教育は信仰の継承に基づくプロテスタント教会形成のアキレス腱ともなったのである。さらにまた、同様のことは教会外での伝道においても見られ、プロテスタント教会の伝道において、伝道と教育は不可分離の関係を成してきたのである。ここに、われわれは一般教育を担うプロテスタント・キリスト教主義学校の原点を見ることができるであろう。

また反面、昨今の日本の教育界を顧みるとき、福音の伝道なくして真実の教育は実現され得ないとの確信を深めるものである。そもそも、教育の原点は人格の育成にある。しかし、昨今の生徒・学生に見られる顕著な傾向は、学力の低下のみならずモラルの著しい低下である。そこには、人間関係の行き詰まりや混乱のみならず、自己形成の挫折や破綻も多く見られ、深刻な教育の危機が開示されている。こうした危機に直面して、われわれプロテスタント・キリスト教主義学校は、福音の光に照らされた人間理解に基づく人格教育を積極的に展開する意味と使命を深く共有するものである。

以上のような認識に立って、学校伝道研究会は、伝道と教育、またキリスト教教育と一般教育、さらにキリスト教主義学校を形成する諸制度等をめぐって、絶えず研鑽を深めると共に、生徒・学生の人格的・霊的教育の展開という課題を深め、またそれに従事する者たちの教育者・伝道者として人間的・霊的成熟に向けての相互育成に取り組むことを目指し、以下にミッション・ステイトメントを宣言する。

【ミッション・ステイトメント】一、学校伝道研究会は、プロテスタント・キリスト教主義学校における学校伝道が、どのような時代においても絶えず正しい方向性を持ち、常に高い意識に基づいた活力ある働きとなるために、その基盤となる伝道と教育に関する神学的探求を目指す。二、学校伝道研究会は、プロテスタント・キリスト教主義学校の教育の中核に生徒・学生の人格的・霊的育成を見、その実現に向けて、福音に基づく教育の具体的展開という実践的課題の探求を目指す。三、学校伝道研究会は、プロテスタント・キリスト教主義学校における学校伝道に従事する者が、絶えず人間的にも霊的にも成長することの重要性を認識し、そのための相互育成を目指す。四、学校伝道研究会は、プロテスタント・キリスト教主義学校における学校伝道を、各学校における孤立した活動としてではなく、全国的視野に立った意識と連帯のもとで捉え、そのために相互の現状を理解・共有することを目指す。五、学校伝道研究会は、プロテスタント・キリスト教主義学校に奉職する者たちが孤独な戦いに陥ることがないように、人的な交流の場を提供し、必要に応じて相互に支援し合うことを目指す。

（3）小倉義明の発題の下に、倉松功、古屋安雄、近藤勝彦、後藤田典子の四人がシンポジストとして立てられた（本書、二五頁以下）。

（4）この趣意書は一九八三年五月のもの。『学伝研ニュース』一号、学校伝道研究会、一九八四年三月三〇日を参照。

（5）O・F・ボルノー『実存哲学と教育学』（峰島旭雄訳、理想社、昭和四一年初版、昭和六〇年第一二刷）三九―四〇頁。

（6）ボルノー、同上、一一頁。

（7）ボルノー、同上、一三頁。

（8）ボルノー、同上、一三―一四 - 14頁。

（9）松本昭『愛による愛への教育』（聖燈社　一九八二）、三七―三八頁。

（10）同上、五九頁。

（11）同上、四四頁。

（12）小倉義明「キリスト教教育界の伝道者に呼びかける」『学伝研ニュース』一号、一九八四年三月三〇日。

（13）一九九四年のキリスト教学校教育同盟総会での城崎進氏の発言。この文章は「学伝研ニュース」二七号、二〇〇四年六月二八日における小倉義明牧師の発言から引用した。『キリスト教年鑑一九九五年版』（キリスト新聞社）五一頁でも言及。

（14）学校伝道研究会規約の前文は以下の通り。「日本プロテスタント教会は、宣教のその始めより、教育機関と密接な関わりを持ってきた。札幌バンドの札幌農学校、横浜バンドのブラウン塾、バラ塾、又、熊本バンドの熊本洋学校らがそれである。そしてそこから育ったキリスト者たちは、新日本建設のために、キリスト教信仰によって形成せられた人材の育成に多大の責任を感じ、多くのミッションスクールを建てて、その責任を果たさんと志したのである。日本の教育史を顧みる時、これらのミッションスクールの果たしてきた役割は、創始者たちの志にかなって、質・量とも重要な位置を占めてきている。しかし、百年の歴史を経た現在、その実状は必ずしも満足すべきものではない。それぞれの内容においても、また、諸学校と教会の関係等においても、改善もしくはより良き進展を望む声は大なりと言わざるを得ない。これらの現状に鑑み、今、ここにわたしたちは学校教育の場に奉仕する伝道者・教育者として力を集め、この時代とまた将来にわたるわが国の伝道・教育の課題と責任を負っていきたく願うものである」。

(15) 小倉義明「キリスト教教育界の伝道者に呼びかける」『学伝研ニュース』一号、一九八四年三月三〇日。

(16) ドナルド・A・ギャラガー、アイデラ・J・ギャラガー編『人間の教育――ジャック・マリタンの教育哲学』四二頁。

(17) 『学伝研ニュース』二七号、二〇〇四年六月二八日。シンポジウムは「学校伝道と霊性の回復――ミッション・ステートメントの検討に際して――」というテーマで二〇〇四年四月二九日開催された。シンポジストは倉松功、古屋安雄、近藤勝彦、後藤田典子の四氏。なお、各氏の発言内容は学校伝道研究会紀要『キャンパス・ミニストリー』一六号、二〇〇四年に掲載されている。なお、若干の修正を加え、これらは本書二五一六〇頁に収録した。

5 「新しい人」に応じる教育

近藤勝彦

はじめに

二一世紀の日本における教育ということを考えて、特にキリスト教学校の教育がどうあるべきか、またあり得るか、わずかな方向づけについてだけでも考えてみたいと思います。そのとき鍵の言葉となるのは「新しい人」です。「新しい人」はまた、日本国民や日本市民ということからすると「新しい日本人」という構想ともつながっています。もちろん、「新しい人」は、元来、聖書に見出される聖書的、そして神学的な言葉であって、教育的、文化的な概念ではありません。「新しい人」について、「もはや、ギリシャ人とユダヤ人……の区別はありません」（コロサイ三・一一）と聖書にいわれていますから、敢えて「新しい日本人」というのは、この聖書的、神学的な「新しい人」そのものの理解や展開としてでなく、その教育的な適応を考えて、ということです。この「新しい日本人」の探求も込めて、「新しい人」に応じる教育とはどのような教育かという問題が、私たちの問題としてあるのではないかと思うのです。

一、大江健三郎氏の「新しい人」

近年、「新しい人」という言葉を、教育の課題に合わせて発言し直している人に作家の大江健三郎氏がいます。二〇〇三年に書かれた『「新しい人」の方へ』（朝日新聞社、二〇〇三）の中に、はっきりと「エフェソの信徒への手紙」の引用を伴って、それが語られています。また、その直後に書かれた『二百年の子供』（中央公論新社、二〇〇三）の中にも、「新しい人」が出てきます。作家自身とおぼしき父が、息子に対してこう語ります。「私がきみにいいたいのは、こんな型にはまった人間とはちがう、ひとり自立しているが協力し合いもする、本当の『新しい人』になってほしいということ」と言うのです。この作家の作風は、個人主義的という意味ではなく、現代の世界に深く横たわる主題を自分とその家庭の日々の経験の中で吟味し、その文脈で表現するという意味で幾分「私小説的」とも言えるでしょう。その同じ作品に、父親の言葉として「私は『新しい人』というテーマを考えたり、書いたりしてきた、きみにいったこともある」とありますから、注意深くこの作家の作品を辿れば、小説の形によるこの「新しい人」というテーマをめぐる探求がもっと遡ってあることが理解できるのかもしれません。しかし今、私にはそれをしらべる余裕はありません。ただ同じ作家の二一年前の作品『新しい人よ眼ざめよ』は、題名からして同一の主題をめぐるかとも思い、改めて今回、読み直してみました。しかしそれはまったく無関係ではないにしても、ウイリアム・ブレイクの『ミルトン』序の詩にある「眼ざめよ、おお、新時代（ニュー・エイジ）の若者たちよ」というセンテンスからの連想に支えられた作品です。聖書の「新しい人」とは多少、距離があると思われます。あるいは距離はあるけれども、作家は大筋で同一の方向に向いていると理解してきたのかもしれません。

大江健三郎氏の作品で、一番真っ向から聖書に示された「新しい人」を取り上げていると言うべきなのは、やはり

『「新しい人」の方へ』という子供たちに語りかけた文章でしょう。彼が「新しい人」で何を理解しているかは、子供たちに語る仕方で単純化されているかもしれませんが、次のような表現によく現れています。それは、「難しい対立の中にある二つの間に、本当の和解をもたらす人」というのです。「敵意を滅ぼし、和解を達成する」人とも言い直されます。はたして「世界に和解を造り出す新しい人」が、聖書の言う「新しい人」の内容と言うべきかどうか、特にそれで聖書の「新しい人」の中心的なことを言い当てていることになるかどうか、なお疑問を残しているでしょう。しかし少なくとも、イエス・キリストにおいて「もはやユダヤ人もギリシャ人もなく」と言われていることは、重大な内容としてこの「敵意を滅ぼし、和解を達成する」ことも含んでいることを否定することはできないと思います。

作家自身は「私はキリスト教徒ではなく、聖書についての知識も浅いのです。キリストが十字架にかかって死ぬことで、対立する二つを自分の肉体をつうじて『新しい人』に作りあげ、本当の和解をもたらした、ということについて、皆さんによく納得してもらえるように話すことはできません」とことわっています。「よく納得してもらえるように話す」ことは、私たちキリスト教徒の、そして伝道者の責任でしょうが、私たち自身がどれだけその責任を果し得ているか、かえって恥ずかしい思いをいたします。ただそこにあるキリストの十字架の死、流された血の犠牲を作家はどう理解しているのでしょうか。キリストが十字架にかかって死ぬことが私たちの贖いのためであり、罪の赦しのためであり、それがあって私たちは神との和解に入れられて「新しい人」に造られたわけです。また、「新しい人」は、さらに言えば、ただ個人としての「新しい人」にとどまらず、むしろ「一人の新しい人」に造り上げられるという仕方で、「一つの体」としてのキリストの教会が語られてもいるわけです。キリストはご自身の死による贖いを通してご自身の体である教会を神の民として回復されました。「新しい人」はそれゆえ「新しい民」でもあり、神の民としての教会であるわけです。おそらくこの共同体ということにも、作家は関心を持っていると思いますが、「新しい人」のそうしたキリスト論的な理解や、教会論的な理解が示されているわけではありません。

もう少し最近の大江健三郎氏の文章について述べますと、彼はさらに、イエス・キリストが復活したことを、イエス・キリストが「新しい人」として生きられたことだと理解しています。しかもそのことを「人間の歴史で何より大切に思っています」と語っています。この文章は重大で、言うならば大江健三郎氏の「信仰告白」ではないかと思います。作家は、「いつまでも生き続ける新しい人」というイメージがこのキリストの復活によって根本にあると言うのです。

このように大江健三郎氏の言う「新しい人」を辿ってみて、私になお異論がないわけではありません。例えば、「和解」の内容がもう一つ疑問として残り続けます。一体誰との和解なのかです。「神との和解」でなければ、そしてそのためにこそイエス・キリストの犠牲を必要としたのですが、私たちの世界の中で対立する二つのものの和解には及んでいかないのではないかという問題があります。それとも神なしに、私たちは直接、敵対する者同士の和解に進むことができるのでしょうか。神を語ることはかえって、人間の敵対を深めるだけなのでしょうか。しかし神による私たちの罪の贖罪なしに、そして神による神との和解なしに、人と人との和解が本当に可能でしょうか。神との和解に入れられていることが、私たちにとって、人と人との和解への力を生み出し、それを支える、超越的な根拠ではないでしょうか。聖書はそう告げていると思います。それだけ人間の対立や分裂は深く、人間の罪は処理の難しいものなのです。キリストによって神がともにいてくださる。このことが私たちを和解する人間へと支え続けてくれます。

二、「なる」のではなく、「着る」

「新しい人」は聖書では、人間が「なる」ものとして描かれてはいません。そうでなく「新しい人」を「着る」「身に着ける」（エフェソ四・二四、コロサイ三・一〇）と言われています。それはまた「キリストを着る」（ローマ一三・一四、ガラテヤ三・二七）とも表現されます。そしてそれはさらに「洗礼を受けてキリストに結ばれる」（ガラテヤ三・二七）ことと同一のことと言われています。「キリストと結ばれる人はだれでも、新しく創造された者なのです」（コリント第一、五・一七）と言われるのは、同一のことを意味しています。「キリストにある」（in Christ）ということが、洗礼をうけることとしてあり、それが「新しい人」を着ることであるわけです。「新しい人」はこの意味で、もっぱら恵みによって与えられること、そして信仰をもって受け取ること、霊的な実在であって、単に教育のことでも、倫理や道徳のことでもないわけです。上から与えられ、聖霊によって受け取り、恵みによって捉えられることであって、自分から行うことではないわけです。人為を越えた神の御業であって、それをただ聖霊により、信仰によって受け取ることです。「新しい人」はそのように、恵みとして与えられるほかないものです。

ということは、「新しい人」は、何ら「発展」概念ではないということです。また、すでに潜在しているものを引き出すことでもありません。「古い人」の単なる成長といった連続線ではなく、恵みの奇跡として到来し、私たちの中に「変化」や「変貌」を起こします。私たちの中には、「断絶」や「飛躍」が生じるでしょう。「回心」という事柄が位置を持ちます。「回心」や「悔改め」をまったく欠いて、「新しい人」を語ることはできないでしょう。「新しい人」と「古い人」との識別は、新、旧の時の問題ではなく、キリストのものとされているかどうか、キリストの問題であり、聖霊の問題であり、恵みの問題です。具体的には洗礼の問題です。パウロは洗礼によって「キリストと共に死に」「キリストと共に生きる」（ローマ六・八）と表現しました。

こうした事情からして「新しい人」は単なる努力目標でもなければ、教育目標でもないわけです。従ってまた、「新しい人」は教育的な概念でも、教育的課題でもないということになります。「新しい人」を起こすのは、聖霊なる神の御業で、それは恵みの賜物にほかなりません。

しかしこの努力目標でも教育目標でもない、恵みによる霊的賜物が、それでも教育と関係するのではないでしょうか。関係しないとしたら、キリスト教教育は位置を持たないことになるでしょう。しかしこの「新しい人」という賜物に備え、この賜物に応ずる教育は可能なわけです。この賜物を待望し、また受けたこの賜物に答え、応じる教育が存在するし、存在しなければならないと思うのです。根本に不連続を持った上からの恵みの奇跡を受容すべく備える教育、またそれによって古い人の変貌、また回心が起きることに応じる教育が必要なのです。

アウグスティヌスの『告白』に伝えられている、彼の回心の場面を思い起こさせられます。アウグスティヌスは古代人として当時の主要な思想や宗教のほとんどを遍歴したのち、ついに「キリストを着なさい」という聖書の御言葉によって、平安を見出したと『告白』の中に言われています。それによって彼の新しい出発が与えられたでしょうが、その新しい出発の中で、古代の教養は踏み直され、変貌しつつ再生したとも言えるのではないかと思います。「新しい人」はその時代の教養を変革し、再生し、成就するのではないでしょうか。このことは、日本におけるキリスト教教育のあり方を考えさせます。

三、憲法の精神と日本人のアイデンティティ

教育を「新しい人」に応じる教育とするとき、それではそうでない教育とは何でしょうか。私はその典型を日本での場合、「古い日本人への回帰」の企ての中に見ることができると思います。一つの例を挙げてみましょう。東京大学の歴史学教授であり、一九七五年に六二歳で亡くなられた堀米庸三氏が、その亡くなる年、遺書として残した「人と時の流れ」という文章があります。その中で堀米氏は語っています。「我が国でキリスト教徒が自由にその教えを信奉することができるようになってから、すでに百年になるにもかかわらず、いまだに全人口の一パーセントよりもはるかに少ないキリスト教信徒しかいないという事実を、私は考えざるを得ないのです。この事実は、いったい何を

意味することになるのか」。そして堀米氏はこの問題と不可分なこととして重大なことを語ります。「日本には、キリスト教が定着しないと同様に、人権の思想、そしてその底にある人間尊重の思想というものも、定着することはなかろうと私は思っております。そしてもし、仮にもこの思想がそのままで日本に定着するならば、われわれは我が国の歴史を失うであろう、ということさえも私は惧れるのであります」。こうして「キリスト教」や「人権の思想」、「人間尊重」に代わるものとして、日本人は、「人間と同様に生きとし生けるものの、あるいは生命そのものの、尊厳を信じている」と語り、その根本にあるのは「古代以来のアニミズムの思想」で、「これが仏教と融合して、現在のわれわれの心の奥底にある」と、堀米氏は言うのです。こう語って、堀米氏は他方で「これは敗戦以来の日本の若い世代には失われようとしている感情ですが」とも語り、心の奥底の「根本的な土壌」が歴史的な変貌にさらされていることも認めます。しかし堀米氏は依然として、「私達の感情を深く規定しているもの」は「古代以来のアニミズム」、あるいは「万有仏性の思想」と言い、それが「われわれの憲法あるいは思想のアプリオリであるもの」と言います。「この考え方の根本原理が自覚され、表現されない限り、日本国憲法というものは、本当の意味でわれわれを生かすものとはならないでしょう」とも言うのです。

堀米氏のこの遺言の言葉は、やがて磯部忠正氏のような哲学者から「大きな感銘を受けた」として共感されることになりました。磯部氏は「日本人の宗教意識」を、堀米氏の理解からもう半歩進めて、一部修正する形で、「万有仏性の形をとったアニミズムと根源への回帰あるいは祖先回帰」と言い直します。そして、文明がどんなに進んでも、この「型を出ない」と言うのです（『日本人の宗教心』、春秋社、一九九七、一八三頁）。これを日本における「古い人」と言えば、聖書的な概念から宗教史的な概念へと突然の移行を犯すことになりますが、ユダヤ人、ギリシャ人の区別に固執する仕方で、日本人にも固執する行き方としての「古い人」は、日本においてはこの「万有仏性とアニミズムによる祖先回帰」の型の人ということではないかと思うのです。日本にはなおこの意味での「古い人」への回帰の主張が、大変残念なことですが、依然としてあります。それは「憲法改正論者」のすべてではないとしても、そのかなりの部分としてあると言わなければならないでしょう。敢えて「根源への回帰」「先祖回帰」の主張をしなくとも、無意識的にはそこに「心の底」を置いているとなると、相当の部分がそうではないかと思うのです。堀米氏の指摘は、無意識の形で存在しているこの日本人の原初的な根本原理を、意識的に再興させて、「憲法の矛盾」を修正するという憲法改正論としても明白にするということに狙いがあったようです。

日本人の「教育」を考え、また教育の基盤である「教養」を問えば、「教養」は国民的文化的なものですから、当然「憲法」とその中に表現された精神や価値観がその重大な骨格をなすべきはずです。またそうあって当然ですし、そうでなければ「憲法」は「教養」や「価値観」の基盤を持たず、「定着していない」ということになりますし、「教養」の方も「憲法的表現」をとれないということで、未定形というか、解体的な状態にあるということになるでしょう。「憲法」は元来、その国の国民の基本的な生活や価値観、精神や思想を形成していて当然のものだからです。しかし堀米氏から見ると、日本の「憲法的教養」は分裂しているということでしょう。「人権の思想」や「人間の尊厳」が誤りであって、「万有仏性による生きとし生けるものの生命の尊厳」に取って換えるべきだと言うのです。磯部氏の日本人の宗教意識の定義からしても、「根源への回帰」や「祖先回帰」が価値観の根底をなさなければならないわけです。

日本における教育は、憲法における日本人のアイデンティティの分裂と取り組み、この問題の克服を考えていかなければならないでしょう。そこにキリスト教教育の重大な課題があります。「憲法」における「人権の思想」や「人間の尊厳」の側から考えても、一体それがどこに根拠を持っているのか、憲法の中では明言されていませんし、日本の教養においても確認されていませんから、不安定なままであるわけです。さらに言えば、「憲法」「人権」「人間の尊厳」と憲法第一条の「象徴天皇制」の間に、よほど「憲法的天皇」を確立しないと、齟齬や分裂が残り続けます。

「万有仏性の形をとったアニミズム」や「祖先回帰」と「象徴天皇制」は親和性があるように思われます。しかし日本の象徴は、本来、憲法そのものであるべきではないでしょうか。そうでなければ、憲法の精神や価値観を表現するものとしての象徴であることをもっとはっきりと明示すべきでしょう。日本国憲法の精神は、一方の「人権の思想」や「人間の尊厳」と、他方の「天皇制」との間に分裂しています。前者の背後には「キリスト教」が潜み、後者の背後には「万有仏性の形をとったアニミズムと根源への回帰もしくは祖先回帰」が潜んでいるわけです。「憲法」の中にあるこの自己同一性の分裂は、日本の「教養」の自己分裂でもあって、魂の深い分裂でもあります。憲法の優位のもとに「憲法的天皇制」を位置付け、例えば「皇室典範」を憲法に従い、もっと憲法的精神によって改正するのでなければ、この分裂の溝は法的にも埋まらないのではないかと思います。

日本におけるアイデンティティの分裂は魂の分裂を結果としてもたらしますから、その癒しのために、教育は重大な課題を負うことになるでしょう。「新しい人」に応じる教育によって、日本におけるアイデンティティの分裂をどう癒すかという問題があるわけです。それは「憲法」や「教養」と関係しながら、またさらには現代の「倫理道徳」の未確立状態の中でのモラルの再建や、さらには「歴史観」教育とも関係していくはずです。

日本国憲法はやはり「敗戦」ゆえの「憲法」であって、もし戦争に負けていなければ、そうした憲法的な変貌に曝されることはなかったと言うことができるでしょう。しかしまた、この変貌なしには繰り返し日本は戦争に負けるのでないかということも考えなければならないのではないでしょうか。つまり「万有仏性の形をとったアニミズムと根源への回帰あるいは祖先回帰の型」、そしてそれに親和的な「天皇制」(「神権天皇制」)は、敗戦に導き、敗北をもたらした思想ではないかということです。それはグローバルな共通精神にあわせる仕方で、憲法的に変貌させるのでなければ、世界共通文化の中で繰り返し「衝突を起こす」ことになるでしょう。政治的外形や文化的外形において衝突を回避したとしても、内面的に衝突を繰り返すことになります。

四、「新しい人」の、日本人としてのアイデンティティの可能性について

「新しい人」に即応した教育を特にキリスト教学校は心して推し進めていかなければならないでしょう。それは「キリストを着る」「洗礼をうけてキリストのものになる」ことを奨める教育です。またそれに基づき、それに対応する教育です。それは当然、教会への出席を勧める教育であることは言うまでもありません。キリストを着て、キリストのものとなる、そのことの伝達が、この教育の中心に必要なことです。ルター『小教理問答』の、信仰を教える箇所、さらにその中でも救いを教える箇所に、この「キリストのもの」とされたという言い表しが子供の信仰教育の関連で、見事に記されています。あるいはハイデルベルク信仰問答第一問が信仰の教育の中で「キリストのもの」とされたことを第一に強調した、その表現の意味深さを思い起こすことができます。

その上で、またそれと共に、「新しい人」に応じた教育が「倫理道徳」の教育として、あるいはまた「人権」や「人間の尊重」を中心においた「憲法教育」として必要なはずです。また、日本の文化の意味ある「変貌」を含む「教養」について考え、教えるべきで、さらには世界共通文化を視野に入れた「歴史教育」、プロテスタント的価値を自覚した歴史教育が考えられるべきだと思います。キリスト教学校で言えば、こうした教科の担当者聖書科教師や宗教主任との連携が必要なわけで、共同研究も必要です。

「新しい人」を着ることは、当然、「倫理道徳」の再建を産み出します。人間の倫理を越えた福音による倫理、「恵みによる倫理」を教えることです。キリストを着ることで、人間の弱さや醜さ、また罪の現実に直面しながら、希望を失わず、癒されて、愛する力を与えられ、また明確な目標を与えられます。人間の生や行為を越えたところから来る神の恵みが、倫理的に立つ力を与えること、その実際の展開を「キリスト教的・プロテスタント的倫理」の系を更新

する仕方で、教育すべきではないかと思います。倫理には大きな歴史的な系（「プロテスタント的倫理」）を捉え、その歴史を捉えつつ、それを更新する仕方で発展させる必要があるわけです。儒教的倫理ではなく、キリスト教的・プロテスタント的倫理に立って、その上でヒューマニズムをも生かしていく――と言っても、その「いったんの断絶」（なぜなら人間と世界の現実はとてもヒューマニズムの手に負えるものではないのですから）を曖昧にせず――必要があります。恵みの神が共におられることをこそ、人生の基盤とする行き方です。

さらに、神から恵みによって受けた「自由」を手放さない教育、「自由と独立」の精神を教え、「憲法の精神」を教えることとです。少数者の権利を教えないとならないでしょう。そしてデモクラシーの精神、寛容の精神の教育が必要です。また当然、平和の大切さとそれを守る責任と気概を教える必要があります。しかしまた「平和の努力」をめぐっては、憲法第九条をめぐって、日本の戦後史の中に繰り返された欺瞞をどこかで明らかにすることも必要だと思います。戦後の日本は、憲法第九条によって、本当に平和を守ったのか、それとも経済的な利益至上主義を守ってきたのではないかということです。キリスト教倫理はその主要な流れにおいて、決して、「絶対平和主義」ではありませんでした。また、「絶対平和主義」が常に平和を維持してきたわけでもありません。「新しい人」の教育の問題として、二一世紀にこの無差別テロリズムの世紀に「平和」のための祈りは、どういう努力と結びつくのか、腰を据えて検討しなければならないでしょう。このことはまた現代の国際関係や国際政治をどう構想すべきかという問題とも関係します。

「キリストを着る」ことによる「教養」の開発が必要です。日本の文化は「上から着るアイデンティティ」によって確立される必要があります。それは「古い人」を「脱ぐ」ことを含みますが、あるものは「新しい人を上に着る」ことによって「変貌」させられるでしょう。「新しい日本人」は、この「変貌」の中から現れて来るべきであって、ただ「根源回帰」や「祖先回帰」によって再発見されるべきものではないでしょう。そうした回帰のやり方では結果として、細く小さな自己に閉塞するのがせいぜいでしょう。日本人や日本の文化・精神といった歴史的存在について、非歴史的な「根源」は、本来、どこにもないのです。「根源への回帰」「祖先回帰」はエリアーデの言う「伝承文化人」の脱歴史的生活であって、世界の歴史化、そしてグローバル化には耐えられないのではないでしょうか。原理主義的な衝突を繰り返す誤りになります。それに、「アイデンティティ」というものは、本来、「自己超越的」でありながら、「自己統合」を試みていくのが健康で逞しい自己なのです。その意味では「変貌」することへと「開かれたアイデンティティ」であるべきです。排他的閉鎖的なアイデンティティは、しばしばファナティックになり、結果的に折れ易いのです。二〇世紀に日本が経験した敗北をもっとしっかりと受け止めるべきではないでしょうか。

歴史の現実、あるいは現実の歴史性にあった「歴史教育」も必要です。プロテスタント的な歴史教育が可能であり、また必要だと思います。現代の近代化とプロテスタンティズムとの関係は、両義的な面があります。しかしそれでも近代化の主要な起源が、プロテスタンティズムや少なくともそれとの密接な関連に発した事実は、なおある意味を持ち続けています。そのプロテスタンティズムやそれとの密接な関連に起源を発している近代の歴史的な展開の動向を教える必要があります。それは、自由化の動向、人権化の動向、デモクラシーや寛容に向かう動向、さらには科学化の動向も、神からの分離を、元来、意味するものではないということを明らかにするでしょう。神がまことに神であり、神をまことに神とすることと共に、この歴史の動向は進行し得るのです。これと他のさまざま文化の発展ラインを、そして日本の従来文化についても、「しなやかに結合する」ことができれば、既述の「変貌」を具体的に示すことができるでしょう。日本にも、そして世界にはいっそう、いろいろな文化の「発展のライン」があります。それらの「しなやかな総合」（トレルチは諸々の争いあう文化の発展ラインの〈schlichten〉＝しなやかにして調停するということを語りました）、「柔軟な文化総合」が可能にして、必要なのだと思われます。二一世紀が、テロリズムの世紀を脱出するためには、世界共通文化を基盤にして、各地域で、そしてグローバルにも現代的な文化総合の試みが必要とされているのではないでしょうか。キリスト教教育も、このことを意識において構想されるべきだと思うのです。

（追記・本稿は、二〇〇四年四月二九日に開催された、学校伝道研究会主催、シンポジウム「学校伝道と霊性の回復――ミッション・ステートメントの検討に際して――」で発表した原稿に加筆したものである。）

第二部　国家・社会とキリスト教学校の使命

1　親の教育権と私学

――私学としてのキリスト教学校の使命との関連で――

倉松　功

はじめに――教育権とは何か

教育権という場合、一般に教育を受ける権利（被教育権）と義務についてと教育する権利（教育権）と義務がとりあげられる。それらの権利の根拠・起源とその行使、その制度化はすぐれて文化形成、社会・国家のあり方に関わる重要な問題である。本稿では、右の二様の教育に関する権利の中で、後者の教育する権利について、若干の考察をしてみたい。

一　基本的人権としての親の教育権――現代社会と教育権――

そもそもその国の憲法に親の子供に対する優先的教育権が認められているか否か。そのような親の教育権に基づく子供への教育の選択権が、信教の自由、結社の自由と共に認められているか否か、それらの諸自由が、私立学校の設立権と結びついて認められているか否か、それらは、その国が自由なデモクラシー社会であるかどうか、その内実を理解する一つの要件をなしている。そのように判断する理由は、各国の憲法を検討することによって明らかになる。

各国憲法が定める教育権についての検討に移る前に、まず国連の世界人権宣言（一九四八・一二・一〇）をみてみたい。そこには、子供の被教育権と両親の子供に対する教育の優先権と選択権が基本的人権としてうたわれている。われわれが検討の主題とする親の教育権が、子供に対する優先的権利として認められていることに、注目したい。

さて、近代国家において、親の教育権優先が、私立学校という形で、憲法において保証されたのは、フランスの共和国憲法の権利宣言（一八四八年）ではないかと思われる。翌年にはドイツ帝国（プロイセン）憲法、そして、イギリスにおいては、元来王立学校であったイートン校が一八六八年にパブリック・スクールとなり、それに続いて、ウィンチェスター、ハローなどと共に今日著名な私立学校国を形成してゆくことになる。

しかし、われわれが注目する親の教育優先権が、そこから派生する教育選択権に基づいて、私立学校の設立を促すといった思想と法の関連を明示する法制度は、第二次世界大戦後のイタリア共和国憲法（一九四七年）であり、ドイツ連邦共和国憲法（一九四九年）である。いずれも、以前から両親の教育権、私立教育機関の設立を認めながら、第二次世界大戦前からファシズムに支配された国家であったことは注目に値しよう。ドイツ基本法第六条によると、「子供の養育と教育（Pflege und Erziehung）は両親（および両親のうちの一方、即ち、解説の中で Eltern od. Eltes）の自然の権利（das natürliche Recht）であり、かつ何よりもまず両親に課せられた義務（Pflicht）」とある。第七条で、子供の宗教教育に対する教育権者の決定権および宗教教育の自由のあり方についてふれ、第七条の㈣で私立学校設立の権利を保障し、公立学校の代用校、宗教学校の設立の条件についてのべている。親の教育権に基づいて、私立学校の設立について、ドイツ以上に進んだ規定をしているのは、イタリア共和国憲法（一九四七年）である。第三〇条「たとえ婚姻外で生まれたものでも、子を育て、教え、学ばせることは、親の義務であり、権利である」。第三三条「団体および私人は、国の負担を伴うことなしに、学校および教育施設を設ける権利を有する。国立学校との均等を求める私立学校の、権利と義務を法律で定めるにあたり、私立学校には完全な自由を保障し、その生徒に対しては国立学校の生徒と等しい修学上の取り扱いを保障しなければならない」。

次に、われわれは、親の教育権と私立学校設立権が、ソ連・東欧社会、共産党一党独裁というファシズム政権下では、どのような法規定になっているかを瞥見しておきたい。それによって、親の教育権と私立学校設立権が、自由なデモクラシー社会のシンボルであることを知るであろう。

旧ソ連憲法（ソヴィエト社会主義共和国同盟憲法、一九三六年）は第一二一条で「教育をうける権利を有する。普通義務教育……中等・高等教育をふくめあらゆる種類の教育は無料」という。しかし、親の教育権に言及しない代りに、その教育はソ同盟すなわち国家・官権が与え、保障する、という。このことは旧ソ連・東欧社会のすべての国家に妥当する。

さて、最後に、わが国である。日本国憲法第二六条は、「すべての国民は、……ひとしく教育を受ける権利を有する。すべての国民は、その保護する子女に普通教育を受けさせる義務を負う……」とのみ定めている。ここには親の教育優先権についての言及は全くない。また私立学校設立権も保証されていない。このような国民の被教育権の保証と平等の被教育権は教育基本法でもくり返される。すなわち、日本国憲法と教育基本法では、かつて、ワイマール憲法が婚姻・共同生活に関して謳った「両親が子を教育して、身体的、精神的および社会的に有能にすることは、両親の最高の務であり、かつ自然の権利である」が欠落している。即ち、たしかにわが国には設置を認可する私立学校法はあるが、憲法をはじめ、教育基本法にも、学校教育法、私立学校法にも親の教育優先権は勿論、私立学校設立権は保証されていないのである。

ところで、親の教育優先権を認めず、それに先立って国の教育権、むしろ国家による教育法を主張したのは、実は、ナチス・ドイツ、ファシズム・イタリア、共産主義諸国が最初ではなかった。自由の前に平等を優先させたフランス革命におけるダントン、ロベスピエールなどの政治原理の支配した所では近代においても官中心、官権による教育のみが主張されていることを注意しておきたい。

二　親の教育権の由来、根拠、基礎づけ

先に紹介した、「親は子供に対して何よりもまず教育の義務がある」という言葉は、自然・経験的事実と共に自然法的理解を示している。そのように親の子供に対する教育権は自然法的に承認されている。なぜなら、親の教育権は人間とその社会生活に深く関わっているからである。わが国の民法第八二〇条「監護教育の権利」においても、「親権を行う者は、子の監護及び教育をする権利を有し、義務を負う」とある。しかし、わが国の場合、そもそも憲法において親の教育権には全く言及されていないし、また、私立学校設立権も認められていない。ましてや親の教育権の自然的あるいは自然法的基礎づけは見られない。それに対して、ワイマール憲法一二〇条は、両親の子供に対する教育を最高の義務および自然的権利（Oberste Pflicht und natürliches Recht der Eltern）という。この表現が今日のドイツの基本法に踏襲されていると考えるのが自然である。そしてこの二つの憲法の natürliches Recht を自然的権利と訳したが、もちろんこれは、自然法と訳すことが可能であり、むしろ、そう訳すべきであるかも知れない。そう考えると、ここには中世カトリック以来の伝統が継承されているといわねばならない。

被教育権の基礎づけについて――カトリックの場合とプロテスタントの場合

カトリックにおいては第二ヴァティカン公会議の「教育宣言」によって、人はすべて、民族、身分、年齢を問わず、尊厳な人格の所有者として教育を受ける権利を有し、それは他に譲渡できないものである（ius est inalienabile ad educationem）という（第一項）。このように被教育権は自然権として主張されている。その上、キリスト者はキリ

スト教教育（educatio christiana）を受ける権利をもっている。ルターにおいては、「この世においては人々は理性によって行動しなくてはならない。……ところが人々が子どもを学ばせず、学校へやらないなら、そうした身分は保てないし、人間を野獣にならないように保つこともできない」とある（CIA 4, 163-166）。[注]人間が他の被造物と異なるもの――理性――は、教育によってのみその特殊性を保つことが出来るという主張については、カントの『教育学』における発言を思い出させる。「人間は教育によってのみ人間たりうる。人間は教育が、かれから作るもの以外でありえない。……人間とは教育されねばならない唯一の被造物である」。ルターと全く同じなのは後述するようにロックである。

親の教育を授ける義務と権利

上記「教育宣言」は、両親の教育の義務以外に、国家と教会のそれについても語っているが、両親は、子供に生命を授けたゆえに、子供を教育する義務があり、第一の、主たる教育者であり、それが欠ける場合、それに代わることはほとんど不可能なほどであると、両親の教育の義務と権利を、自然法的に主張している。「教育宣言」は両親の教育の義務と権利とを自然法的に基礎づけているだけではない。キリスト教徒の家庭においては、それは婚姻の秘跡の恩恵と義務から考えられねばならないとしている。

それに対して、宗教改革に続く今日の教会型のプロテスタント教会は、先の被教育権の場合と同様、両親の教育権とその義務とを、単なる自然法的権利としてではなく、神の創造の意志・命令として基礎づけるが、それはいうまでもなくルターに由来する。ルターは、「神は、われわれが子供たちを神の意志に従って育て、治めるために、われわれに子供を与え、委ね・命じられた、もしそうでなければ、神は父と母とを必要とされなかったであろう」と記しているからである（WA 301, 156, 30-32）。このルターの「神は両親に子供を教育するように命じた（gepotten, befohlen)」という表現は、かれの著作にくり返し出てくるが、中でも重要なものは、『全ドイツの市参事会員に対する勧告』のものであろう。「(両親が子供たちを教育しなければならない) 最大の理由は、それが神の命令 (Gottis gepott) であるからである」とルターは主張しているのである (CIA, 2, 244, 29)。その際、ルターが典拠としている聖句は、第四誡「父と母とを敬え」、詩篇七八・五以下、同一二七・二、三およびエペソ人への手紙六章一—四節である。その中でも、特に詩篇七八とエペソ人への手紙六章が重要であろう。詩篇七八には「主はあかしをヤコブのうちにたて、おきてをイスラエルのうちに定めて、その子孫に教うべきことを、われらの先祖たちに命じられた。これは次の代に生まれる子孫がこれを知り、みずから起って、そのまた子孫にこれを伝え、かれをして神に望みをおき、神のみわざを忘れず、その戒めを守らせるためである」とあり、エペソ人への手紙の六章四節には、「主の薫陶と訓戒とによって、かれらを育てなさい」とある。

　そのようなルターの立場から、既述の一九四八年のボン基本法を批判したのが、一九四九年のルター派の教会の教育学者、神学者たちである。かれらは、「現代国家における親権と学校」と題して協議会を開き「親権と学校の問題に対する声明」を発表し、カトリック神学と啓蒙主義の哲学に基礎づけられた自然法の教説から親権が導き出されることに反対したのである。また同年、H・リルエがドイツ福音主義教会の代表として、ボンのドイツ連邦議会に対する提言において、キリスト者の両親が神の前でその子供らに対して負っている責任は、「国家の形態の転換によって左右されない」と述べた時も、自然法のみでなく神の命令による教育権を主張したルターの教育観に依存していた。

　なお、カトリックの「教育宣言」が両親の教育権に言及して、「両親は、学校を選択する自由を持たなければならないし、子供のために良心に従って真に自由に学校を選ぶことができるように」と、両親の学校選択の自由を主張しているのは、現代世界における国家の教育権の増大の中で注目に価する。しかし、同様のことは、すでに一九五九年のドイツ福音主義教会の総会において、主張されていることに注目したい。

親の教育権の限界

これについてはロックの両親の教育権についての考えを以下に紹介するにとどめる（『市民政府論』第六章父権について、岩波文庫参照）。

この父権（paternal power）という言葉は、両親の子供に対する権力を全く父親にのみ与えて、あたかも母親はなんの分前も与えられなかったかのように思わせる。しかし理性または啓示に問うてみるならば、母親もまた平等の権限をもつことがわかるであろう。それ故に、これを親権（parental power）と呼ぶ方が、もっと適当ではなかろうか。したがって神の定めた実定法が子の服従を命ずる時には、それはいつも両親を無差別に一緒に扱っている。『汝の父と母とを敬へ』（「出埃及記」二〇章一二節）『すべてその父又は母を詛《のろ》ふ者は』（「利未記」二〇章一九節）『汝等おのおのその母とその父を畏れ』（「利未記」一九章三節）『子たる者よ、両親に順へ』（「エペソ書」六章一節）。これらが旧新約聖書の一般的な書き方である。……この理性は、彼がよってもって自分を支配すべき法を彼に教え、かつどの程度まで、彼は自分自身の意志の自由に身を委ねて思うままに行為できるかを、彼に知らせることのできるものである。彼が自分を導くべき理性をもつようになる前に、無制限の自由に解放されることは、自由であるという生来の特権を彼に許すことにはならない。かえって彼を獣の間におしやり、獣と同じようにみじめで、人間以下の状態に放置することになる。これが両親の手に権力を与えて、その未成年の子を支配させる理由である。けれども彼が子供たちの保護を止めるならば、彼は子供たちに対する権力を失うのである。

三　親の教育権と私学としてのキリスト教学校

親の子供に対する教育権、その具体化の一つとして私立学校設立権が自由なデモクラシー社会の歴史的流れであることは、既に明らかにした。それだけに、今後ますます、価値多元化へ向う自由なデモクラシー社会において、宗教学校——ドイツ流にいえば、教派学校・信仰告白学校——としてのキリスト教学校はどうあるべきか、という問題が生じる。国あるいは地方行政府の財政援助をうけながら、他方ではすべての人々を受け入れ公教育を行なうキリスト教学校のキリスト教教育はどうあるべきかが問題になろう。

この問題を考える場合、重要な前提は、キリスト教学校とは何かについての理解である。すなわち、キリスト教学校は一方では、私学として親の子供に対する教育選択権を充足させる使命を有する。しかし、他方キリスト教学校としては神の委託にまず答えるという使命が課せられているのである。その点で教書「カトリック学校」は、文字通り「カトリック学校」とは何かを正面から論じたものとして重要である。カトリック学校は、少なくともその一部がキリスト教的生活を実践している必要がある（四一項）。また、人類の全文化を救いの使信によって秩序づけることを当然知っておくべきである（三八項）。人間は、それぞれの働きを通して、何よりも社会の文化的ならびに、道徳的水準の絶え間ない向上に貢献しなければならないが（三五項）、信仰によって統合された知識、価値、生活態度、それに行動は、生徒が自分の生活と信仰を統合していくという結果をもたらす（三一項）。行為は常に言葉より重要である。つまり、その人柄と、その人の生活原則から生まれる道徳的品位が真止の証しとなる（三二項）。そのようなキリスト教的生活の源泉および糧として、学校における典礼や秘跡に真剣な態度で、気取らずに、積極的に参加することが、大切である（四〇項）。宗教教育はカトリック学校の最終目標の一つである（四三項）。それゆえ宗教の教師の役割はきわめて重要である、という。

周知のようにキリスト教学校という言葉を最初に用い、それを論じ、それを設立しようとしたのは、宗教改革者のルターである。それゆえ、キリスト教学校とは何か、それを検討しようとすれば、われわれはまずルターに聞かなければならないであろう。

ルターのいうキリスト教学校（christliche Schule）は、教育の目的・課題から教材に至る詳細なものである。われわれは、それらをカトリック学校との類似性と相違性という観点から考察し広くキリスト教学校の使命としてみてみよう。

カトリック学校は既述のように教会の救済的使命を共に担うもので、人類の全文化を救いの使信によって秩序づけ、キリスト教と文化と自己の生活という三者の統合を目指し、その理想的全人的な人間をイエス・キリストに置いている。それは、神に仕えるために兄弟の必要に力を尽くし、この世界を人間のよりふさわしい住居にすることであり、神と人間とをより深く知り、すべての人の救い主キリストによって、真の意味を与えられる救済史に参与する意味を体験することとであった（「カトリック学校」四四—四八項目）。

ルターとの共通性でもっとも注目に価するのは、キリスト教学校教育が、神の救済史の中に位置づけられていることである。ただその場合、カトリック学校は、学校共同体それ自体が使徒職を担うものであり、学校が教会共同体となることを目指すものであった。ルターが、キリスト教学校の目標として第一に掲げる「神と人々に奉仕する人間形成」とは、具体的には福音による人間形成であり、職業的には教会の教職と各種の職業につくものの教育である。そこでは礼拝がなされること、福音の宣教による人間形成が考えられていたことはもちろんであるが、学校が教会共同体たることの必然性は考えていない。むしろ、教会の三つの使命（宣教、教育、慈善）の一つとして教育が促えられていた（ライスニク教会規程、ハンブルク教会規程など参照）。ルターの福音による人間形成という場合、例えば、かれの一般信徒に対する教導書として重要な『大教理問答書』は主要な参考文献となろう。本書の十戒の解説において、明確に示されている福音の三段論法（syllopismus practicus evangelii）が律法の三段論法（usus teritius legis）と全く同じ内容となっている。それはルターにおける具体的形成的倫理を示すものとして注目される（しかし、何故かわが国のルター批判者は顧みない）。

むすび

価値多元の自由なデモクラシー社会のモデルはない。要するに、自由なデモクラシー社会のさまざまな展開、発展が、今日考えられている世俗社会の目標である。キリスト教社会倫理の立場からは、われわれに委託されている福音の宣教、教育、愛の実践（共同福祉）という課題の遂行の中で、そのような社会をキリスト教文化の遺産として伴ってきたと見ることができる。それゆえ、キリスト教会の三つの課題を積極的に展開しない限り、自由なデモクラシー社会は形成されないといわねばならない。換言すれば、そのようなわれわれの価値を主張しない社会は、自由な価値多元のデモクラシー社会とはならない。なぜなら、そのような社会は自立した個人の自由と個々の人格の尊厳、それを保証する基本的人権を基礎づけると共にそれを根底とする結社の自由の保証を不可避としているからである。またそのような自由なデモクラシーの社会を形成する使命と祝福を、われわれキリスト教学校は与えられていると思うものである。（なお、「むすび」で述べているように私学の設立存在は基本的人権の一つとしての結社の自由に深く関っているが、その点については論題との関連で示唆するにとどめた。）

（注）子供はもとより人間の被教育権の根拠は、神学的には何よりも「神の似像としての人間の創造」と、人間以外の他の被造物を神に代わって治めとの命令に由来している（創一・二六―二八、詩八・六以下など）。すなわち、アウグスティヌスやルターなどによると人間には、記憶、精神（知性、知解力）、意志、信仰、知識、道徳の素地が与えられており、それらが完成へと導かれていく教育が語られたのである。ルターの解釈で興味深いのは、「支配せよ、治めよ」についての解釈である。ルターの本文のような考えの背後には、彼の人間についての考えがある。それは、「人間は罪を犯した後（堕罪の後）でも、人間の持っている知恵、力、徳、誉れ（栄誉）あるいは、芸術、医術、法律を発明し、支配する理性を与えられている」というのである（『人間についての討論』一五三六年）。そして、「この世の状態を保持してゆくためには、すぐれた学者、分別のある人、尊敬すべき、教養ある、立派な、よく教育された市民を持つために（学校で）教育されねばならない」ということである（『キリスト教学校を設立し、それを維持すべきとの全ドイツの市参事会員（市町村の当局者たち）への勧告』一五二四年）。このようにルターには、神の世界保持の恩寵と人間との共働という考えがあったのである。（これらの点について詳しくは、拙論「カトリック学校とキリスト教学校――教育についての共同宣言は可能か」（東北学院大学キリスト教文化研究所『紀要』第二四号二〇〇六年所収、を参照いただきたい）

3　キリスト教学校と教育基本法

深谷松男

〔本稿は、もともと、二〇〇二年八月七日に宮城学院で開催された学校伝道研究会の例会において行った講演を録音テープから起こして同機関誌「キャンパス・ミニストリー」第一五号（二〇〇二）に載せたものですが、今回、本書の編集者から求めがあって転載するにあたり、少しでも読むに堪えるものにできればと思い、かなりの加筆を致しました。拙き旧稿を読まれた方々には、そのことをご理解のうえお読みくださいますよう、お願い致します。〕

一　はじめに

ただ今ご紹介いただいた中にもありましたが、私の専門は民法学です。教育法ではありません。教育法という分野自体が法学の世界では比較的新しい学問分野ですが、私は、民法に関わってくることならばある程度知っている、その程度に過ぎません。それから、今日の話は憲法にも関わってきますが、これについても私はいわば素人です。さらに、キリスト教の神学的な問題にかかわることもかなりあるはずですが、申すまでもなく、その点についての私の理解は浅いものです。このようなことをまずお断りしておきます。むしろ、この研究会で学ばせていただくつもりでいますので、よろしくお願いします。

私が宮城学院に着任した年のことですが、私立大学関係の全国的な組織で、特に公費助成を進める運動をしている教授会連合の東北ブロックの会議が宮城学院会議室でありました。その時、開催校の挨拶として、公費助成に関する問題について考えるところを少し述べてくれと言われて、一〇分ほどお話しをしたことがあります。キリスト教学校で働くことになってまだ一か月しか経っていなかった頃ですから、十分なことを語れるはずはなかったのですが、大事だと思っていることがありました。

それは、私立学校というのは、本来、国の教育政策のために立てられたものではないのであって、私学は建学の精神によって立つ。その意味では、建学の精神をいかにして実現していくかということに一番エネルギーを注がなければならないということです。

例えば、宮城学院は、今から一一六年前に「宮城女学校」として立てられました。横浜バンドの出身である押川方義たち日本人キリスト者とアメリカのいわゆるジャーマン・リフォームドの宣教師たちとの協力によってできたのです。東北学院と同じ年です。宣教師たちは、伝道のためアメリカからはるばる渡って来ました。押川も新潟伝道から仙台を中心とした東北の伝道にシフトして仙台に来て、ここで両者が手を結んで、伝道の働きの大切な一環として、神学校（男子）と女学校を創りました。前者が東北学院となり、後者が宮城学院となりました。今日、誰かが学校を建てる場合、どういう立脚点に立って創るでしょうか。日本という国の行政の仕組みの中で行っている学校教育の一環としての学校を造るというふうに、まずは考えるかも知れません。しかし、あの当時、日本に来た宣教師たちも押川方義たちにしても、仙台に宮城女学校という女性のための学校を創ろうと考えたときには、日本の当時の国家政策に則り、その方針に従った教育事業をすることを考えて、取り組んだのではありませんでした。このことは、当時の諸種の記録を見ると明らかであります。

教授会連合の会議での挨拶を求められたとき、あまり準備する時間もない中で、私は、何度も頭の中でこういう事を考えていました。宮城学院の創立者たちは、おおげさな表現に聞こえるかも知れませんが、教育というものを人類的課題と受け止め、それにはキリスト教に基づく教育が必要であり、大事なのだと考えたのです。当時の明治政府が考えた国力を増強して、西洋列国に伍していくために教育水準を高めるという方針に即応する学校を目指せばよい、と考えたのではありませんでした。

キリスト教に基づく学校教育という建学の精神がまずあって、それを実現するために独自の私立学校を設立する。その教育の中身についても、国あるいは国の権力機構ないし多数派の政党が決めたものによるのではない。私立学校は、この点で国公立の学校とは基本的に違う。そうすると、そこでは建学の精神をいかにして実現していくか、そのことに一番エネルギーを集中したはずです。そして、それは今日でも続いていなければなりません。

その場合、私学独自の教育理念による教育は自由にできるのだということが、その大前提になります。人間社会において望ましい教育はこれこれだとの信念を抱いた者たちが、その独自の教育をすることは許されることなのだ。そういうことが許されてこそ、良い社会になっていくのだ。少なくとも、そういう社会観・国家観があったのです。もちろん、宣教師たちや押川方義たちは神の国の民の一人であるとの信仰に立っていましたから、神から託された使命という観点からだけ考えていたというべきでしょう。しかし、いざ学校を創るとなれば、当時の宮城県に何度も何度も足を運ばなければなりませんでした。そして、設立許可を得るために教育目的の表現や校名の点で若干の妥協を余儀なくされましたが、彼らがその時くじけずに宮城女学校設立を進めることができたのは、こういう学校を創って教育することは自由にできるべきものである、そうでなければこれからの社会は成り立たないという高い見識に立っていたからであろうと思います。つまり、私学の教育の自由という問題であります。今日は、そこから入っていきたいと思います。

二　私学の教育の自由について

まず、教育基本法を国公立の学校の視点だけで考えていると、ここに申し上げている大事な問題が落ちてしまうのではないかと思います。私は、私学に勤める人間として、とりわけキリスト教学校に働く一人として、教育基本法の問題をまず今申し上げたような所から考えてみる必要があると思っています。そこで、ここに「私学の教育の自由について」という標題をあげました。世俗の法の考え方のレベルにおいて、私学の教育には自由があるということをしっかりと確保している必要があるからです。今日の法律においては、私学はどういう根拠に基づいて教育の自由をもっているのかということを、ある程度把握しておくべきだろうと思います。

私学の教育の自由の基礎となるのは、基本的人権としての教育を受ける権利です。二〇世紀は、世界人権宣言に基づいて国際連合を通して、基本的人権が地球上のあらゆる国に限なく確立して行った世紀だということができますが、教育を受ける権利が確立されたことは、その中でも特に重要なことであろうと思います。一九七六年の最高裁大法廷判決（昭和五一年五月二一日、いわゆる北海道旭川学力テスト事件）の中でも、教育を受ける権利が短い文章にまとめられています。すなわち、「国民各自が一個の人間として、また一市民として、成長、発達し、自己の人格を完成実現するために、必要な学習をする固有の権利を有するとの観念が存するが、子どもの教育は、教育を施す者の支配的権能ではなく、何よりも子どもの学習する権利に対応し、その充足をはかりうる立場にある者の責務である」とし、これが憲法第二六条の背後にあるとしています。

「人間として、また一市民として」と言っているところは、本当はいろいろと分析しなければならないものがあります。それは、一八世紀以降の市民社会形成にかかわる思想史の議論になりますからここでは省きますが、「固有の権利」という部分の「固有の」ということを取り上げてみたいと思います。ここには、基本的人権の固有性という考え方が出ているのです。「固有」という日本語の言葉は「もともとから持っている」という意味です。それでは、「もともと」とはどの時点からを考えてのことなのでしょうか。それは、国家以前ということです。憲法以前であります。国家ができる前から、憲法が認める前からあったものだというのです。もちろん、これは、時間的順序または歴史的経緯のことではありません。法論理的な意味での順序です。日本国憲法第三章「国民の権利及び義務」の第一一条から第四〇条にかけて、基本的人権のことが規定されています（納税の義務という基本的義務もありますが）。憲法に三〇数個条にわたって基本的人権が規定されており、そのようにして憲法によって認められたから、私たちは基本的人権があるというのではない。「もともと」人間が持っている基本的人権を憲法が承認し、保障するということを言っているのです。

近代立憲国家思想の基本に立って言えば、憲法のない国家はありません。国家は、国民、領土及び憲法の三者によって成り立つものです。そこから、憲法以前ということは国家以前だということになります。人類社会において国家が成り立つ以前から認められるべきものとして存在した権利だというのです。このことを裏返して言うと、国家は基本的人権を保障するために構築された組織体なのだということになります。憲法により基本的人権を保障するとは、そういう意味だという理解です。基本的人権とはそういう意味で基本的なのです。これを基本的人権の固有性と言います。従ってまた、この固有性のゆえに、基本的人権はすべての人に認められる普遍的なものだということになります。基本的人権の普遍性です。国籍のあるなしに関係なく、基本的人権を保障しなければなりません。これは、長い間の動揺を重ねた後で、日本国民の常識になってきています。日本国内に在住している外国人についても、権利の性質上日本国民を対象としていると解されるものを除き、日本人と同様に基本的人権を保障するのが、日本国家の責務であるということになるのです（最高裁大法廷判決昭和五三年一〇月四日）。さらに、この固有性に基づいて、基本的人権は不可侵性と永久性を持つと理解されています。

教育を受ける権利は、基本的人権として上述したような意味で固有の権利だということを、前述の最高裁判決は、基本的に認めているわけです。

さて、この教育を受ける権利は、その性質上二つのものが含まれていると考えます。一つは、生存権的な意味での教育を受ける権利であり、もう一つは、自由権的な意味での教育を受ける権利です。

憲法第二六条第一項に、「すべて国民は、……教育を受ける権利を有する」とあります。この条文の前にある第二五条は、ご存じのように、いわゆる生存権に関する規定です。健康で文化的な最低限度の生活を営む権利を有するという第二五条の次に、この教育に関する権利を宣言する第二六条がおかれています。この後に続く、第二七条（勤労の権利）と第二八条（勤労者団結権）も広い意味で生存権の性格をもった規定です。教育を受けることは文化的生活を確保するのに必須のことであり、その意味で教育を受ける権利は生存権の一部であるとの理解に立って、憲法は第二五条の次に教育を受ける権利の第二六条を置いたのです。

教育を受ける権利の第二の性質は、自由権の一つだということです。つまり、どういう教育を受けるかについては、自分の自由な選択が許されるのでなければならないということであります。この理解の基礎にあるのは、どういう人生を送るかはその人自身が自由に選ぶことができなければならないということです。これは、現行憲法では、第一三条に「幸福追求の権利」として保障されています。そして、さらにその根底にある人生観の自由は、思想良心の自由の柱のひとつであり、憲法第一九条がそれを明記しています。これらが基となって、どういう教育を受けてどのように社会に生きて行くか、それはその人が自由に選ぶところを認めるべきであるということが出て来ます。教育を受ける権利の自由権的性格であります。

教育を受ける権利は学習の権利といってもよいわけですが、これは真理探究の自由つまり学問の自由（憲法第二三条）が踏まえられていなければなりません。こうして、学問の自由の上に教育を受ける自由が成り立つということもできます。ここで、教育基本法第二条を見ていただきますと、教育の方針という条文があります。そこには、第一条に定められている教育の「目的を達成するためには、学問の自由を尊重し」なければならないと記されています。教育の目的と学問の自由との間には内的に必然的な結び付きがあります。学問の自由によって真理を学び、またそれを究めながら、自分で納得のいく文化的な生活を組み立てていく自由を尊重するというわけです。

さて、教育を受ける権利をこのように理解し、これを高く掲げると、次に、その教育を受ける権利の主体はだれかが問題になりましょうが、それは、言うまでもなく教育を受ける者自身です。つまり、教育を受ける自由権の主体は、児童、生徒、学生自身です。ですから、彼らには、どういう教育を受けるかについての発言権があり、選択権があります（また、児童権利条約第一二条参照）。

しかし、それらの権利を行使することは、学生や高校上級生徒ならばともかく、小学生や中学生には困難であり、幼稚園児には不可能なことです。従って、未成年者の場合は、その親権者がこの自由権を代行することになります。このことについては、民法第八二〇条に「親権を行う者は、子の監護及び教育を行う権利を有し、義務を負う」とあります。この規定は、親権者は子の監護・教育をする義務を負い、その義務履行のために必要適切な権利を有すると理解され、親権は義務中心の権利であるとされています。この親権により、親権者は、子を監護し教育する義務の履行として、子が本来持っている教育を受ける権利を子に代わって行使することになります。

しかも、親権者は、他の人に勝って優先的にこの義務を履行し、それに必要な権利を行使することができるのです。民法の条文には、優先という表現は出ていません。今まで、これをあまり正面から出す規定はありませんでしたが、学者の間で、法律論としては、監護教育の義務履行の優先権が親にあると考えられてきました。親といっても、親権がどちらにあるかということが問題になる場合があるので、より厳密に言えば、監護教育の義務履行の優先権は親権者にあるということになります。こういうことは教育の法律論をするときには、これまでも大事なこととして語られ、今日広く認められていると言ってよいと思います。PTAは、保護者たちの監護教育の優先権を背景として成り立っていると言えます。つまり、この親権者としての権利の行使として、教師たちと協力し、協議しながら、教育内容を豊かなものにして行くための発言ができるのです。

このようなことは、最近は国際的に、児童の権利に関する条約の中でもっと明確に打ち出されるようになりました。その第一八条第一項に、「父母又は場合により法定保護者は、児童の養育及び発達についての第一義的な責任（the primary responsibility）を有する」とあります。「第一義的な」というのは適切な翻訳かどうかを巡って議論のあるところですが、この「第一義的な責任」ということも上述の優先権につながることです。そのようにして、児童、生徒、学生（未成年者である場合）の親権者が上述の教育を受ける自由権を代わって行使することができます。親権者の教育における優先権は、子どもをどの学校に入れるか、それを自由に選択できるというところに一番よく現れるはずです。

もう少し、国際的視野に立って述べておきます。まず、世界人権宣言第二六条第一項が、「すべて人は、教育を受ける権利を有する」とし、その第三項では、「親は、子に与える教育の種類を選択する優先的権利を有する」と宣言しています。ここに、はっきりと「優先的権利」と記されています。次に、実定法的国際人権法として、通常、国際人権規約Aとか簡単にA規約と呼ばれている「経済的、社会的及び文化的権利に関する国際規約」の第一三条第三項には、「この規約の締約国は、父母及び場合により法定保護者が、公の機関によって設置される学校以外の学校であって国によって定められ又は承認される最低限度の教育上の基準に適合するものを児童のために選択する自由……を尊重する」と、学校選択の自由が明記されています。

さて、ここで、私学の教育の自由が出て来ます。子どもたち、またはその親たちが学校を選択できるこの自由を保障するには、私学の教育をする自由が保障されなければなりません。この私学の教育の自由は、一言で言えば、独自の教育理念による学校を設立し、教育をする自由であります。それが、上に述べた教育を受ける自由権によって根拠づけられるのです。私学の教育の自由については、さらに同じくA規約第一三条第四項に次のように規定されています。「この条約のいかなる規定も、個人及び団体が教育機関を設置し及び管理する自由を妨げるものと解してはならない」。学校教育の自由、独自の教育理念による学校を創設して教育をする自由が、このように国際条約によって明確に承認されています。

ここで大切なこととして、国際条約については、憲法第九八条第二項があることを述べておかなければなりません。これは、日本国は、その締結した条約及び確立された国際法規を国内法規と同じく受容することを定めたもので――これはアメリカ合衆国憲法第六条と同じ――、わが国では、国際条約は国内法と同じ効力をもつことになり、その国際条約に違反しないようにしなければならないし、そのまま国内法として適用できる形になっていなければ、政府は、その実施のための立法措置をとる責任があります。国内の法律との関係では、条約が優先するからです。そういうわけですから、わが国が締結した国際条約に規定されているというだけで、それは立派に法的理論的根拠になるわけです。その意味で、国際人権A規約第一三条第四項とか児童権利条約第二九条第二項とかは、わが国における私学の存在根拠になるわけです。

このように私学とは、国の政策から、ある意味では多数党の政策から自由に、学校選択の自由権に応えて、社会と次世代のための教育の責任を自覚して、建学の精神に基づく独自の教育理念と教育力だけによって立つ学校のことであります。

因みに、私学が存在するということは、その国で民主主義がどれだけ定着しているかの尺度です。このことは古くから言われていることですが、その例を私たちは他国に見ることができます。徹底した社会主義全体主義の国には、私学はありませんでした。その実例を見るだけで、私学が存在することが、しかもその私学が建学の精神に立った教育を貫き通していること自体が、民主主義が日本でどれだけきちんと定着し、成熟しているかということのバロメーターになることが分かります。これは、思想良心の自由や学問の自由にもつながってくることです。

実は、国民の教育の自由という見解に対する抑制的動きとして、特に行政畑を中心に、議会民主制的国家教育権という考え方が説かれています。これが学習指導要領の法的効力の問題と関わっています。この考え方によれば、国民はそれぞれに教育を受ける自由を持っている。しかし、議会制民主主義の国においては、国民の意思を総合したものが国会であり、文部科学省は国会が認めた法律に基づいて教育行政に当たっている。したがって、文科省が出す学習指導要領その他は、まさに国民の意思を反映したものであって、それ以外に国民の教育の自由ということを言う必要はないのだ、ということになります。

国家教育権を強調することは、かつて教育勅語の時代に支配的なものでした。その場合、国家は民主制国家ではなくて天皇制国家であり、天皇にのみ教育の権限がある、それ故天皇を補弼する政府に権限がある、と考えられていました。教育勅語は、それに立って出されたわけです。天皇大権の崩壊後、つまり戦後はしばらく、国家教育権ということも表に出てこなかったのです。それが、天皇の教育権とは言わずに、国家教育権を議会制に結び付ける仕方で馴染みやすくして出されて来ているのです。このことは、国公立の学校における教育だけを考えて教育基本法を見ていると気づかないかもしれませんが、私学の存在とその教育を考えながら見て行くと、この議会制民主主義的国家教育権というのは、国民の教育を受ける権利をうまいことはぐらかして展開している主張だということが分かるでしょう。もちろん、教育行政そのものは議会制民主主義に則っていなければならないのですが、国家教育権に対しては、十分に注意を払っていなければなりません。

先に紹介した憲法第二六条には、「全て国民は、法律の定めるところにより、……教育を受ける権利を有する」とありました。教育は法律に則って行うということは、教育勅語による教育ではないとの見地を明らかにしているわけです。教育勅語のような勅令によって教育のことを定める勅令主義ではだめであって、国会が定める法律によるいわゆる法律主義でなければならないということです。しかし、今日、間接的には、法律によらざるものでもって教育内容を定めることが、当然視されています。学習指導要領は法律ではありません。憲法第二六条の「法律」には、国会の議決した法律だけでなく、政令（憲法第七三条六号）も含みますが、学習指導要領は政令でもありません。

ここでもう一つ考えて置かなければならない別の問題があります。それは、法律で教育の内容を決めるということは本当にいいのかという問題です。教育につきその内容に関する部分と教育の施設・設備や制度に関する問題とを分けて見たとき、高度に精神的な活動にかかわる教育の内容を法律で決めてよいのか。もし、教育の内容を法律で決めるとすると、そこには当然、法律による強制力が働くことになります。そこで、法学者は、教育について法律によって定めるという場合、それは教育の内的事項を除いた外的事項についてのみ定めるということなのだと解釈していますす。学校制度法定主義という考え方であります。学校制度を法律で定めるところまではよいとしても、教育活動自体は高度に精神的な活動であるから、強い強制力を伴う法律にはなじまないというわけです。憲法第二六条が「法律の定めるところにより」としているのは、そういうことであります。もっとも、初等教育、中等教育又は高等教育につきその最低限度の基準を国が定めることは、A規約第一三条第四項も認めるように、思想良心の自由・信教の自由を侵さない限り、教育の公共性から認められるべきことであります。

三　キリスト教学校の宗教教育の自由と信教の自由との関係について

以上述べたように、キリスト教学校も、私学の教育の自由に上に立って教育活動をして来ているのですが、その場合、特に具体的に宗教教育の自由が大きな問題となります。

私学の教育の自由が宗教教育の自由を含むことを法令等によって確認してみようとすると、まず、教育基本法第九条第二項をあげることができます。すなわち、「国及び地方公共団体が設置する学校は、特定の宗教のための宗教教育その他宗教的活動をしてはならない」という規定です。これに対して、宗教一般についての知識を授け、人生や社会生活における宗教の意義を理解させ、他者の宗教に対する寛容を身につけさせるという広い意味での宗教教育――宗教的情操を養うことを広義の宗教教育に含めるのが普通ですが、私見は異なり、ここではこれは除外しておきます――については、第九条の第一項が「宗教に関する寛容の態度及び宗教の社会生活における地位は、教育上これを尊重しなければならない」と定めていますので、国公立の学校でも容認されていますが、この第二項は、特定宗教のための宗教教育をすることは、信教の自由のゆえに、国公立の学校ではしていけないとしているわけです。ただし、第九条第二項は、特定宗教のための宗教教育について国公立の学校では認められないというだけであって、私学の場合には触れていません。従って、第二項の反対解釈という仕方で、私学の場合は特定宗教による教育が認められるとの解釈をこの規定から引き出すことになります。こういう考え方が、今日、私学の宗教教育の自由と言われているものであります。もっとも、第九条第二項は私学について触れていないというだけで、私学の宗教教育の自由について教育基本法が積極的な発言をしているわけではないのです。しかし、触れていませんから、後は基本である私学の教育の自由に立ち戻って、宗教教育も自由だと解釈されており、それは、広く認められているということなのです。

では、義務教育課程の場合は、どうでしょうか。これについても、学校教育法施行規則第二四条第二項において、「私立の小学校の教育課程を編成する場合は、前述の規定〔教育課程編成の規定〕にかかわらず、宗教を加えることができる。この場合においては、宗教をもって前項の道徳に代えることができる」と規定されており、またこれが同第五五条で私立の中学校に準用されていて、特定の宗教による教育をすることを建学の精神とする私立学校では、宗教科を教科として認めてよいとしています。さらに、教育職員免許法第四条第五項では、「宗教」の教科について免許状を授与すると定めています。このように見て来ますと、わが国の実定法においては、私学の宗教教育の自由が明確に認められているのだと理解できます。

しかし、ご承知のように、法というものは、違反者が出たときに処罰するだけでは、本当に生かして用いられていくとは限りません。国民の中に、これは法であるから遵守しなければならないという法意識が広く堅実に存在するのでなければ、法は案外力のないものなのです。従って、宗教教育の自由についても、それが大事であるという法意識としてどの程度広く浸透しているかということを考えてみなければなりません。その場合、キリスト教は日本社会では少数派の宗教ですから、日本のキリスト教学校の宗教教育の自由がどんな歴史を辿ったかということまで立ち戻って、この点につき考察しておく必要があります。

このことについては、まず、一八九九（明治三二）年八月三日に布告された文部省訓令第一二号（「一般ノ教育ヲ宗教外ニ特立セシムル件」）に注目したいと思います。これについては多くの方がご承知と思いますが、私立学校令（勅令三五九号）と同日に出されたもので、その本文は、「学科課程ニ関シ法令ノ規定アル学校ニ於テハ課程外タリトモ宗教上ノ教育ヲ施シ又ハ宗教上ノ儀式ヲ行フコトヲ許サザルベシ」という一箇条でした。法令全書ではわずか三行のものですが、当時は、宗教的基盤に立つ私学の多くはキリスト教系の学校でしたから、これは明らかにキリスト教主義学校を狙い撃ちにしたものでした。キリスト教主義学校でキリスト教の礼拝や授業をしてはならない。それをするならば、今でいう学校教育法に基づく学校とは認めない。それでもよいならやってもよろしい。明治政府はこういう乱暴なものを出したのです。

一八九九年というのは、日清戦争後のロシア帝国との抗争に備えるための国家体制作りの時期です。日本は、日清戦争に勝ってその国力を世界に示した勢いに乗って、安政の不平等条約を改正する条約改正を成し遂げました。その結果、キリスト教の外国人宣教師が国内を自由に動けるようになり、彼らは日本国内で天皇制国家体制とは全く異質の教えを宣伝し、またキリスト教主義学校の教育が盛んになるに違いない。そうした動きを押さえ込み、日露戦争に向けた挙国一致体制を作ろう。これが一八九九年の文部省訓令第一二号でした。なお、同様の意図から、政府がキリスト教会を管理下に置くためのものとしては、内務省令第四一号が出されたことを付記しておきましょう。

この訓令第一二号に対して、学校礼拝を抜きにしてはキリスト教学校としての教育は換骨奪胎になるとの認識に立てば、当時の法令（今日の学校教育法）には則らない学校、いわゆる「その他の学校」という形で存続する道を選択するしかありませんでした。しかし、その場合、その学校の卒業生は、上の高等学校や専門学校にそのまま進むことはできないという事態になったのです。宮城女学校なども、その他の学校の道を選びましたが、法令の規定による学校に留まったところは、このようにして宗教教育が禁止されました。ただし、宗教教育の禁止と言いながらも、もう一方で「神社は宗教にあらず」という体制であったことは、頭に入れておく必要があります。

キリスト教学校を押さえ込むこのような体制は、一九四五（昭和二〇）年に至って一変します。それは、太平洋戦争敗戦を決定づけたポツダム宣言受諾の結果でした。連合国の同宣言第一〇項には、「日本国政府ハ日本国国民ノ間ニ於ケル民主主義的傾向ノ復活強化ニ対スル一切ノ障礙ヲ除去スベシ。言論、宗教及思想ノ自由並ニ基本的人権ノ尊重ハ確立セラルベシ」と明記されており、日本はこれを受諾したのですから、これと相反する上記の文部省訓令第一二号はもはや保持し続けることができなくなりました。こうして、第二次大戦が日本のポツダム宣言受諾をもって終わった直後の一九四五年一〇月一五日、文部省訓令第八号が出されます。後に最高裁長官になった田中耕太郎氏は熱心なカトリック信者で、商法学者・法哲学者であり、宗教法の研究にも優れており、戦後『教育基本法の理論』という大著も書いていますが、このかたが文部省高等教育局長の時に、この訓令第八号を出すのにかかわっています。訓令第八号はこうなっています。

「私立学校ニ於テハ、自今明治三二年文部省訓令第一二号ニ拘ラズ、法令ニ定メラレタル課程ノ外ニ於テ左記条項ニ依リ宗教上ノ教育ヲ施シ又ハ宗教上ノ儀式ヲ行フコトヲ得。一、生徒ノ信教ノ自由ヲ妨害セザル方法ニ依ルベシ。二、特定ノ宗派教派等ノ教育ヲ施シ又ハ儀式ヲ行フ旨、学則ニ明示スベシ。三、右実施ノ為生徒ノ心身ニ著シキ負担ヲ課セザル様留意スベシ」。

更に三年後、教育刷新審議会は――これは教育基本法制定のいわば原動力になった審議会ですが――、「特定の宗教的教育を標榜する私立学校においては、すべての学科学習を通じてその特殊な宗教的指導を自由に強化徹底してしかるべき」であると建議します。また、その後、田中耕太郎著『教育基本法の理論』その他の多くの学者の見解も、この訓令第八号を支持しています。

こうして今日、私立学校が特定宗教による教育をすることは、その旨を学則に明記してあれば、法的に許されるとの法理解が定説になっています。ちなみに、児童の権利に関する条約第一四条第一項が、「締約国は、思想、良心及び宗教の自由についての児童の権利を尊重する」と定め、さらにその第三項で、父母等の保護者がその権利行使につき適切な仕方で指示を与える権利義務のあることを尊重することと定めています。このことに関しては、日本政府の第二回締約国報告書は、日本は「私立学校については、宗教の授業を行うことができるとしている」(同一四五項)と報告しています。これは、私立学校の宗教教育の自由は国際社会において広く承認されている重要な事柄であることを、わが国も認識していることを示すとも言えましょう。

ただ問題は、このような理解が憲法第二〇条の信教の自由と矛盾しないかということです。キリスト教学校に入学した学生・生徒たちが学校の礼拝に出なさいと言われると、それは心理的強制を伴い、憲法第二〇条違反になるのではないか。本人が明示的な意志をもって拒絶するならば、礼拝に出席することを強制できないのではないか。こういう問題です。そして、憲法第二〇条、特にその第二項があるから、強制はできないと説く学者もいます。この問題をどう考えるかについて全く触れないでは、キリスト教学校の宗教教育の自由を説くことはできません。私立学校、とりわけキリスト教学校は、この問題について理論的正当性をもった見解を確保していなければ、キリスト教に基づく教育を進めることができません。私の見解は、以下に述べるようなものですが、現行法の下ではこれが妥当な考え方であると思っています。

上記の文部省訓令第八号は、学則を取り上げて、学則に特定の宗教教育を行うことを明記してあれば、それを承認して、つまり事前承諾して入学したのだから、学生・生徒の信教の自由の侵害にはならないという考え方です。これは十分通用する見解であると考えます。ただ問題は、それでも、「何人も、宗教上の行為、祝典、儀式又は行事に参加することを強制されない」という憲法第二〇条第二項は、やっぱり引っ掛かってくるのではないかという見解があるのです。ここには「何人も」とあって、例外抜きの規定になっています。そして、「儀式」とあるので、クリスマス行事などはすべてこれに該当することになるのではないかというわけです。

しかし、これについては、「私人間における人権の間接的効力説」に立って考えなければならないと思います。憲法には基本的人権の規定がたくさんありますが、基本的人権は本来公権力に対するものです。つまり、憲法の基本的人権の規定は、国や地方公共団体の公権力こそが国民の人権を侵害する危険性が大きいから、基本的人権を憲法に明記してそれが侵害されないように公権力を抑制するためであり、また国や地方公共団体に対して人権が他者によって侵害されないように保障する措置を整備せよとの責務を負わせるための条項です。それでは、私人が他の私人に対してその基本的人権を侵害するようなことをした場合は、どうなるのか。それが刑法上の犯罪に相当すれば、つまり犯罪構成要件に該当すれば、国が公訴権により訴追して刑事裁判となり、裁判所の判決により人権侵害をした者は処罰されるということになります。

このこととは別に、加害者と被害者との関係はどうなるのか。これは民事責任の問題となるかどうかであって、損害賠償あるいは場合により侵害行為の差し止めの問題となるかどうかです。ここでは、損害賠償の問題について述べておきましょう。人権を侵害した加害者が被害者に対して損害を賠償する責任を負うのは、その侵害行為が民法上の不法行為（民法七〇九条）となる場合です。不法行為となるのは、まず相手方に損害が発生している場合ですが、これには精神的損害も含まれ、いわゆる慰謝料とはこの精神的損害の賠償のことです。そして、故意又は過失ある行為によってこのような損害を発生させた場合に、その行為に違法性があれば不法行為となり、加害者に損害賠償責任が発生します。このように、人権を侵害したと見られるような場合でも、私人相互の間で損害賠償ないし民事責任の問題となるのは、その行為が相手との関係において違法な侵害になると見られるかどうかによって決まってくるのです。

では、違法性はどのようにして認定されるのかと言いますと、これは次のような二つの要素を考慮した一種の総合判断によります。それは、一方で、侵害された相手方の利益や価値が社会的にどの程度保護に値するものであるかという保護の重要性の度合いを考慮し、他方、侵害の仕方や態様がどれだけ反社会的であるかという反社会性の度合いを考慮し、その両者を総合して違法性を判断するという考え方です。例えば、プライバシーなどの人格権の侵害の問題が分かりやすい例と思いますが、この場合、侵害される利益の重さは、その人の社会的地位や社会的活動の性質の違いにより少しずつ違います。政治家やタレントなど有名人の場合と違い、いわゆる庶民の生活をしている人の場合は、無断で写真を撮られること自体、プライバシー侵害や肖像権侵害がはなはだしいということになります。しかし、一方に侵害の仕方の問題があります。前もって写真を撮らせてくださいと言って了解したから撮った場合は、その仕方に反社会性はないでしょうし、あるいは、強く拒絶されなかったから撮った時には、承諾なしに撮ったといってもそんなに反社会的だとは言えない場合もあると思います。このように、侵害される利益や価値の保護されるべき度合いと侵害する仕方や態様がどれだけあくどいか、反社会的かとの相関的な判断によるのです。

私人の間で人権を侵害した場合も、それが不法行為となるかどうかは、このような考え方によるのであって、そこいうのです。

では、人権は違法性判断の重要な要素として、不法行為の成立に間接的に働くという意味で、人権の間接的効力説と

そこで、キリスト教主義の私立学校における学生・生徒の信教の自由の問題について、このことを当てはめて考えてみましょう。学校では、建学の精神に基づくその教育の方針により、学則にキリスト教に基づく教育をする旨のことを明記しており、学生・生徒はそれを承認して入学して来ています。つまり、聖書の授業を受けるべきこと、あるいは学校礼拝に出席しなければならないことは、既に分かっており、承知しているわけです。学則に上記のことが明記されていれば、聖書科やキリスト教学を必修教科にしたり、礼拝出席を義務づけることは決して違法ではありません。確かに、信教の自由は一般的にも保護すべき度合いの重い自由権と言えます。しかし、前もって上記のように伝えておいて了解を得ているのであれば、その態様の点で反社会性はない、従って違法性はないということです。訓令第八号も、憲法第二〇条第二項にもかかわらず、このような意味で基本的に通用すると理解できます。

もっとも、その次に、もうひとつ踏み込んで考えておかなければならないことがあります。それは、特定の宗教について、本人の精神的態度表明ないし信仰の表明を強制することは許されるかという問題です。これは、内面的精神的自由、いわゆる良心の自由（憲法第一九条）に直接に立ち入ることになりますから、許されません。これは、憲法第二〇条第二項の問題というよりは、信仰的良心の自由の問題です。これは絶対的に強く保護されなければなりません。例えば、聖書科やキリスト教学の授業において、教会の礼拝に出席して説教を聞き、それをリポートにして提出しなさい、と指示することがあります。もしその時に、キリスト教信仰に対する自分の態度を書くことを求め、またはさらに、書かなかったらリポートの評価に響きます、と指示したとすれば、これは明らかに信仰良心の自由に反します。また、礼拝出席を義務づけることはできますが、礼拝において黙って立っているだけで賛美歌を歌わないとしても、それはこの問題から見て自由だと言わなければならないと思います。

しかも、その場合は、こういうことを認識していなければなりません。賛美歌を歌うというのは、キリスト教学校においては礼拝の行為として行うわけですから、広い意味での自発性が大事です。ただ声を出しておればよいということでは、教育としてかえってマイナスというべきでしょう。それなりに心を込めて歌いなさいと指導しなければなりません。そうでなければ、キリスト教学校の人格教育の重要な部分を占める礼拝としては、無意味だということになります。つまり、いたずらに強制するだけでは、教育の重要な一環としての礼拝にはなりません。

実は、信仰によって義とされるとする福音主義キリスト教（プロテスタント）は内面的精神的自由・良心の自由の上に成り立つものですから、このような強制は、プロテスタントの立場から見ても無価値であり、また自己矛盾に陥ることであります。むしろ大事なことは、教育として行うことです。礼拝には必ず出席しなさい、賛美歌はこういうものだから、こう歌わなければなりません、と、時には厳しく教育としての指導をすることは、教育的配慮を持ってすることは必要ですが、十分許されることです。殊に、礼拝は出席して見なければどういうものか分かりません。しかも、礼拝の中で学生・生徒がその内面に受ける霊的な影響力は大きく、それがキリスト教的人格形成を実質あらしめるのです。ですから、礼拝出席を繰り返す中で礼拝の意味や良さが分かってくるように指導することが、キリスト教に基づく人格形成教育の要です。キリスト教学校の人格教育の基本は、「神への畏敬」であると思います。それは礼拝において与えられるものです。従って、学校の教育の方針として、礼拝への出席を明確に勧めるべきです。そのうえで、それを教育的配慮をもって説明し理解させて、礼拝に出席させることが大切です。

ところで、キリスト教学校では、学長や校長はキリスト者でなければならない、と制度的に決めている場合が多いと思います。いわゆるキリスト者条項です。こういう長たる者についてのキリスト者条項というのは、学校礼拝をどれだけ重要と考えているかの尺度です。長たる者は、単に教授会・教員会議の議長とか教授会の代表者というだけではありません。礼拝をしないということで生活が成り立っている人が、学生・生徒に対して、礼拝についてどういう教育的な勧め方ができるのでしょうか。その学校の基礎に学校礼拝があるのですから、一教員と違い、その学校を代表する長たる立場で学生・生徒の前に立って何か教育的・指導的なことを言うとき、結局は、矛盾を来すほかなくなるのではないでしょうか。これがキリスト者条項の意味なのであろうと思います。これが崩れてしまいますと、信教の自由という一般法理の前に、キリスト教学校の宗教教育の自由は崩れます。学校の教育の基本がキリスト教信仰をバックボーンとしている場合、その学校の長はそれを身をもって表し、代表するという立場なのです。もちろん、この条項については、それぞれの学校の歴史があり、いろいろな議論もからんでくると思いますが、基本的には極めて大事なもので、安易に放擲するものではないと思います。

以上、キリスト教学校の宗教教育の自由と信教の自由との関係の理解の仕方について少していねいに述べましたのは、多くのキリスト教学校、特にキリスト教主義大学において、大学拡張につれて非キリスト者教員の比率が高まり、しかも国立大学出身者が多くなるにつれて、私学における建学の精神の重要性が軽視されるとともに、私学の宗教教育の自由よりも学生の信教の自由が声を大にして説かれることが多くなっているからです。また、大学教授会内部においては、大学に対する理事会の管理権・重要事項決定権を希薄化すべきであるとの主張と教授会は理事会と対等の自治機関であるとする主張がなされるとともに、教育と大学運営の全般からキリスト教の要素を巧妙に薄め排除していこうとする動きがしばしば見られます。そして、このような主張や動きは、確実にキリスト教学校の存立基盤を不安定なものにしています。キリスト教学校の基本的管理権を有する理事会が、学則など教科課程の重要事項、教員人事並びに教員組織の重要事項及び財政や施設管理等の審議決定権行使において、上記のような宗教教育の自由の認識と建学の精神の堅持に立っているべきことはもとより、教授会も、理事会の下にあって、理事会の姿勢に合わせて同様の的確な認識に立って行動するのでなければ、教育問題について国家及び社会に対して私学の自由を踏まえた適切な発言をする力は衰えていくでしょう。そのことを考え、少し細かに論じてみました。

四　教育基本法の目的とキリスト教学校の役割について

教育基本法について考察し、論議しようとするとき、重視しなければならないことは、教育基本法が明示するその基本的な考え方です。

教育基本法は、まずその前文第一節で、日本国憲法の基本的国家像を要約して提示し、憲法と教育の関係を極めて明確に述べています。教育基本法について考察するとき、これが十分に理解されている必要があります。そこでは、日本国憲法は、「民主的で文化的な国家を建設して、世界の平和と人類の福祉に貢献」するとの決意を示すものと意義づけられています。教育の基本であるべきものを国が国民に提示するとき、いや国民が共に確認するとき――教育基本法とはそういうもの――は、まず国民が共有すべき国家の理念・理想を明示しなければならないとの見地に立って、「民主的で文化的な国家」像を憲法からの帰結として提示するとともに、それを「世界と人類」という極めて広い視野と「平和と福祉」という普遍的正義への展望を持って提示します。教育基本法について発言しようとする者は、この点を素通りすることはできません。

そして、「この理想の実現は、根本において教育の力にまつべきものである」と宣言します。憲法の理念と原理についての教育が適正になされなければ、憲法は死滅するからです。民主憲法の存続と効力は、主権者である国民がその理念と原理を正しく理解し、主体的にそれを生かそうとするかどうかにかかっています。適切な憲法教育なしには、憲法は存続し得ないのです。ここに教育基本法の重要性があります。この意味で、教育基本法は憲法と一体的であると言ってもよいでしょう。教育の在り方の基本は、憲法に定めるべきほどに国と国民にとって重要なことですが、憲法と教育のこのような基本的関係を考慮して、憲法とは別に教育基本法を制定したと見ることもできるのではないかと考えます。それだけに、その内容は、教育に関する憲法とも言うべきものであります。

まず、前文第二段において、教育基本法の理念を宣言します。「個人の尊厳を重んじ、真理と平和を希求する人間の育成を期するとともに、普遍的にしてしかも個性豊かな文化の創造をめざす教育を普及徹底しなければならない」と。次いで、第一条において教育の目的につき、「教育は人格の完成をめざし、平和的な国家及び社会の形成者として、真理と正義を愛し、個人の価値をたっとび、勤労と責任を重んじ、自主的精神に充ちた心身ともに健康な国民の育成を期して行われなければならない」と定めています。また第二条では、「教育の目的は、あらゆる機会に、あらゆる場所において」、「学問の自由を尊重」するなどして実現されなければならないという教育の方針を規定し、これらが基本になって第三条以下が続きますが、本日は、教育基本法の具体的見直し論がいくつか出されている中で、私が非常に大切だと考える二つのこと、個人の尊厳の教育と平和的社会の形成者の育成の二つについて申し上げることにします。

教育基本法見直し論としては、例えば、加藤寛氏作成と伝えられる『新・教育基本法私案』（阿久戸光晴教授提供）というものがあります。その第一条には、「教育の目的は、……わが国の歴史・伝統・文化を正しく伝えることによって立派な日本人を作ること」とあります。「立派な日本人」とはどのような人間像を言おうとしているのか曖昧なままにです。また、西沢潤一編著『新教育基本法六つの提言』（小学館文庫）では、「新しい教育基本法を求める要望書」として「伝統の尊重と愛国心の育成、国家と地域社会への奉仕、等々」という提言が出されています。「愛国心の育成」と「国家への奉仕」がセットになっていることにも、問題を感じざるを得ません。

このような教育基本法の見直し論の動きは急ですが、今ここで、現行の教育基本法制定の際の準備段階における「教育基本法案要綱案」（教育刷新委員会第一特別委員会参考案、浪本勝年・中谷彪編著『教育基本法を考える――その本質を現代的意義』北樹出版、一〇六頁所収）の前文にあった文章を引用したいと思います。それは、こうしたいろいろの議論の際に、その議論に巻き込まれて忘れてしまうことのないためです。そこには、教育勅語の下での教育に対する反省が明確に述べられています。

まず、「教育は真理の開明と人格の完成とを期」すべきものなのに、「真の科学的精神と宗教的情操が軽んぜられ」ていたと言います。これが、明治二三年から昭和二〇年までの教育であったというのです。「真の科学的精神」が軽んじられたということには、日本古代史研究に対する権力的抑圧への反省などもあることと思います。また「宗教的情操」が軽んじられた教育というのは、神社神道を国の祭祀として特別に保護するため、「神社は宗教にあらず」として宗教に対する国家統制から外すとともに、神社に対する外形的定型的祭祀儀礼を国民に要求したところに現れていました。すなわち、その宗教に関する教育は神社に対する外形としての敬礼を求めるものであって、他方、他宗教の人びとの信仰とその良心を踏みにじることを何とも思わない人間を作り出していたということです。前文は続けて言います。その結果「徳育は形式に流れ」るに至った、と。教育勅語には忠孝一本の上に儒数的徳育項目が列挙されていましたが、それは型通り守ればよいと受け止められる結果となり、良心的主体的人格の育成とは程遠いものであったと言うのでしょう。そして、権力的教育行政の前に「教育は自主性を失い、ついに軍国主義的、または極端な国家主義的傾向を取るに至った。」と、その前文は述べます。

こういう反省に立って現在の教育基本法が制定されたことを考えて、上述のような教育基本法見直し論との議論における大事なポイントとして、次の二つのことを述べておきたいと思います。

第一は、前述の「個人の尊厳を重んじる教育」(基本法前文第二段)をどれだけしっかりと考えているかということです。つまり、人はなぜ個人として尊厳なのかという根源的な問いに答え得る堅固な人間観に支えられているかということです。これが曖昧では、「立派な日本人」と言うに止まり、そして、「愛国心」教育と言うような曖昧な、それでいて外形的定型的な精神教育を強調することになるのです。

この点で、キリスト教学校は、基本的に神との人格的関係において人間をとらえ、それによる個人の尊厳性を説くことにより、教育基本法の教育理念による教育に対して、重要な寄与をすることができると考えています。教育基本法はあくまでも法律であり、法律それ自体は外形的規制によるだけですから、個人の尊厳と言っても、それ以上に、なぜ個人は尊厳なのかにまで分け入って、個人の尊厳の確固たる人間観的基礎を提供することはしていませんし、それはできません。そこにキリスト教の人間観とその教育観が重要な寄与をするはずであります。新学習指導要領の「道徳」のところでは、「人間の力を越えたものに対する畏敬の念」を教えることとされています。宗教教育の許されていない公立の学校では、これがどのように展開できるかまた展開されるかが問題ですが、キリスト教学校では、礼拝において、永遠の創造主なる神を畏れ仰ぐ良心がおのずと育成されます。そして、神の前に小さな存在である自己を知り、それが赦され、生かされている尊さを知り、同じく他者もそのような尊厳な存在であることを受け入れる主体的人格が形成されていきます。大事な教育だと思います。

次に、現行の教育基本法は国家社会に対する共同体意識の欠如を生じさせているという批判が、見直し論者から出されています。『新教育基本法六つの提言』は、前述の「伝統の尊重と愛国心の育成、国家と地域社会への奉仕」により共同体意識を育成すべきであるとして、これらを掲げています。しかし、この問題については、教育基本法が、「平和的な国家及び社会の形成者」を育成することをその目的とする、と明記していることにこそ注目するべきです。

教育基本法のこの部分を理解するにつき大事なことは、第一に、現在の国家・社会を批判を許さない不動の体系として教え込むのではないということが大前提になっていることです。むしろ、国家や社会はどうあるのがいいのかということを考えなさいということが、大事なこととしてここに入っています。平和的な国家を目指すにはどういう仕方でどのような国家を作っていくのがいいのかを考えさせる教育を目指すことが、ここに含まれているのです。形成者に成れというのは、そういうことでありましょう。このような教育こそ、日本国とその社会に益すると考えているのです。

それに対し、国家が批判を許さない前提となっていて、ただ国家に対する愛国心を持てという教育を目指すとしたら、それは戦前の国家主義的教育観と同じになります。教育基本法のこの部分はそれを否定しているのです。このことについては、キリスト教学校は、さらに、国家を越えてもっと上にある権威である神に気づかせ、認めさせる教育をするのですから、批判を許さない国家と愛国心の教育は簡単には飲めないと言うことになってくるはずであります。

第二に、平和的な国家・社会を目指すとき、個人はそれに主体的にどうかかわるべきかについての教育をするということです。それはまた、平和的な国家・社会の形成者となることと個人としての人格の完成を目指すことが、表裏一体となった教育ということです。ここでは、個人としての人格の完成をめざす者と、社会をどう形成していくかを真剣に考えながら社会に尽くしていく社会形成者とが一体的にとらえられているのです。

平和的な国家・社会の形成者の育成ということのこのような意味は、どれだけ意識して論じられてきたでしょうか。少なくとも戦前には、このような教育論は容認されなかったでしょう。今改めて教育基本法を読みますと、この部分は教育基本法の根幹の一つというべきではないかと思われます。教育基本法は前文第二段において、前述のように「平和を希求する人間の育成」を期するとしています。平和への意志の育成なしには、憲法の国際平和主義は成り立たないからです。また、「普遍的にしてしかも個性ゆたかな文化の創造をめざす教育」を理念に掲げています。これは近視眼的な愛国心教育を越えるものを展望しています。「平和的な国家及び社会の形成者の育成」を目的とすることに上述のような第一・第二の意味があると解するのは、これらの文言に照らしても無理がないと考えています。

私どもの学校は「神を畏れ、隣人を愛する」をスクール・モットーとしていますが、その「隣人を愛する」とは、「自分を愛するようにあなたの隣人を愛せよ」です。自己が人間として神に赦されて生かされているその尊さと、他者もまた赦され生かされているその尊さとを等しく受け止めて、そこに新しい社会形成をしていきなさいと、例えばフィレモンへの手紙に表されているような福音理解に従って教える。私は、これは、教育基本法の教育の目的をキリスト教学校教育において具現化していく営みのひとつでもあると考え、極めて大切だと思っています。

五　教育基本法の下に、しかも教育基本法を超えて

レジュメの最後のところに、このような項目を上げておきました。しかし、時間がなくなりましたので、これについては短く申し上げます。

これまで話して来たことは、日本国の教育基本法体制を認めて、その上でキリスト教学校はその体制にどう対処して行くのかということでした。それは、私学の教育の自由という民主主義的原理に立って、教育基本法を守り、またいろいろと発言をし、時には修正を主張して行くということになると思います。

このことは教育基本法の下にある学校の在り方として当然ですが、キリスト教学校は、より根本的には、永遠の神からの信託によって建てられています。その神の信託による自由と責任に立って、キリスト教の人間観や教育観から見るならば教育は実際にはどうあるべきかを絶えず考え、それを主張し、あるいは作っていく使命があります。神に対する使命です。その意味で、「教育基本法を超えて」ということを忘れてはならないと考えております。

宣教師たちが日本に来てキリスト教学校を立てたときも、それは日本国の教育方針を超えての行動でありました。神からの信託を覚え、上からの使命のために来日し、学校を建て、また支えたのであります。彼らはその信仰により、ごく自然に国の法制をも超えた地点に立ち、愛の行為としてキリスト教学校の基盤を作ったのでした。もちろん、それはそのようにして日本社会に益するという立場に立ったものでした。私たちの場合も、その点は同じだと認識するべきであります。キリスト教学校の存立基盤を国の法制のうえにおくだけでは、その時々の支配的価値観に左右され

ない、時代を超えた教育をすることはできないからです。

質疑応答

《質問》　先生のお話しにより私学の存在理由は憲法で保障された教育の自由と関係があることが分かりました。ところで、以前に、宗教を基盤とする私立学校への助成金は信仰の自由という憲法の精神に反するというような議論がありました。しかし、先生のお考えによれば、宗教を基盤とした学校への助成というのは当然筋が立つのではないかという印象を強くさせられました。こうした点についての先生のご意見を伺えればと思います。

〈深谷〉　最初に私立大学教授会連合の話をしたときに私学助成について何も言いませんでしたが、要するに、私学の教育の自由という観点から考えていくと、私学も国公立の学校も同じように教育をすることによって社会に尽くしているのですから、国公立学校の方は全部国費なり地方公共団体の費用でまかなうのに対して、私学は全て自費でとするのは筋が通らない、私学も同じく国家社会のために教育をしているのだから、それなりに助成すべきだ、ということになるでしょうね。私は、そういうふうに簡明に考えています。

ただ、これについては、ご質問にあるように、憲法の信教の自由の問題とからめて言う人がいるわけです。その点で、キリスト教学校など特定の宗教に基づく教育理念によって教育している学校の場合には、もう一つ注意しなければならないことがありそうです。それは、国が助成金を出すところの学校が、特定の宗教に基づく教育をする。それは、国が特定の宗教・宗派に対して金を出していることになるのではないか。だから、認められない、という議論です。しかし、キリスト教学校の場合、教育の働きを徳育、知育及び体育の三つに分けて言えば、徳育の面でキリスト教の礼拝やキリスト教精神に基づいて人間形成をする教育をするのですが、知育というか知識を授け自分で考える力を育成するという教育の面では、他の一般の私学と同じですから、特定の宗教・宗派のために公費を支出するので憲法違反だという議論は当てはまらないと考えます。もっとも、牧師になるための学校または神官や僧侶になるための学校の場合は、この議論の対象になるかも知れません。それでも、一般の学校の教師になる資格をも取得できるようになっていれば、やはり、助成の対象外にはできないと思います。

もう一つ、講演で田中耕太郎氏の見解に触れましたが、田中耕太郎著『教育基本法の理論』（有斐閣）には、私学の教育の自由の論拠として、私学が国公立の学校と異なり公費によって賄われていないことを挙げている箇所があります（五八六頁）。これは、キリスト教学校の側から申しますと、よくない影響を残したと思います。教育学者などでも、公費助成を受けている学校は宗教教育の自由があるとは言えないという意味のことを言う人がいます。しかし、私は、私学の教育の自由の論拠は前に述べた教育を受ける自由にあるのであって、公費助成を受けていることとは関係がないと思っています。公費助成は、先程申したように、私学は国や社会に対して国公立学校と同じく学校教育上の貢献をしている。従って、それ相応の助成があって然るべきだというのが、その論拠であります。

なお、公費助成を受けることについては、今日の社会の教育問題の状況の中で、もう一つ踏み込んで考えなければならないことがあります。それは、公費助成を受けるために、かなり無理なコースを作ったり、生徒募集をしたりして、教育における私学としての主体性を失っていはしないかということです。もう一つは、私学としての経営の言わば体質が弱っていないか。そういう面から考えて、公費助成についてどういう姿勢を取るべきかの問題がありましょう。これも大事な問題だと思います。

《質問》　国民の教育を受ける権利を中心に教育問題を考えるのでなく、国の教育を施す権限を中心に考えるという立場があります。教育基本法の見直し論を主張する人たちもそういう立場に立っているようです。わが国では、国や地方公共団体も、教育行政にかかる法律上の権限として、教科書検定など教育の内容を定めることができると言われていますが、そのことについては、日本の法律がどうなっていったらいいのか、伺います。

〈深谷〉この質問は大事な問題で、しかも難しいですね。不十分な答えになるかと思いますが、まず一つは、国際人権規約A規約の第一三条三項を見てみたいと思います。そこには、「この規約の締約国は、父母及び場合により法定保護者が、公の機関によって設置される学校以外の学校であって国によって定められ又は承認される最低限度の教育上の基準に適合するものを児童のために選択する自由……を有することを尊重することを約束する」とあります。ここに言う基準は学校の基準です。その場合、施設や設備についての基準だけでなく、教育内容そのものについての基準までも含んでいるのかという問題です。これについては、少なくとも、生存権としての教育権という考え方からいくと、ある一定の基準を満たす教育内容の教育を受ける権利を保障する、それが人権を保障する国際社会であるという考え方は否定できないと思います。

では、その教育内容の一定の基準なるものはどのようにして作るかという問題が出て来ます。これは、ある程度それぞれの国に委ねることになります。それについて私学は、いや何の基準も要らない、自分たちの考えで決めるのだと言うわけにはいかない。それでは、社会から離反し、社会に寄与することにはならないかもしれないのですから。私は私学の自由ということを言いましたが、それは同時にもう一方で、それによって社会に貢献し寄与するということが大事な意味を持っているのですから、つまり教育の公共性のゆえに、教育内容は一定の基準に達するものを提供するのでなければなりません。

しかし、ただ今の質問は、教育内容について、国がこういう内容のものを教育しろと言ってくるのは、いかなる根拠があってか。それは、国に教育をする権限というものがあるからか、ということを問題にしているのでしょう。確かに、生存権という視点から考えても、国際的な広がりから言っても、一定の基準を充たす教育という要請は尊重されなければなりません。問題は、それをだれがどのようにして決めるのか。その根拠は何かですね。この点については、教育は法に従って行う（教育法律主義）と言っても、教育行政機関が決定できるのは教育の外的事項に関してだけであって、内的事項には及ばないというのが、教育法学者たちの言うところです。私はその方面の専門家ではないので、それ以上は控えたいのですが、ただ次のように考えることができるのではないかと思っています。

先程、親権者や保護者の第一義的保護責任、また子どもの監護教育に関する義務の優先性に基づく教育についての親権者の権利の優先性という話を致しました。それに基づいて考えると、親たちには、これこれの教育をしてほしいと主張する権利はあると言わなければなりません。そういう意味で、親たちが、現在なされている教育について、こういう意味で大変歪んでいるとか、この点は悪いとか、もっとこういうような適切な教育をしてほしいとか、主張・請求する権利を持っているといってよいと思います。ただ、親たちが、日本という国に対して組織的にその意見を表明し、権利を行使する仕組みというものができているかというと、ほとんどないに等しい。

戦後作られたＰＴＡというものは、本当はそういうものだったろうと思います。教育についての親の権利、その優先性から考えてみると、ＰＴＡは大事なものですが、それは日本ではまだ十分に生かされていないと言えるでしょう。また、例えば、教育委員の公選制、これもそういうところに発想の原点があったと思います。もっとも、これはその後選出の仕方が変わってしまっています。

教育委員会はどう機能すべきものなのか。教育行政につき特別に教育委員会を設けることにしたのは、教育行政には教育の内的事項に関わる部分があるので、それにつき行政から独立の審議決定機関の下におくことにし、しかも議会ではなく教育委員会がそれを審議することにしたのです。議会ではなくとしたのは、議会は政党政治が支配するところだからです。政党政治は否定すべきものではありませんが、教育の内的事項は政党政治に動かされないところで審議決定すべきものであるというのが、教育委員会設置の考え方でしょう。それがかつての教育委員の公選制にもなりました。
私が前にアメリカにいたころ、興味ある光景を見たことがあります。ある大学町に住み始めて間もなく、名前を書いた板がところどころに立っているのです。聞いて見ると、学校委員（教育委員）の選挙だということでした。通りには名前を書いた板が見えるだけですが、立候補者は一軒一軒回って、玄関先で教育のこと・学校のことをじっくりと話しあっていました。それを垣間見て考えたことは、この選挙制度の根底にあるのは、先程言った親権者若しくはそれに代わる法定保護者の第一義的監護教育責任という思想だと思いました。ご質問につきこのようなことを申し上げることも、少し参考になろうかと思い、申し上げました。

《質問》　私立学校が独自の教育理念により教育をすることにつき、子どもたちの親が子の教育について決定する権利を親権に基づいて持っており、その親権を学校や校長に委ねるから、私立学校は成り立つのだという見解を聞くことがあります。果たしてそれだけで私立学校の独自性がでてくるのだろうか、と思ってきました。このようなことについてご見解を伺いたいと思います。

〈深谷〉　キリスト教学校をその根底において支えているのは神であり、その教育は神から信託された全人類のための業であり、それが日本社会にも益する、と、そう自覚していなければなりませんが、一般に私立学校の国家制度における存在の基盤は、講演で申しましたように、広く国民の教育をうける権利、その自由権を保障するために私学の存在が必要とされていることにあります。それが、民主主義国家としての教育制度の基本です。そして、個々の生徒及びその親権者・保護者と私立学校との関係は、入学許可により成立する教育契約によるわけです。生徒が学則に従わねばならないのもこの契約によるのであり、その生徒や親の信教の自由にもかかわらず、キリスト教学校がキリスト教に基づく教育を進めることが許されるのはこの契約によることは、講演の中で申しました。しかし、ご質問にあるように、親が親権を学校に委ねるからであるという論理は、以上申したこととは異なる別の意味を持ってくると思います。

先程、紹介した加藤寛『新・教育基本法私案』に、学校の「教育は、親権者及び子女から学校長に信託された教育権に基づくものである」とあります。これを見たとき、これは巧妙に組み立てられた危険な考え方であると思いました。「信託」の法的な意義は、民法上の契約概念においては、信託する者が持つ目的物についての権利（例えば所有権）を全面的に受託者に移転してしまって、後はその権利を信託者のためになるように受託者が自由に行使し運用する関係を言います。その意味では、受託者を全面的に信頼している法的関係です。この『私案』は多分そのような概念を用いようとしているのだと思います。

親は子の教育につき優先的権利を有していますが、子を学校に入学させたとき、その権利を全て学校長に委譲したことになる。後は学校長がどのような教育をするかにつき親は発言権がなくなる。学校長が親たちから子の教育について全面的に信託されたのだから、後は、学校の側が自由に教育を進めてもよいのだということになる。そして、その結果、その学校を教育行政権をもって統制することにより、国民の教育を受ける権利とか何とかのいろいろの声を押さえることができることになってしまいます。そのような帰結をもたらすことになる改正私案ではないか。上述のように、これは誤りであり、危険な見解だと思います。

《質問》現在の教育基本法改正問題の行方についてですが、どういう方向に行くことになるのでしょうか。

〈深谷〉今起こっていることは政治的動きであり、政治の読みというのは分かりにくいものですし、また私の専門外ですが、歴史の教訓だけは忘れないようにすべきではないかと思っています。教育基本法について現在出されているいろいろの意見を的確に評価するには、歴史の教訓から学ぶものが大切だと考えています。

そこで、教育勅語のことを考えてみます。そうですね。キリスト教学校で教育勅語の研究を生徒たちにさせてみたら、この勅語は、教育基本法について、さらにキリスト教学校の建学の精神についてより深い理解を持たせるのに、反面教師としての意味があるのではないかと思うことがあります。

教育勅語の問題性をその根本から把握するためには、その冒頭の「皇祖皇宗国ヲ肇ムルコト宏遠ニ徳ヲ樹ツルコト深厚ナリ」という文章に注意を払う必要があります。まず、この国は「宏遠ニ」古く、すべてのことに先立ってである。つまり、この国の国家体制は天皇家から出ており、天皇なしにこの国はあり得ない。天皇制の絶対性の宣言です。これは、先程の講演で述べた基本的人権の固有性の根本的否定でもあります。次ぎに、「徳ヲ樹ツルコト深厚ナリ」とは、この国の社会関係を律する基本的価値は、天皇の祖先から、従って天皇の地位から出て来るということの宣言というべきでしょう。最近、教育勅語の内容は本当は大変よいものですと言って、教育勅語を現代口語文にしたものが出版されたりしていますが、そこでは、この箇所は、「天皇家は代々立派な道義を教えてきたのです」などと翻訳されていますが、そのようなものではありません。天皇制とは、法的な意味での権力的支配構造の面において存在するだけでなく、日本の社会秩序ないし秩序感覚を支える基本的価値観の基として天皇を立てるもので、それは個々の人間の社会的評価は天皇との上下関係の距離によって定まるというほどのものでありました。

上記のような教育勅語に含まれる教育観は、万物を創造された永遠の神の下に個人の尊厳を基本的価値とし、その固有な人権の尊重の上に国家体制を構築し、社会関係は何よりもすべての人の本質的平等に基づいて展開されるべきものであるとするキリスト教ないしキリスト教学校の価値観とは全く相反する極に立っていたのです。そして、「一旦緩急アレバ義勇公ニ奉ジ」と、国際紛争の平和的解決の努力よりも、国家総力戦への徴発・強制を急ぐこの勅語の露骨な狙いをあらわにしていました。

これと同種の狙いが教育基本法の見直し問題ですぐ表面に出てくることはないでしょうが、この勅語の冒頭の部分に込められた国家観や社会的価値観の問題性について、日本社会はこれを根本的に批判し克服できるものを持つに至っているかの問題を絶えず自覚していなければならないと思いますし、この自覚に立って、人権尊重と民主主義的社会づくりのためのいわば鍛練不足の生じないような教育を進めることに、現時点でのキリスト教学校の大事な役割があるのではないかと考えています。講演の最後で、「教育基本法を超えて」と申しましたが、このような思いからでもあります。

4 教育における公共の精神と愛国心

――中央教育審議会の答申をめぐって――

近藤勝彦

はじめに

二〇〇二年一一月一四日、中央教育審議会は教育基本法の見直しの問題で、一年間の論議を経て中間報告をまとめた。それにもとづき二ヶ月間、数箇所での「公聴会」を開き、二〇〇三年三月二〇日、「答申」をまとめ、教育基本法の改正を要望するとの結論をまとめた。「中間報告」と「答申」では、「答申」に見られる「自然との共生」の強調など多少の差はみられるものの本質的な変更はない。それらによると、「世界的な大競争時代」にあって、各国において「国家戦略としての教育改革」(中間報告六頁)が進行している中で、「我が国社会の存立基盤」(答申二頁)として教育の改革が遂行されなければならないという。それゆえ、教育は基本的に「二一世紀を切り拓く心豊かでたくましい日本人の教育」を目指すべきであると主張する。その内容として数点にわたる改革の視点が提示されている。そこには「国民から信頼される学校教育の確立」「大学改革」「家庭の教育力」「生涯学習社会の実現」といった視点や項目ともに、「公共に関する国民共通の規範の再構築」の必要が強調されている。「公共に関する国民共通の規範」とは何か。この問題をめぐって以下、少しく考えてみたい。

1　「中間報告」および「答申」における「公共に関する国民共通の規範」について

『新しい時代にふさわしい教育基本法と教育振興基本計画の在り方について』（「中間報告」、および「答申」、中央教育審議会）は序章と3章からなっている。序章では教育をめぐる現状や課題の認識の大綱が述べられ、続いて第1章「教育の課題と今後の基本的方向について」、第2章「新しい時代にふさわしい教育基本法の在り方について」、そして最後に第3章「教育振興基本計画の在り方について」が記されている。このそれぞれの章において「公共の精神」についての教育課題が言及されている。

そこにはいくつかの特徴を指摘することができる。まずそれを述べておこう。第一の特徴は、「公共」に関する「国民共通の規範の再構築」という問題の取り上げ方である。それは、「共通の社会的ルールを作り、それを遵守する義務を重んじる意識や態度」を涵養することであって、「個人の尊重との調和を図ることが重要である」と言われる。「調和を図る」とは、「中間報告」によれば現行の教育基本法の「見直しを行う」（一六頁）ことを意味する。中間報告の文章では以下のようである。「現行の教育基本法を貫く『個人の尊厳』『真理と平和』『人格の完成』などの理念は、憲法の精神に則った普遍的なものであり、新しい時代の教育の基本理念として大切にしていく必要があると考える。しかしながら、現行法には、新しい時代を切り拓く心豊かでたくましい日本人を育成する観点から重要な教育の理念や原則が不十分であり、それらの理念や原則を明確にする観点から見直しを行うべきであるとの意見が大勢を占めた」（一六頁）。この見直しの一つの観点として「公共に関する国民共通の規範の再構築」が挙げられているわけである。

公共の精神を表す「規範の再構築」によって現行の教育基本法の「個人の尊厳」との調和を図るというのであるが、

それでは「公共に関する国民共通の理念や原則」はどのような言葉で表現されているであろうか。この点では「中間報告」の内容ははなはだ心もとないと言わなければならない。せいぜい「共通の社会的ルールを作り」という程度に止まっている。「答申」では「公正なルール」(八頁)と言い直され、「自由で公正な社会の形成」(一一頁他)という表現が繰り返される。いずれにしても、「公共に関する国民共通の理念や原則」について、教育的また文化政策的な国民共通の理念や理想が表明されているわけではない。

第二に、それでは「公共の精神」として何があるのか。「中間報告」の特徴は、「公共」に関する「国民共通」の規範の再構築という課題の認識で、「公共」と「国民」が密接に結合されている。そしてこの課題の中に、「公共に主体的に参画する意識や態度」を涵養する視点と「日本人のアイデンティティ(伝統、文化の尊重、郷土や国を愛する心)の視点」とが包括され、後者は「国際性の視点」と一緒にされる。これは、「公共の精神」の捉え方のきわめて特異なもので、「公共の精神」とは「愛郷心」や「愛国心」と同一のものという理解である。「個人の尊重」に対抗して、「公共の精神」と「愛国心」がいっぱひとからげに扱われるわけである。しかし実際には「公共の精神」と「愛国心」とは、そう単純に一体化され得るものではあるまい。ある種の「愛国心」はまったく「公共の精神」に反する偏狭なものであることもあるからである。「中間報告」では、「公共の精神」は「国民共通の」とあるように、「国民」に緊密に結ばれた「公共」として理解されている。これは「中間報告」の「公共」概念の特徴であって、「国民」主義的な色彩を帯びた「公共」の思想と言うべきであろう。「公共」とは「国家や社会」を意味し、「公共を作り、維持することができるのは、その構成員であり主権者である国民一人一人であって、ほかのだれでもない」(一七頁)と言われる。ここでは「公共」とはすなわち国民的公共のことである。「答申」においても基本的に同じで、公共心によって「自らが国づくり、社会づくりの主体であるという自覚と行動力」が求められる。

しかしこの「公共」の理解は、現代における「公共」の現実を真実に把握しているとは言いえないであろう。「公共」とは今日、けっして国家と同一視されるものではないからである。「国家」がそこに含まれることもあろうが、むしろ国家とは同一化されない「社会」も重大であるし、さらに公共社会は国家をこえて世界的に広がっているのが現代の特質であるからである。

第三に、「国際社会の一員として生きる国際人としての自覚」（中間報告二一頁）について語られ、日本人のアイデンティティは「世界に生きる日本人としてのアイデンティティ」とも言われている。あるいは、「互恵の精神に基づき我が国社会や国際社会が直面する様々な課題の解決に貢献しようとする、新しい『公共』の創造に主体的にかかわろうとする態度の育成」（一七頁）が重要とも言われる。つまり「国民的公共」を越えた「国際社会の公共」という「新しい公共の創造」をも可能性として視野に置いて語っているわけである。この「新しい公共の創造への参画」という視点は、重大な視点である。しかしそれを推進する理念について「中間報告」は語ることができない。そこにはただ「互恵の精神」といった一種の常套的表現が用いられているだけである。「中間報告」の世界意識、国際感覚は「世界的な公共」よりはむしろ「世界規模の大競争の激化」に規定され、その競争自体を平和裏に可能とさせている「世界的公共社会」には向けられていない。もし「新しい公共の創造」を「世界的公共社会」の潮流によって捉えたならば、当然、それを支える「理念」を本格的に身に付けることを教育課題としなければならないであろう。そしてもし「世界的公共社会」の理念を追求したなら、当然、現行の教育基本法が目標に掲げている「憲法の精神に則った普遍的なもの」にもっと自覚的に立脚しなければならないはずである。例えば「個人の尊厳」の思想や理念も、実は「新しい公共の創造への参画」の基本的な思想や理念として「世界的な共通価値」を表し、その意味で「普遍的なもの」であるが、「中間報告」も「答申」もそこに特別な注意を払っていない。この「普遍的なもの」「世界的な共通価値」に対する表現の欠如は、「中間報告」でも「答申」でも明らかな限界となっている。「互恵の精神」と「新しい公共の創造」といったことは、「世界的な公共社会」の観点ではなく、依然として国民的な視点での「国づくり、社会づくり」のことを言っているにすぎないからである。このことは「答申」（五頁以下）の中では一層明白である。

以上の「公共」の理解から分かるように、「中間報告」も「答申」も、「普遍的なもの」を積極的に重視する視点を持ってはいない。現行の教育基本法は、その序文にあるように、憲法とその精神を基本に置いている。「世界の平和と人類の福祉」「民主的で文化的な国家」「個人の尊厳」「個人の価値」「人格の完成」「真理と平和」「真理と正義」「自主的精神」「勤労と責任」など、そこに述べられている理念はみな「憲法的理念」を根底にしたものである。「中間報告」も「答申」も、この「憲法の精神に則った普遍的なもの」に対し、それを「大切にしていく必要がある」とは言う。しかしながら、「日本人」を育成する観点からそれに対して「見直し」を行い、「改正」を提案する。「答申」はみずから「普遍的理念」との積極的関係を語ろうとはしない。「新しい公共の観点」とか「新しい公共の創造への参画」とか言っても、それは「国民的」レベルを越える世界大の市民的公共に関係する普遍性を認識したものではない。ただ「答申」が一歩前進したのは、「個人の尊厳」と「公共」との「調和を図る」という「中間報告」の立場に対し、「個人の尊厳」を「確保」する上で不可欠な「公共」という認識を明らかにするとしたことだけである。「個人の尊厳」や「自主的精神」、あるいは「人権」の思想やデモクラシーの理念などを欠如して「新しい公共の創造への参画」は不可能であるからである。

それにしても「憲法的理念」は、「答申」が理解しているように個人主義的なものではなく、世界共通文化を指示する世界的、市民的な自由社会の形成と結びついていることを、より明らかに認識すべきである。現代における「公共」は、「答申」や「中間報告」に示されている国民的レベルでの公共もないではないが、むしろそれを越えて国際的、世界的な公共の精神として考えられるべきであろう。そう考えていくと、教育における「公共の精神」と「愛国心」とは「答申」が言うほど一体的なものではなく、相互に規定をより正確にしながら、相互の整合性を探求していかなければならないものである。

2　公共の精神と愛国心の問題

「公共の精神」という問題を単に他人に迷惑をかけないといった低次元の公衆道徳、あるいは「中間報告」が言うような「社会のルール作り」といった平板な次元ではなく、教育の根本方針を規定するものとして掲げようとするならば、それは日本人のみならず国際社会全体に関係し、人類普遍の理念に関係するものとして把握されなければならない。「公共の精神」は日本国民を越えて、人類全体に開かれた精神であり、それによってはじめて「公共の精神」たり得るものである。この理解によれば、「答申」や「中間報告」が「公共」を「国や社会など」あるいは「我が国社会」として語っているのはいまだ十分ではないことになる。一つには「国家」と「社会」との区別をより一層明確にする必要がある。国家は「主権」と結合しているが、社会は主権とは結合していない。国家間の外交と社会の交流とは無関係ではないが、別個のものである。「世界的国家」は存在しないが、しかし「世界的な公共社会」はある面で存在している。国と国とが国際化している事実も他方にあるが、それと区別されて、「社会」は「国家」を越えてグローバル化し、「自由な市民的社会」として世界的に共通化していることを認識しなければならない。この公共社会の広がりを背景に考えれば、「公共の精神」は「世界共通の精神」でもある。

「答申」も「中間報告」も、「世界的な大競争時代」や「国際性」「地球環境」には言及するが、「世界共通の精神」「世界共通の文化」「世界共通の社会」については認識していない。しかし国際社会が成立するのは、この「共通文化」「共通社会」「共通精神」「共通価値」がある面において存在するからである。ただ剝き出しの「大競争」では国際社会は成立せず、競争さえも存続できないであろう。現代の教育はこの世界共通文化と関係しなければならないはずである。「答申」や「中間報告」の表現は全体としておだやかではあるが、その視点は案外に狭い国家的視点に限られており、教育を国家的視点から「国家戦略」として提示している。しかし教育は本来、国家のためにあるのであろうか。むしろ国家が教育のためにあるのではないか。教育を国家のために用いようとするあまりに短兵急な国家戦略的思考は、かえって国家のためにもならないことが多い。これも歴史の教訓としてあるのであるが、中央教育審議会の答申はこの基本的なことを忘却したのではないか。少なくともそれを生かしてはいない。

「中間報告」は、「公共の精神」と結び合わせて「日本人としてのアイデンティティ」を教育目的に掲げた。「答申」もほぼ同様である。ただし、「公共の精神」とは別個に「国際社会を生きる日本人」の課題として「日本人としてのアイデンティティ」の問題を挙げている。「中間報告」は次のように言う。「グローバル化が進展する中で、これからの時代には、国際社会の一員として生きる国際人としての自覚とともに、世界に生きる日本人としてのアイデンティティを持つことがますます重要になる。国際社会に出ていけばいくほど、自らを日本人として意識する機会が増え、自国の存在について無関心でいることはできず、国際社会における自国の地位を高めようと努力することは自然な動きである。このような思いが、国を愛する心につながる」（二一頁）。ここには「国際人としての自覚」とともに、「日本人としてのアイデンティティ」が語られ、「日本人としてのアイデンティティ」が「国を愛する心」として理解される。それでは「国際人としての自覚」は何に支えられるのかという問題があるが、これはすでに既述したように「答申」も「中間報告」も、「普遍的なもの」についての自らの言葉を持たないから、沈黙のままである。「国際性の支持基盤」をなす「普遍的理念」の指示を欠いたままである。言われているのはただ、「こうした自覚（日本人であることの自覚）や意識（郷土や国を愛し、誇りに思う心）があって初めて、他の国や地域の伝統・文化に接した時に、自他の相違を理解し、多様な伝統・文化に敬意を払う態度も身に付けることができる。このような資質を基盤として……」（答申六頁）ということだけである。多元的な伝統・文化の世界を生きる国際人の教育が、「愛郷心」「愛国心」を基盤とする教養や態度、資質の涵養によると言う。しかしなぜ価値多元の世界を支える普遍的な諸理念、自由、平和、人権、寛容、デモクラシーなどが基盤になると、語られないのかは理解に苦しむ。「憲法の精神に則った普遍的なもの」こそ「国際人としての自覚」の根本のはずではないか。

「中間報告」では「公共の精神」の文脈で、「答申」ではむしろ「国際性」の文脈で、「愛郷心」や「愛国心」について言及され、それが「日本人のアイデンティティ」の基盤とされる。しかし「愛郷心」「愛国心」の意味定義やそれがもっている限界については触れられていない。「愛国心」は通常、「土と郷土、言葉と血とに基づく」。「それは多元的にして安定的なあるもの、自己の存在と本質とに対する一種の素朴なる愛」（トレルチ『歴史主義とその克服』、一八五頁）とも言われる。これは「素朴な愛国心」とでも呼ぶべきものである。しかし、愛国心の対象として国家が大きな比重をしめるようになると変貌が起こり、その素朴さは喪失される。国家が愛国心を吸収することによって民族（nation）が出現してくる。もともとの素朴な愛国心には、「主権」や「権力」との結合はない。しかし素朴な愛国心から国家的・民族的な愛国心への変貌、さらには国家主義的・民族主義的な愛国心への変貌が起きると、そこにそれ自体の中心化、それに対する忠誠心の絶対化、排他性が生じ、絶対的・排他的なプライドの問題が発生してくる。こうした傾向に対しては、「答申」は「国家至上主義的考え方や全体主義的なものになってはならないことは言うまでもない」（一一頁）と付言している。しかしその立場が、「国民」意識のもとで「国家戦略としての教育」を構想するという立場であり、その文脈で愛国心を位置付け主張するのであるから、それは決して「素朴な愛郷心」「素朴な愛国心」と言えるものではない。それは、すでに国家（主義）的・民族（主義）的な愛国心の主張を掲げているものである。

この点でもう一つ考えなければならないのは、「答申」が語らない国家の「理念」の問題である。愛国心が国家的になる場合、つまり愛国心の対象として国家が大きな比重を占める場合、当然その「国家理解」が決定的な役割を果たすことになる。愛国心の対象としての国家がどう理解されているかという問題である。それは、素朴な愛国心の延長で言えば、「国民的な共同体」としての国家であるが、国家は単に「国民的共同体」であるだけでなく、内容をもった「理念的な存在」でもある。国家に対する忠誠は、その内容がどうあれ、ただ「国家共同体」に向けられるだけではない。その国の「理念」に向けられる。これは教育上十分にあり得ることである。そして国家の「理念」とは言うまでもなく、その国の「憲法」に規定されるものである。憲法理念によって明記された国家に対する忠誠心が教育の課題になるということは十分に予想されることである。しかし戦後の教育はこの道を明確に辿ることはできなかった。「答申」もこの視点をまったく欠如したままである。愛国心の涵養を「郷土愛」と結びつける素朴な愛国心の立場と、愛国心を「国の伝統、文化」と結びつける国家的、あるいは「国家戦略」という国家主義的愛国心について語るが、「憲法の精神」「憲法の理念」とは結びつけていない。「憲法の精神」は「普遍的なもの」を述べてはいるが、「日本人としてのアイデンティティ」にはならないという前提がそこにはある。つまり「愛国心」と「憲法の精神」の分裂である。結局はここでは憲法軽視の愛国心が言われていることになる。「憲法教育」のない「国民教育」が主張されているわけで、それはまことに奇妙な現象と言うべきではないか。

3　教育の課題としての「日本人のアイデンティティ」

それでは教育において「日本人としてのアイデンティティ」の問題はどのように考えるべきであろうか。もちろん「日本人のアイデンティティ」という問題は、必ずしも教育の最も根本的な問題ではない。今日の教育は、公立の教育機関、私立の教育機関に関わらず、およそ公共的な教育としてその根本は普遍的に「人格としての人間」の教育でなければならないであろう。日本に滞在する外国人の子供たち、あるいは留学生たちにも開かれた普遍的教育でなければならない。このことは当然、逆に、日本から世界の諸国の教育にも求めなければならないことである。ある時期になる。

滞留した地域の特殊なアイデンティティを教育によって強いられては、教育における公共世界の欠如を意味することになる。

しかしその上で、「日本人としてのアイデンティティ」の問題が日本における教育の一つの課題になることも避けられないことである。現行の教育基本法は、「普遍的にしてしかも個性ゆたかな文化の創造をめざす教育」を掲げている。そのために「憲法の精神に則り」ながら「新しい日本の教育」を目指す姿勢をとった。この姿勢は普遍的な「人格の完成」をめざす教育の中で、「日本人のアイデンティティ」を将来的に形成しようと心がけたものと理解されよう。これに対し「答申」は、「郷土や国の伝統、文化」にアイデンティティの基盤を求めている。歴史的将来における形成課題としてでなく、自然と歴史的過去の中に少なくともその前提を発見するものとして「日本人のアイデンティティ」を構想している。歴史的将来的形成課題として考える場合、その基盤は「憲法的理念」である。歴史的過去と自然に基盤を求める場合、「憲法的理念」でなく、「郷土」と「伝統文化」が基盤になる。はたして「日本人としてのアイデンティティ」はどのように求められるべきであろうか。

現行の教育基本法における「普遍的にして個性ゆたかな文化の創造」には、「郷土」や「伝統文化」との結合は明示されてはいない。他方、「答申」では「日本人としてのアイデンティティ」の文脈で「憲法的理念」の意味について認識されていない。両者の欠如を補足して、むしろ「憲法的理念」と「伝統文化」の結びつきの中で「日本人としてのアイデンティティ」は模索され、形成されるべきではないか。少なくとも、ただ所与的に過去の伝統文化の中にのみ「アイデンティティの基盤」を発見する道を採用するべきではない。

しかしながら、「憲法的理念」と「伝統文化」、この両者の結合はかならずしも容易なことではない。日本の「伝統文化」は「憲法的理念」を創出することがなかった。「伝統文化」と「憲法的理念」は水と油とは言わないまでも、いまのままで融合・一体となってはいない。そこでもし中央教育審議会の答申が単なる「反動」であるまいとするならば、当然、それが「日本人としてのアイデンティティ」の前提に置こうとしている「郷土・伝統文化」を、「憲法的理念」や普遍的な世界共通文化と相互的に浸透させることも図られなければならないであろう。つまり「日本人としてのアイデンティティ」の問題は、自然的所与的なものというより、形成課題としてあると認識されなければならない。「答申」の言う「日本人としてのアイデンティティ」という教育課題は、むしろ現行の教育基本法の「普遍的にして個性ゆたかな文化の創造」の具体化として探求され、形成されなければならないのではないか。

そこでこれまでの考察の一応の結論として言い得ることは、「公共の精神」を「愛国心」の狭さで理解するのでなく、「答申」の言う「自由で公正な社会」「新しい公共の観点」からさらに世界共通の自由な市民社会の方向で理解することと、そこに「郷土愛」や「素朴な愛国心」を健全に修正しつつ、結び合わせることである。そのことは具体的には「憲法的理念」に基づきながら、「郷土愛」や「伝統文化」の見直しを経て、「個性的な文化の創造」を目指すということになる。要するに、憲法教育と世界人教育に基づく国民教育ということになるであろう。

4　上に着るアイデンティティと脱衣するアイデンティティ

「日本人としてのアイデンティティ」をめぐって「憲法的理念」と「伝統文化」の間に齟齬というか、そこまで言わないまでも一種の異質性があることは明らかである。それは過度に進めば、「日本人のアイデンティティの分裂」になる要素である。この危険はすでに「憲法」それ自体の中に見て取れるものである。憲法第一条は天皇を規定して、「天皇は日本国の象徴であり、日本国民統合の象徴であって、この地位は、主権の存する日本国民の総意に基づく」と述べる。同じく第二条に皇位は「世襲のもの」と規定されている。国の象徴や国民統合の象徴を人間やあるいは特定の地位に認めることは、それ自体として、決してあり得ないことではない。ただし「日本国民統合」の作用をなしているのは、法で言えば当然「憲法」であるから、「国民統合の象徴」は「憲法」とその「精神」に結合し、「憲法的理念」を体現しなければならない。そうでなければ日本人のアイデンティティは、「象徴」と「憲法」の間で分裂することになる。しかし憲法的理念が「人権」「デモクラシー」「国家と宗教の分離」「権力の分立」を含むから、「国家神道」を背景にした「世襲」の皇位が「国の象徴」「国民統合の象徴」であることには、当然、少なくとも多少の無理があることは否定できない。この無理を解決していく一つの方向は、その具体化がどのようであるかはともかくとして、天皇とその皇位が憲法に規定されていない性質については、極力控えていく、もしくは憲法的に変貌していくことであろう。逆に、憲法とその理念を神道的並びに世襲的な皇位に即する方向に変貌させて一体化を図る方向も論理的な可能性としては存在し得る。しかしそれは日本にとって「普遍的なもの」の喪失を意味し、世界共通価値の喪失に向かうことになる。これは過去の「敗戦」の事実と現在の「世界化」の現実、そして将来の世界共通文明への歴史的動向からして、歴史的に不可能な道と言わなければならない。この点で憲法は、その第四条第一項、ならびに第九九条によって、天皇の憲法尊重の義務を規定した。

「人権」「デモクラシー」「宗教と国家の分離」「権力の分立」などの憲法的理念、あるいは教育基本法のいう「個人の尊厳」「人格の完成」「自主的精神」などの理念は、日本人とそのアイデンティティにとって「横から」入ってきたものである。それらは「下から」のものではない。つまり国民的な成熟により「自生」したものではない。それらはまた「上から」でもない。統治権力や社会の上部に自生し、そこから一般社会へと浸透が図られたわけではない。日本の「郷土と伝統文化」からの「自生」でもない。日本の「郷土と伝統文化」も相当程度の変貌を必要としている。日本人は「横からのデモクラシー」、あるいは「外からの人権」によって啓発された。「憲法的理念」の普遍性は理性主義的な普遍性ではなく、歴史的な普遍性である。歴史は「相互作用の世界」である。「横から」や「外から」は歴史的な事実として交流や戦いを通して流入する。重大なことはこの「外から」また「横から」の流入による価値を教育によって受け止め、本質構成的に交流し、新しい自己形成を果たすことである。その意味で歴史的に存在するもののアイデンティティは、所与的なもの・既存のものとして伝統や過去の中に発見されるものではなく、自己超越や自己変革を通して、将来的に形成されるものである。この意味で、「日本人のアイデンティティ」の問題は、まさしく教育の問題となり、文化形成の問題となる。それは、根本に日本人や日本の文化の「歴史性」の認識を持ち、日本人や日本文化についての歴史哲学を持っていることを要求する。

歴史的なアイデンティティは、新しい要素を上に着ることによって、自己変革的・自己形成的に保持され得る。この「上に着るアイデンティティ」を歴史的に逞しいアイデンティティと呼んでよいのではないか。これに対し「外からや横からの要素」を脱衣して、古きもののなかにアイデンティティを探るのは、歴史の変化と世界の交流に耐えられない弱いアイデンティティと言わなければならない。愛国心との関連で言うと、横からや外からの新しい要素に排他的になる愛国心は、「素朴な愛国心」ではなく、原理化され、一つの固定的な主義となった人為的な愛国心であるが、それはかえって歴史的変化の中では弱いアイデンティティを形成する。「上に着るアイデンティティ」の方が歴史的であり、世界的たり得るものであり、また「公共の精神」に合致するとともに、「素朴な愛国心」にも合致する。外からの新しい要素の流入を排除する「脱衣するアイデンティティ」は、際限のない脱衣のうちに、最後には「無」に帰することになるのではないか。これに対し、教育が成立するのは、「上に着るアイデンティティ」を肯定する場合である。

横から、また外からの理念による自己変革的自己形成の歴史は、すでに日本の歴史の遠く過去に遡って存在する。日本人の原型をたとえ縄文文化に遡っても、縄文文化そのものがすでに日本海を交流のルートとして日本列島の外からの要素を常用したことも、三大丸山の遺跡などを通して了解し得ることである。あるいは日本人の源流をカムチャッカや蒙古地域からの流入に由来するとする説も、歴史的なアイデンティティがすでに古来、交流と相互関係の中で形成されてきたことを証拠立てるであろう。「憲法的理念」についてもすでに一五〇年にわたる自己変革的交流が続けられてきた。自由民権運動や大正デモクラシー、そして戦後デモクラシーはその貴重な伝統である。あるいはまた日本における人格主義の系譜、ヒューマニズムの系譜も決して重厚な分量とは言えないまでも、すでに貴重な歴史を重ねている。そうした経緯と深く関連して日本におけるキリスト教の歴史も存在する。現在の「公共の精神」と「愛国心」の問題もこうした歴史の線上にあって、さらにその将来に辿っていく姿勢で解決されなければならないであろう。

筆者はこの十数年、毎年夏を山梨県北巨摩郡大泉村で過ごしている。大泉村における「愛郷心」は現実にはどのような現象をとるか。愛郷心の中には、新しい郷土の形成と古い土俗的なものの維持との間の確執がある。村民はかなりの時間を神社の氏子、同時に寺の檀家として、祭りと社寺の行事、さらには社寺の山林のための勤労奉仕に費やすことを要求される。古い村社会の人間関係に強く拘束された郷土がそこにはなお存続する。日本の「郷土」は戦後五八年を経て、なお近代市民社会との融合の中で変貌していかなければならない。大都市のベッドタウンとなっている大都市周辺部においては、郷土社会の二重性がある。都市からの流入者、ないし都市往復者がその表層をなし、低層にあるのは代々の土地所有者層である。「愛郷心」「郷土生活」の強調は、この土地所有者の土俗的人間関係や生活形態を強化する反動的試み、それゆえほとんど将来の発展的希望を描けない試みに終わりかねない。中央教育審議会の答申は、こうした「郷土」の現実を知らない抽象的主張か、それともそれを承知の上であれば、かなりの程度反動的な主張と言わなければならないであろう。

5　教育による人格形成――上に着るアイデンティティと教育の可能性

教育は剝ぎ取ることによってではなく、上に着させることによって成立する。人間にとって重要なことはしばしば後からやって来るからである。人間は決してその人の過去に決定論的な意味で規定されつつ存在しているのではない。人間の自己は、過去から宿命的に規定されてはいない。人間は確かに過去から規定される側面もないわけではないが、しかしすべて規定されているのではない。もしそうでなければ、そもそも教育という行為自体が不可能になる。過去からの規定は将来の新しい要素との出会いの中で変貌する。教育の対象である人間は過去からの影響を受けながら、なお自由な存在である。自由であることが教育の可能性の条件である。自由な人間には新しい要素との関係、将来への開放、変化の可能性がある。教育はその人の完成がその人の過去やその人自身の中にあるのではなく、その人の他からの関係において、将来に完成し、その人の彼方からやってくることを成立の条件としている。その意味で、教育はその人の内的資質をただ伸ばすという本性主義的なものではない。むしろその人の内的資質が一旦は否定されるところにこそ成立すると言ってもよい。その意味では、教育的に言えば、挫折の時こそ深い意味での人間教育のときである。ティリッヒの言い方で言い表せば、教育は人間の「自己超越」「自己変革」「自己統合」の自由の働きに基づいている。新約聖書コロサイの信徒への手紙第三章二節以下の記述は、人間の完成が人間の彼方にあることを記した代表的な聖書箇所である。「上にあるものに心を留め、地上のものに心を引かれないようにしなさい。あなたがたは死んだのであって、あなたがたの命は、キリストと共に神の内に隠されているのです。あなたがたの命であるキリストが現れるとき、あなたがたも、キリストと共に栄光に包まれて現れるでしょう」。

この意味で、教育はただ英語のEducationやドイツ語のErziehungが表現しているようにその人に内在的なものをただ「引き出す」働きに尽きず、それを超えていかなければならない。引き出す面もないわけではないが、新たな要素を加えてインテグレイトする面が重要である。また色々な契機を「再統合」する面が重要である。この用語は、聖書の中で「キリストのもとに一つにまとめられる」（エフェソの信徒への手紙第一章一〇節）という仕方で用いられている。これは救済史について、あるいは神の隠された計画についてキリストとの関連で語られている表現であるが、教育にも適応することが可能であろう。一人の個人についても、また日本人全体についても教育の観点から理解するとき、「完成」は、教育の働きの先にある。そこで「歴史性」についての見方や「終末論的なアイデンティティの完成」についての神学的な洞察が、教育に対して光を与えることができるであろう。神学が教育とその政策に対して洞察的な貢献をするのは、この教育的完成の思想、上に着ることによるアイデンティティの思想においてである。上に着ることによって、それ以前のものが変貌し、新しい命を与えられ、独特な個性を発揮する。例えば今日の日本画の一部にはそれを表している好例があると言ってよいのではないか。

6　公共の精神ならびに愛国心との関連での「宗教的寛容」の教育

現行の教育基本法は、その第九条において「宗教に関する寛容の態度及び宗教の社会生活における地位は、教育上これを尊重しなければならない」と述べ、その第二項で「国及び地方公共団体が設置する学校は、特定の宗教のための宗教教育その他宗教的活動をしてはならない」と規定した。他方、教育基本法は、「法律に定める学校」すなわち「公の性質」をもつ学校は、「国又は地方公共団体の外」、「法律の定める法人のみ」がこれを設置することができると規定している（第6条）。従って、宗教教育の禁止が「国及び地方公共団体が設置する学校」に限定されているということは、その他の「法律に定める法人」による学校、すなわち私立学校には「特定の宗教のための宗教教育やその他宗教活動」をする自由が認められていることを意味する（この点については、深谷松男『信託された教育』、キリスト新聞社、二〇〇三年、六二頁以下参照）。一方、「国及び地方公共団体が設置する学校」には、「特定の宗教のための宗教教育やその他宗教活動」をすることは禁止されるが、「宗教に関する寛容の態度」および「宗教の社会生活における地位」は「尊重しなければならない」と求められる。これは、「宗教的寛容」と「宗教の地位」に対する

「尊重」のゆえに「特定の宗教のための宗教教育」の「禁止」があるという事態を意味している。「尊重」から発した「禁止」があるということは、積極的な宗教教育を「国公立の学校」以外に期待しているわけで、それは児童本人、その家族、あるいは宗教団体、そして他の「法律に定める学校」に期待しているわけである。

この問題について「答申」は新しい意見を提示してはいない。現行の教育基本法第九条第二項の国公立学校による特定の宗教のための宗教教育の禁止を「重大な原則」として大切にしていく必要を語るのみである。道徳を中心とする教育活動の中で「宗教的情操」をはぐくむ面で、「一層の充実を図ることが必要」と述べているが、これを国公立の学校でどうなし得るのか、慎重であるべきであろう。むしろ国公立でないところでの教育に期待することを明言すべきではないかと思われる。

それにしても「公共の精神」や「愛国心」との関連で、憲法的理念である「信仰の自由」と「宗教的寛容」や「宗教の地位」を尊重する教育は重大である。グローバルな「公共社会」は「宗教的寛容」を欠如しては成立しない。この意味では宗教的寛容を理解し、その基盤となれることが、現代における世界宗教の資格と言ってもよい。「公共社会」は、宗教的な理由をもって「市民的自由」を阻害してはならないと共に、宗教的活動、その礼拝と伝道活動に公平な自由を承認しなければならない。「愛国心」もまた各自の特定の宗教生活の自由を承認し、その地位を尊重すべきである。「愛国心」が特定の宗教活動を要求してはならないし、また宗教一般に対してルーズであることを要求してもならない。

「宗教的寛容」の「宗教的基盤」とは何か。それは「基本的人権」に関する憲法第九七条の規定に関連させて言えば、「侵すことのできない永久の権利として信託されたもの」とある際の、その「信託」の起源を意味すると考えられる。憲法的理念は「信託」の起源をめぐって宗教的次元と関わりを持つのではないか。この「憲法的理念」の根底にある宗教的基盤が、歴史的にプロテスタント・キリスト教の中に認識されてきたことは、人権や宗教的寛容の思想ならびにその法制上の成立史から検証できる歴史的事実である。しかしこのプロテスタント・キリスト教という宗教的基盤との接続は、歴史的成立史の問題として見ればその通りであるが、現代の運用や遂行の視点から見るならば、決してその繋がりは排他的に主張されるべきものではない。むしろ宗教的寛容の支持基盤であることは、現代における世界宗教の資格としてあらゆる宗教に要求されるべき条件であろう。はたしてどの宗教が、宗教的寛容のより深みに根差した支持基盤となり、現代の世界宗教の課題を遂行することができるであろうか。この問題は、その宗教の運命そのものにかかわるきわめて意味深長な問題である。

5 「教会と国家の分離」体制におけるキリスト教学校の使命

阿久戸　光　晴

序　「社会」の次元の発見

日本におけるキリスト教学校の歴史的使命は何であろうか。また日本のキリスト教学校の存在基盤はどこにあるのであろうか。現在大学に限った場合、日本の大学生の実に八〇パーセント以上が私立大学に通っている。またいわゆる大都市圏に限った場合、私立学校の収容定員数の約二〇パーセントをキリスト教学校が占めている。日本社会におけるキリスト教学校はそれぞれ存在感をもって固有の使命を果してきている。しかし現在、キリスト教学校は日本社会の政治・経済・社会情勢の激動の中にあって翻弄されつつあるのではないであろうか。しかしこれからの日本社会にとって、キリスト教学校が負う役割はますますその重みを増すと考えられる。本論考は、現在の日本国憲法理念が歴史的に継受している近代憲法の大原則の一つ、「教会と国家の分離」下において、私立学校としてのキリスト教学校がどのような使命を負っているかを解明しようとするものである。

この問題を考察するにはまず、キリスト教学校も属する私立学校の存在基盤を考えなくてはならない。従来日本では、滅私奉公という精神が称揚され、私イコール個人、公イコール国家という理解が定着してきた。そこには、国家でない団体であるものは、個人の延長である「私」に属すると理解される。そこで国家が設立したものでない学校は、日本では「私」立学校となるのである。しかしアーネスト・バーカーは、国家と個人の二分法で思考してきた欧州大陸の法制度および社会現象と対比して、イギリス法伝統から始まりアメリカで大きく発展した自発的結社の現代意義に着目する。(1) バーカーによれば、個人と国家の間に第三の次元があるという。すなわち個人とは異なる公的次元において、国家とは異なる組織と活動が見られる地域があるという。その観点でいえば、私立学校は、単に個人の篤志家によって誕生し国家が以後恒常的に補助金を支給することで営まれる、善良な国民を教育する機関ではない。それでは国民学校や公立校と何ら機能が異なるところがない。それは、自発的学校設立団体を母体とし、その掲げる固有の教育理念を恒常的に実施していく固有の団体であり、国民を育成することを究極の目的とする国公立学校とは異なり、市民社会の良き担い手を育成する社会次元固有の役割と使命を持つ団体である。国家機関の一部としての学校がその営みにおいて強制力を源とするに対して、自発的結社の名が表すとおり、その一例である私立学校はその営みにおいて自発性を源とする点でも根源的相違がある。(2)

ところでなぜ国または地域によって、自発的社会集団、あるいは自発的結社の活力ある活動に大きな相違が見られるのであろうか。そのような社会集団が活動するためには、古代から現代にかけて、その本質的性格を違えるとはいえ、支配力、統括力、同化力において、圧倒的な力を有する点で共通する国家の束縛に対抗できるためには、国家の規制力を凌駕できるほどの、イェリネックが指摘する何らかの「歴史的生の力」、あるいはウェーバーが強調する「エートス」が必要である。(3) さらにそれらの駆動力が発揮されやすい、「国家・社会構造」が必須となる。その鍵は、「教会と国家の関係」である。教会の用語が狭義のキリスト教会に限定される語感があるとすれば、言い換えて「宗教団体と国家の関係」のあり方が決定的役割を果たす。まず、その歴史的展開を概観するところから考察を始めたい。

1 「教会と国家の分離」に至る歴史的概観

いわゆるキリスト教文化圏における「教会（宗教団体）と国家の関係」についての歴史的展開および現在にも萌芽が残存すると考えられる典型的型（typology）を整理することから始めたい。それを便宜上類型化すれば、㈠国家優位型、㈡教会・国家協力型、㈢教会優位型、㈣分離型、となるであろう[4]。

第一類型は、国家優位型というべきものであり、国家の心臓部に国家教会（国教）が位置し、あるいは特定教会（宗教団体）を国家が支配し、国民をいわば特定のイデオロギー的な思想によって教育して行くものである。ビザンチン帝国やロシア帝国の国家と教会のあり方がそれに該当する。聖公会もこの型に属するであろう。またソ連の国家と党との関係がこれにあたると考えてよい。さらに戦前の日本における、国家神道を国教とし神権天皇を立て国民教育統制をしつつ、政治の実権を旧倒幕派出身グループが掌握していた体制もこの型に属するであろう[5]。

第二類型は、教会・国家協力型である。初期カトリシズムやルター派教会、さらに現代北欧諸国がこれに該当すると言ってよいであろう。ドイツもこの線上にあろう。国家は特定教会（教派）に対し税の恩典などを提供し、種々の便宜を図るとともに、特定教会はその統括する民に国家への忠実を教化する役割を担うことになる。それは、特定の教会のみが恩恵にあずかるという点に問題があり、暗黙に一定の文化圏内を前提することにおいて成立する型であろう[6]。

第三類型は、教会優位型であるが、諸国家を動員して十字軍に向かわせた中世盛期カトリシズムや「セオクラシー」（神政政治）をジュネーブで行ったカルヴァン派教会がそれに該当する。この伝統は現在アメリカ合衆国でも後述の第四類型の分離型とともに現在でも生きており、教会の政治監視、一般宗教者による政治倫理の要求の強さに現れていると思われる。また第一類型の国家支配に対して、理念に基づく種々の抵抗の拠点となりうる思想を生む。各原理主義的運動もこの型を目指して生まれてくる。しかも国家を超える統合理念を有する点に力点があるため、超国家連邦構想の母体ともなった型理念である。[7]

第四類型は分離型である。これは原始教会の精神であり、最も古いキリスト教理念の一つであるとともに、バプテスト派やピューリタンの分離派などの教会で強く主張され、最も新しく強力な現代的意義を持つものである。この考え方は、いかなる特定教会（宗教団体）と国家の結合をも認めず、すべての宗教団体も諸思想も、いわば市場競争の横一線に置かれるとしている。国家から支援を受けなければ諸宗教団体も諸思想も、その「実力」で人々の心をとらえるしかなくなる。そこから諸宗教団体の活力がかえって生まれる。この考え方が一七世紀に特にロジャー・ウィリアムズなどによって主張され、やがてアメリカ合衆国憲法修正第一条で採り入れられるに至り、ついには日本においても、後述のとおり敗戦後日本国憲法によりその型が入ったのである。[8] またその形態は、世界人権宣言などをとおして、世界各国を席巻してきている。[9] 正確に言えば、この考え方を共有するかに見えるアメリカとフランスは、その型において微妙にして大きな質的差異が見られる。アメリカでは、憲法修正第一条で、国教の廃止とともに自由な宗教団体の活動の保障という項目を両立させている。それは思想表現の自由と裏腹である基本的な自由の保障である。しかし、フランスではライシテ laïcité 制という「反宗教世俗国家」の宣言がなされる。それは歴史的に見れば、伝統的にあまりに強力なカトリック教会との対抗上共和制国家が張ったバリアなのであろう。[10] しかしそれは信教の自由はもとより、その中の信仰告白という表現の自由との関係で大変問題であり、イスラム教徒のスカーフ問題などにおいて噴出している如く、今世紀以降に未解決の深刻な問題を残すことになった。

2　「教会と国家の分離」の日本国憲法における成立

ところで日本国憲法が公布されて六〇年以上が経過した。この憲法に対しては、今なおそれが「押し付け憲法である」というような粗雑な非難が繰り返され改憲論議が喧しいにもかかわらず、他方で国民の間に既にある種の定着化を見いだすことができることもまた事実である。新聞等の世論調査においても例の第九条問題も含め、現行憲法を支持する声が多数を占めている。この憲法は、その基本原理として、基本的人権の保障、国民主権の原理、権力分立主義、そして国際平和主義をあげていると言われるが、それらの原理が国民の末端にまで定着しているということなのであろうか。しかし、この憲法の歴史的な系譜が認識されているとは言えないのではないだろうか。この憲法の歴史的な系譜についての認識は一般的に言って乏しいと言わざるを得ない。

この憲法を考察する際神学的な考察を加えることが意味を持ってくることになる。この憲法は、ある日啓示のように日本国民の前に現れたものではなく、一個の歴史を持った存在である。継承する理念を意識している。この憲法の前文および第九七条に次のような文書がある。

（日本国憲法前文）

「そもそも国政は、国民の厳粛な信託によるものであって、その権威は国民に由来し、その権力は国民の代表者がこれを行使し、その福利は国民がこれを享受する。これは人類普遍の原理であり、この憲法は、かかる原理に基づくものである。我らは、これに反する一切の憲法、法令及び詔勅を排除する」。

（同第九七条）

「この憲法が日本国民に保障する基本的人権は人類の多年にわたる自由獲得の努力の成果であって、これらの権利は、過去幾多の試練に堪へ、現在及び将来の国民に対し、侵すことのできない永久の権利として信託されたものである」。

これらの条文に見られる、「人間普遍の原理」、「人類の多年にわたる自由獲得の努力の成果」、「過去幾多の試練に堪へ」などの文言から、この憲法がある特定の歴史的・思想的な系譜を持ったものであることが理解できる。すなわちこの憲法は、決して日本固有の精神的な風土や文化から生み出されたものではなく、ある歴史的な状況に接続するものなのである。すなわちそれは人類の権利と自由獲得の歴史的成果を十分踏まえて制定されたものである。それ故にこの憲法の今日的意義を確認するには、この憲法が生まれてきた「自由獲得のための戦い」という歴史的流れの意味とその「成果」を知らねばならないはずである。この憲法以前の日本の状況、すなわち大日本帝国憲法（明治憲法）はその前文で次のような対極の宣言をしている。

「国民統治ノ大権ハ朕カ之ヲ祖宗ニ承ケテ之ヲ子孫ニ伝フル所ナリ」
（大日本帝国憲法前文）

「祖宗ニ承ケテ之ヲ子孫ニ伝フル所ナリ」という表現の中に、この旧憲法が、日本国憲法が接続するような歴史的状況ではなく、むしろそれを強烈に意識しながらも、民族主義に固有の原理の強調と防衛に力点を置いていることを認識することができるであろう。

しかしわれわれが生きている今日の世界は、その旧憲法が太平洋戦争での敗戦によって破綻した後、「人類普遍の原理」に立つ日本国憲法のもとにある。もしこのことが本当に理解されているとすれば、それはこの憲法の真の定着化ということができるであろう。しかし現実はそうではない。現在必要なことは既に述べたとおり、この歴史的な系譜と状況についての認識である。

一九四五年九月二日、ミズーリ号の艦上で、日本代表と連合国最高司令官及び各国の代表の間で、降伏文書が正式に調印された。すなわちポツダム宣言の受諾であるが、それは日本の国体の終焉を意味した。なぜならこの宣言には、大日本帝国の国体の根源とも言うべき「天皇主権を事実上拒否する国民主権」を示唆する条項が含まれていたからである。この降伏文書の調印により、占領軍の日本国の管理が始まった。ポツダム宣言受託後、東久邇内閣に続いて一九四五年一〇月九日、幣原内閣が成立すると、翌々日占領軍総司令部（GHQ）総司令官マッカーサー元帥は、憲法改正について幣原首相に指示を与えた。それによって政府内に憲法問題調査委員会が設けられ、松本烝治国務大臣を委員長とした、憲法改正の調査が開始された。しかし実際には当時の政府および一般の意見は憲法改正に積極的であった。

GHQ民生局の中枢幹部であったジャスティン・ウィリアムズが書いた『マッカーサーの政治改革』という書物[11]がある。それによれば、マッカーサーが天皇制保持を取引材料として、幣原内閣に民主的憲法案起草の圧力を執拗にかけたことが分かる。ところがよく知られているとおり、一九四六年二月に発表された松本憲法問題調査委員会の憲法試案（いわゆる松本試案）の内容は、次のとおり大変問題に満ちたものであった。すなわち、

①天皇の統治権の総攬原則には変化がない、
②議会の議決を要する事項を拡充し、上記総覧大権を事実上ある程度削減する、
③国務大臣の責任を国務の全般にわたるものとし、国務大臣は議会に対して責任を負う、
④人民の自由権利の保護を強化し、侵害に対する救済方法をより完全なものとする、

というものであった[12]。

要するにこの試案は、明治憲法の基本原則はこれを維持するものとし、単に若干の修正を加えるに止めようというものであった。松本試案の後進性に業を煮やしたマッカーサーは、天皇戦犯論を主張するソ連、中国のいる極東委員会（FFC）[13]の機先を制する形で、GHQ民生局スタッフ（多くは米軍人）憲法草案を起草させることにした。そこにはマッカーサーによる占領後の日本の外交的位置に対する配慮があったと思われる[14]。民生局スタッフは、よく言われるとおり、理想主義的であった。彼らはこの国を世界の民主的憲法の枠で再建しようと考えていたと思われる[15]。それ故に彼らは一九三九年版の世界主要憲法集（英語版）を東京帝国大学図書館から借り出し、民主的モデル憲法の条項を作り出したのである。すなわち非好戦的国家の保障、基本的人権の理念、主権在民、一院制の立法府、国連憲章の尊重、最高法規条項による憲法改正の制限等を含む草案を作成し、マッカーサーはそれをほとんどそのまま松本憲法問題調査委員会に提示した。

ジャスティン・ウィリアムズによれば、この時「松本博士、吉田茂氏は、明らかに愕然とし、当惑した様子が見て取れた[16]」という。両氏は著者に「こんな憲法では日本社会の基本軸が混乱の中に投げ込まれ、どこに権威があるかわからなくなるであろう[17]」と言ったとされている。両氏はこの案の若干の手直しを要求し実行したが、その「若干の手直し」が、国民の権利の縮小、皇室法の改正権が天皇に留保、華族制度の堅持、言論、出版、集会の自由の制限、労働三権の制約等であることが分かったとき、マッカーサーは二院制条項以外、すべての民生局案の復活を命じた。幣原内閣はその後も懸命にこの案に抵抗しながらも最終的にはほとんどこの案に沿った形で最終決着に従った。その際の彼らの閣議での主要論議は、この新憲法の主権在民の中心に「国民の中心としての天皇」が位置しているか否かであったと言われる[18]。

当時の報道によれば、国会の議を経て成立したこの新憲法は公表後意外と思われるほどに国民から歓迎された[19]。しかし、逆に知米派の日本人の多くは、あまりに画期的すぎるこの新憲法は、日本人が自ら産み出したのではない故に、早晩崩壊するだろう、と考えたとも伝えられている。[20] 著者ウィリアムズはそのような見解に対して、日本に悲劇をもたらしたドイツ流憲法も国民が自ら産み出したのではなかったはずであるという。またこの書物で「いまや日本は、完全な米英型政治制度を、一括して無料でしかもそれを成功させる詳細な手引き書つきで提供された。日本社会に基礎的な訓練を施すために、天皇制の一部を温存したことで、新制度はその欠陥を最小限に食い止めた[21]」とも言っている。

さて、そうであるなら、問題は民生局憲法起草委員会が参照した諸国の憲法とは、一体どこの国々であったのか、また何年版の憲法であったのかということである。ウィリアムズが言うように、この案が英米型憲法であるとしていることを考えれば[22]、それが米国憲法、カナダ等の英連邦諸国の成文憲法であったことは明らかである。私見ではそれに加え、ワイマール憲法の社会権規定が参照されたのではないかと考える。[23] また彼らの参照した世界憲法集が一九三九年版であることから、フランスの第四共和制憲法は参照できなかったはずであるし、実際には整合性に欠けるフランス一八七五年憲法が参照されたくらいであろう。

またこの歴史的な経過については、内容からしても、次のとおりアメリカ合衆国憲法の強い影響下で起草されたと見られる。次のような条文がそれを示している。

（合衆国憲法修正第一条）

「連邦議会は、国教を樹立し、または宗教上の行為を自由に行うことを禁止する法律、……（中略）……を制定してはならない[24]」。

（日本国憲法第二〇条）

「信教の自由は、何人に対してもこれを保障する。いかなる宗教団体も、国から特権を受け、又は政治上の権力を行使してはならない。国及びその機関は、宗教教育その他いかなる宗教的活動もしてはならない」。（同第八九条）

「公金その他の公の財産は、宗教上の組織若しくは団体の使用、便益若しくは維持のため、又は公の支配に属しない慈善、教育若しくは博愛の事業に対し、これを支出し、又はその利用に供してはならない」。

大日本帝国憲法にはこのような規定はない。その前文で「皇宗ノ心霊ニ誥ケ白サク皇朕レ天壌無窮ノ宏謨ニ循ヒ惟神ノ宝祚ヲ承継シ……」と述べるなど、その神権天皇制国家観からすれば、それは国家神道体制での憲法であり、宗教団体と国家の関係で言えば、前述のとおり実態としての第一類型の国家優位型というより、第三類型の特定宗教団体優位型を宣言しようとしたと言える。それ故に戦前の日本国家には、天皇を主権者とした国家権力の支配と、天皇を最高位の家長とする「家」制度の統括機能により、実質的に近代憲法に認められる個人の人権の保障はなかったのである。それ故に大日本帝国憲法は、合衆国憲法修正第一条とは歴史的な系譜を異にするものである。[25]

他方日本国憲法は、他の近代国家憲法の多くと同様、第四類型の分離型を採っており、その第二〇条で「教会（宗教団体）と国家の分離」を規定しているのである。ここから国家とは異なる様々の任意的社会集団（結社等）の能動的役割が前提とされている。それは明らかに合衆国憲法修正第一条に接続するものである。

またこの歴史的な系譜をさらに遡るならば、それは原始教会にまで至る。原始教会は元来この第四類型の考え方を採っていたと言えるであろう。イエスの「カイザルのものはカイザルに、神のものは神に」という言葉の素直な解釈はこのような考え方であろう。元来キリスト教文化圏において、国家の権限は制限されたものであった。国家は、教会側の宗教的諸要求に対して一定の限界を加えようとし、また教会も国家からのそうした制限に対して宗教的良心の自由を主張した。こうした国家と教会との二元主義から人権の概念が生じてきたのである。しかし、法政史上は、直接的には、ロジャー・ウィリアムズらのアメリカのピューリタン左派による「教会と国家の分離論」に由来する。すなわち、国家が介入できない領域があることが、宗教団体の活躍の場となり、また各任意的社会団体(あるいは自発的結社)の活性化の原点となり、結社の自由として、また地方自治制度ともあいまっていわゆる民活の原点ともなったのである。それがこの憲法の歴史的な系譜の問題である。(26)

3 日本国憲法の神学的考察

このような歴史的な考察は、他方でこの憲法をめぐっての神学的考察の意義を明らかにすることになる。すなわち、この憲法がこのような歴史的な系譜を持っているということは、それが特定の歴史的文化価値に接続するものだということを明らかにしているのではないだろうか。そしてその文化価値は神学的な前提、あるいは神学的な構造を持ったものなのである。以下そのような神学的な前提を明らかにすることで、この憲法をめぐっての神学的な考察の必要性と意義とを明らかにしておきたいと思う。

(一) 信託契約国家観

日本国憲法は、その前文で「国政は、国民の厳粛な信託による」と規定している。信託とは明らかに契約行為を指している。国政は権力を持ってなすものであるが、それは主権の存する国民からの信託によるものとされているのである。信託はまさに「契約」そのものである。信託契約には、信託の目的が前提されている。それは国民の福祉ということである。国家は、元来自由放任的なものではない。もちろん専制国家ではない。国民の人権を保護し、この憲法が定める体制を擁護するのが国家の役割である。

このような国家観は元来あったものではなく、これもまたある歴史的なものであり、国家の性格はそれによって大きな変化を遂げたものである。このような考え方はアメリカ合衆国憲法前文に酷似し、ロックの『市民政府二論』（鵜飼信成訳、岩波文庫）を思わせる（第二部第一三章）。

ところでそうであるなら、その信託契約はいったいいつ全国民と国政権力者の間で締結されたのであろうか。それは信託契約の後この憲法が制定されたのではなく、この憲法の特定の神学的前提と価値の主張が受け入れられ前提とされて、この憲法の制定日に契約が締結されたと考えるべきなのではないだろうか。

(二)　権力分立・地方自治制

この憲法には、権力の逸脱に対するリアルな判断がある。人間の罪性の厳しい認識があると言ってよい。それによってあらゆる機構を通して権力の一極集中化を防いでいる。それは聖書の言葉で言えば第二テサロニケ二章六～七節に出てくる「ト・カテコン」（阻止するもの）である。この「ト・カテコン」は従来混沌たる無秩序状態を防ぐため、秩序維持機構をさすものとして、また時には国家の存在そのものを指すとされてきた。だが、これは本来不法の力の現出を防ぐあらゆる機構、制度の総体を意味するはずである。(27)

一方でこの憲法における権力分立制を「中心の問題」と関係づけることが考えられる。元来大日本帝国憲法では、明確な「中心」があった。それは言うまでもなく神権天皇である。あの松本氏や吉田元首相の驚愕も、中心の喪失への恐れであり、それはカオスを意味するという意味での恐れであったと考えられる。

しかしこの新憲法は中心が大変不明確だというところが問題なのである。ある人にとってそれは「象徴天皇」であり、別の人にとっては「国権の最高機関である国会」であり、それら別の人にとっては「主権の存する国民」であるということになっている。

しかし内閣の助言と承認のもとに束縛される天皇に、もはや実体的中心を期待することはできないはずである。また国会と言えども、内閣や裁判所からのチェックを受け、三権分立の制約下にあることは否めない。国民はまさに中心と言えば言える。そこにはカオスを防ぐために少なくともある求心力が要求されている。大日本帝国憲法下でそれは家父長的であり、その頂点に位置する天皇であったわけであるが、日本国憲法下では、求心力の中心にあるはずのものそれ自体が不明確である。しかし中心がないとすれば、何故戦後の日本はまがりなりにも今日までやってこられただろうかという問題が生じる。この点についてここで詳しく論じることはできないが、この憲法の提起するある価値観が一般国民の共通理解となり、ある種の支えとなったと言えるのである。

中心が不明確であると言うことが戦後の日本の大きな精神的悩みであるといってよいであろう。しかし権力の一極集中を制度的にあらゆる知恵を駆使することで阻止しようとしつつも、逆説的ながらその「ト・カテコン」が暗示しようとしていることは、実は真の父であり、真の中心である神を証しようとしているのではないだろうか。民のすべての父と人間的中心を排除しつつ、しかも、その中心が国民の外に描かれると言うよりも、国民の内なる間にまで降りてきて、打ち立てられることが目指されているのではないかと思われる。それはこの憲法における神学的な構造を暗示しているのではないだろうか。

同じことが、地方自治制にもいえる。初めに国民があり、国民の自由な任意的社会結社が初めにあり、そこに国民の地方自治政治への小さな、しかし一般的な信託があり、それとは別に国民の国政への大きな、しかし特別な項目に限っての信託があると理解する時、初めに地方自治があり、次に一定の限定された政治、たとえば各地方共通の一括処理がかえって合理的・効率的であるものについて国政がある、と理解すべきではないだろうか。しかし同時に、各地方政治の価値観、方向性について、憲法がはっきり示していると理解する時、各地方は各地方色を生かしつつ、分解への遠心力として働くよりは、共通精神・共通価値のもと、見えない中心への形成的向心力として働き得るのである。それは決して新たな中央集権ではなく、新しい共同体形成への役割分担と共働である。

㈢ 個の尊厳

（日本国憲法第一三条）
「すべて国民は、個人として尊重される。生命、自由、及び幸福追求に対する国民の権利については、公共の福祉に反しない限り、立法その他の国政の上で、最大の尊重を必要とされる。」

（教育基本法第一条）
「教育は、人格の完成をめざし、平和的な国家及び社会の形成者として、心理と正義を愛し、個人の価値をたっとび、勤労と責任を重んじ、自主的精神に充ちた心身ともに健康な国民の育成を期して行わなければならない。」

かつて中曽根康弘元首相は、「女子学生のいわゆる『援助交際』などに見られるのを見ても、すべてそれは、日本国憲法と教育基本法がいかに間違っているかを示している」と発言した（一九九五年度五月「自主憲法制定国民会議」での講演）。しかしこれは、もともと次のような歴史文献のエコーであることが分かる。

「然るに、個人主義的な人間解釈は、個人たる一面のみを抽象して、その国民性と歴史性とを無視する。従って全体性・具体性を失ひ、人間存立の真実を逸脱し、その理論は現実より遊離して、種々の誤った傾向に走る。……かくして作られた西洋の国家学説・政治思想は、多くは、国家を以って、個人を生み、個人を超えた主体的な存在とせず、個人の利益保護、幸福増進の手段と考へ、自由・平等・独立の個人を中心とする生活原理の表現となった。従って、恣な自由解放をのみ求め、奉仕といふ道徳的自由を忘れた誤れる自由主義や民主主義が発生した」(『国体の本義』より)。

日本国憲法および教育基本法がいう「個人の価値の尊重」とは、決して「エゴイズムの放任」では断じてない。それは「公共の福祉」というひとりの他者を含むコミュニティの幸福という共通目標の中で、生かされ、しかも「人格の完成」という目標をもつものである。具体的民族という集団の中の義務として、個人が埋没していくようなものとは断じて異なるものである。

なぜ、個がこれほど重視されるか、それはキリスト教の中にある、聖霊理解と切り離されては、決して理解できないであろう。事実戦前の日本の『国体の本義』の著者は、聖霊なるものを知らなかった。戦後においても、聖霊を知らずに、個人の自由の乱用が起こされる時、確かに中曽根氏のいうとおり、自由の中に「援助交際」のような腐敗が起こると、いえるかもしれない。しかし、日本国憲法が暗黙のうちに前提しているものは、「エゴイズムの固まりなる個人」ではない。それは「聖霊が宿る神の宮として成長(人格の完成)し得る個人」なのである。聖霊は事実各個人に宿る。ここでは詳述できないが、「フィリオクエ」(子からもまた)条項を知ろうとしないビザンチン的東方教会の三一論が反映したかのような家父長的ケザロパピズムが形成されたように、またキリストの代理人として仲保者の役割をフルに行使した中世カトリック教会のセオクラシー体制が築かれたように、聖霊論がピューリタニズムによってデモクラシーの基礎たる会議の精神へと発展させられたが、そうした聖霊の宮なる「個」が「新しい共同体形成への良き協力者・担い手」へと「人格の完成」が目指される時、それは正に憲法と教育基本法が目指したものにほかならない。それは、『国体の本義』のいう「奉仕の道徳的要求」なるものがいかに欺まんに満ちたものであったこと、その奉仕がつまるところ特殊歴史的に形成された「特殊民族」への奉仕を強いるものであった(これを欧米白色民族

の植民地主義への対抗として隠蔽しつつ）ことと、好対照をなすものである。(28)

4　「自発的」結社（ボランティア・アソシエーション）としての私立学校の自由

このような特定の歴史的系譜を継承する日本国憲法体制下において、私立学校はどこに位置づけられるのであろうか。

日本国憲法第二一条第一項に「集会と結社の自由」がうたわれている。しかし、これはGHQ憲法起草委員会作成にかかる英訳日本国憲法によれば、'freedom of assembly and association' となっていて、明らかに米国ピューリタニズムの伝統を強く示唆する用語である。まず、「結社」であるが、それは本来決して政治結社を思わせる用語として狭く理解されるべきでなく、'voluntary associations' という活気ある「自発的結社」（そこには、政治的集団も含まれるであろうが、私立学校、株式会社、そして教会や各宗教団体も含まれる）の自由という地域社会を活気あるものにする、国家とは別個の独立したグループの存在が前提されている。良し悪しは全く別にして、国鉄がJRに改組されたように、国公立大学の独立行政法人化が図られたように、郵便局が完全民営化を目指して郵政公社となったように、これからの活気ある社会は、民間の自主的にして自発的な各種団体の活力ある活動にかかっている。国家はそれらの民間団体の自発的活動を統制していくのではなく、それらの民間団体の自発性が生きるように、その枠組みを保護し、結局各民間団体の切磋琢磨が生かされるように、間接的に促進すべきである。教育の活力も教員の活力ある自発的創意工夫にかかるであろう。

また教育基本法第一条、第二条の定める「自発性・自主性」の育成は、人間の自由精神の成熟した育成にかかっているのであり、それはまさに自発的結社としての私立学校の最も強みを発揮しうるところである。

ちなみに従来の日本の教育観は、型にはめるべく躾をして一様に規格品を作り出していく教育であったのであり、そうした人間像は現在世界的に通用しなくなっているといえよう。それはいわばinputのみで教育をするという精神である。教育対象に何か既成の規範を押し付けていくのである。そうではなく、刺激を与え自発性を開花させつつ、新しい個性を生み出すことこそ、真の教育ではないか。[29] そもそもヨーロッパ中世修道院の教育伝統は、output教育とinput教育との両立と調和が目指されていた。神学の学びに入る一般教養コース'liberal arts'があり、それは自由七科と言われた。その中に、算術・幾何・音楽・天文の四科の前の基本三科として、文法・修辞とともに、弁論が入れられていた。中世欧州の温故知新として再検討されるべき科目があろう。理路整然と説明することやディベートが苦手な国民は十分な反論ができないまま、忍耐の緒が切れるときがある。正当な抗議や質問やユーモアに満ちながらも毅然たる反論など、それはデモクラシー教育の成果といって良く、また本質はoutput教育であり、その根底にあるものは、自発性に満ちた創造性の精神である。子供たちの表現行為がoutputされ、それが教育的に是正されていく。また表現がもたらす創造性が他者との協働の結果もたらされることや忍耐することを学ばせていく。こうしたことはすべて教育基本法の究極の教育目標である「人格の完成」につながっていく。このことが可能な資質があるのは、キリスト教学校のはずである。

さて、残された課題は私学助成制度の合憲性と日本国憲法第八九条の解釈の問題である。

（日本国憲法第八九条）

「公金その他の公の財産は、宗教上の組織若しくは団体の使用、便益若しくは維持のため、又は公の支配に属しない慈善、教育若しくは博愛の事業に対し、これを支出し、又はその利用に供してはならない。」

この条文の解釈については、種々研究がなされており、特に粕谷友介教授の優れた整理(30)がある。教授によれば、敗戦後公立校に比べても戦禍からなお傷の癒えない私学復興のため、一九四六年（昭和二一年）一〇月に三日に「公私立学校生徒学費負担額の不均衡是正」等五項目を柱とする「私学振興に関する決議」が帝国議会衆議院にて採択された。ところが、その実行に事実上ストップがかかった。マッカーサー司令部は、国が私立校援助のために公金を支出することは、私立校を国家が「公の支配」のもとに置くことを意味するのであり、私立校の健全なる発展を抑止すると懸念した、といわれる。司令部にはアメリカ型社会のモデルが念頭にあったと思われる。

米国では教会献金を例にとっても、米国憲法修正第一条後段の「自由な宗教活動の促進」にまさに即するものとして、自由献金は完全に免税の対象となる。多額の献金が集まることは、自由競争社会におけるその教会の正当なる報償として、国家は阻害するどころか、寄付の促進しやすい制度・環境づくりこそ、憲法上の義務であるとされる。また個人の私立学校や福祉施設に対する寄付は、ほぼ完全に免税の対象となる。献金や寄付をすることの方が可処分所得が多くなる場合も少なくない。寄付をすることは社会的尊敬を集め、また正当な発言権の確保につながる。なぜなら、こうした献金や寄付こそ、個人の自発性 'voluntarism' の発露であり、この活力ある活動こそ、'voluntary associations' の血液であるからである。またこうした社会的気質は寄付文化と呼ばれるものである。

しかし、戦後の日本においても、こうした献金・寄付の広範囲の免税制度は確立されなかった。日本国民のマイホーム主義につながる貯蓄精神や、国家機構で強力な支配力を保持し続けた大蔵省・財務省の税収入源の固持の政策が、こうした免税制度の確立に阻害要因となったことは容易に推定できる。

一方、日本国憲法第二六条の「教育を受ける権利」の実質的保障として、何らかの私学助成は急務となったのであり、本来予想される日本国憲法第八九条の趣旨を解釈上工夫して、一九四九年（昭和二四年）一二月一五日に「私立学校法」が制定され、その第五九条は次のとおり、定めている。

（私立学校法第五九条）
「国又は地方公共団体は、教育の振興上必要があると認める場合には、私立学校教育の助成のため、文部省令又は当該地方公共団体の条例で定める手続に従って援助を申請した学校法人に対し、補助金を支出し、又は通常の条件よりも学校法人に有利な条件で、貸付金をし、その他の財産を譲渡し、若しくは貸し付けることができる」。

考察するに、この私立学校法第五九条の規定は日本国憲法第八九条の問題というよりも、同第二六条の問題ではないであろうか。[31]同条は、国民の教育を受けさせる権利を保障しているのである。国民は、その子女にその信頼する教育理念のもとに、また教育環境下で教育を受けさせる権利が保障されている。国の税金で完全にまかなわれている国公立学校と私立学校で教育費負担に著しい差が生じた場合、それは日本国憲法の保障する国民の教育を受けさせる権利の実質的保障とはなりがたい。

そもそも自由競争とは、機会均等、競争条件の公平化が大前提である。それは、授業料のほか、一般寄付を財源とするしかない私立学校において、活発な寄付を可能とする社会条件が十分に開かれていない現状で、私学助成はやむをえないだけでなく、かえって憲法上要請されるところであろう。今日、国公立大の擬似私学化として、自由競争に参入してくる「独立行政法人大学」に対する国家予算の投入総額が、全国の私学の学生総数の日本全体に占める割合に比し、不公平といわざるを得ない率になっている現状が指摘されている。[32]国民に公平な予算配分をしていく原則に照らし、この問題は私学助成とは逆方向で問われるべき問題である。

なお、私学助成に対応して、各私立学校の教育活動が「公の支配」に服すべきであり、それは国家の厳重な監督下に置かれるとする解釈があるが、[33]誤りである。私立学校は、公教育にとって不可欠な役割を果たしており、日本国憲法の諸条項の要請するもとで、教育事業の自主性が尊重されることが求められている。私立学校振興助成法等の監督の程度で「公の支配」の要件を十分満たしていると見て良いであろう。

上述の点はともかく、将来、寄付・献金に対する免税制度の拡充にかかる日本の税制度の改正が急務であることは指摘しておきたい。

結　日本におけるキリスト教学校の歴史的使命

上記のとおり、現在の日本の国家・社会体制が隠れた仕方で、キリスト教、特にピューリタニズムの精神に基づいている意義を考えるべきである。(34) 信教の自由、教会と国家の分離、自発的結社の自由等、どれをとっても、ピューリタニズムの精神、その契約思想、罪理解と自由の思想、聖霊論等が深く支えている。その制度を最も良い形で運用できるのは、その制度の由来する理念に最も近くなじんでいるものをおいてほかにない。

以上のような意味で、キリスト教学校は戦後の日本国憲法体制下の最も良き担い手、あるいはその精神の具現者を育てる最も良い資格があり、その使命があるということになる。それがこれまでの考察の後に提示できる結論である。その理由は自発的結社としてのキリスト教学校が歴史的にも、精神的にも、これまでにも見てきたとおり、この憲法の根本原理に潜む重要な神学的前提および機構を歴史的な遺産として受けるに最もふさわしい嫡出子であり、その歴史的な系譜に連なるものだからである。どれほど困難な現実があっても、その使命は変わることはないであろう。あとは、キリスト教学校およびその担い手たちの自覚である。

注

（1）E・バーカー、堀豊彦ほか訳『政治学原理』勁草書房、一九六九年、五九頁以下。

（2）前掲書、六二頁。

（3）イェリネックほか、初宿正典編訳『人権宣言論争』（新版）みすず書房、一九九五年、一一二頁。

（4）図示すると左図のようになる。○は教会、△は国家を示す。

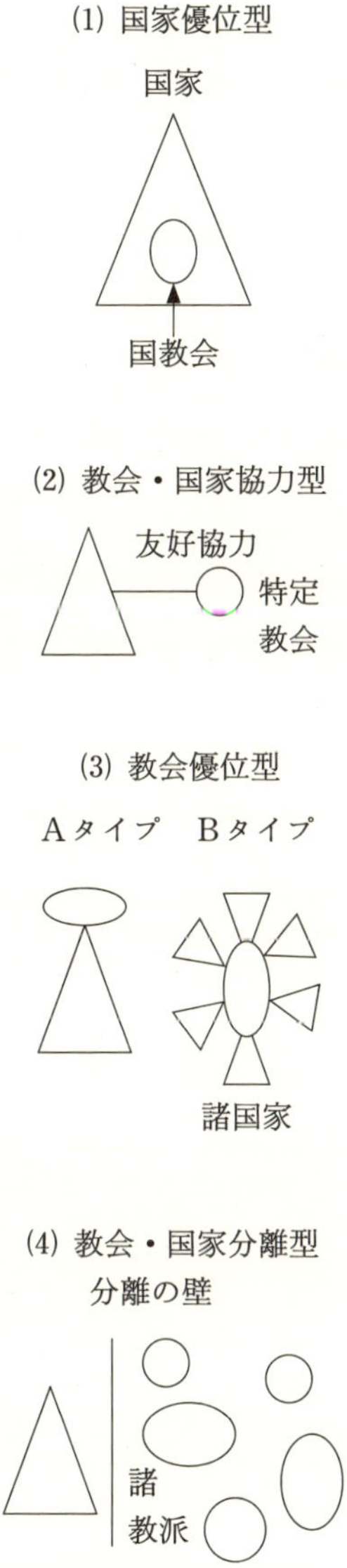

その他、拙著『近代デモクラシー思想の根源』聖学院ゼネラルサービス、一九七八年、一一〇頁以下。

（5）ところで普遍的性格を持つ教会がある民族国家の心臓部に位置づけられるとき、それは「民族教会」と化し、国際紛争の抑止力となるよりは、民族エゴの激励者となってしまう。旧ユーゴ紛争などの紛争問題は、このような背景を持つ。またかつての創価学会の「国家戒壇論」もこの類型に近かったと考えられる。

（6）'cuius regio, eius religio'（それぞれの地域には、それぞれの教会）の原則が該当する。各地域の教会は、それぞれの領邦に友好協力しようとするため、ナチズムや共産党に対しても協力しかねないことになる。

（7）この型の変形発展型が、国連やEUなどの国家を超えた「理念」の統括に姿を変えて現れていると言える。また、悪い意味で、一九九五年に発生したオウム真理教事件における同教団の国家観は、この類型に属していたといえよう。セオクラシーについては Marcel Pacaut, *La Théocratie. L'Église et le pouvoir au Moyen Age*, Paris 1957（坂口昂吉・

鷲見誠一訳『テオクラシー』創文社、一九八五年）を参照。
(8) 鈴木昭典『日本国憲法を生んだ密室の九日間』創元社、一九九五年、二〇九頁。
(9) 前掲拙著、二六九頁。
(10) 谷川稔『十字架と三色旗』山川出版社、一九九七年、二二八頁以下。
(11) J・ウィリアムズ、市雄貴・星健一訳『マッカーサーの政治改革』朝日新聞社、一九八九年。
(12) 杉原泰雄『資料で読む日本国憲法上』岩波書店、一九九四年、一九―二三頁。
(13) ウィリアムズ、前掲書、一六〇頁。
(14) 鈴木、前掲書、一三三頁以下。
(15) ウィリアムズ、前掲書、七六頁以下。
(16) 前掲書、一七三頁。
(17) 前掲書、一七四頁。
(18) 前掲書、一七九頁。
(19) 前掲書、一八五頁以下。
(20) 前掲書、一八八頁以下。
(21) 前掲書、一八六頁。
(22) 前掲書、一八五頁。大日本帝国憲法がドイツ憲法をモデルとし、なぞったことを言っている。
(23) いわゆるこのマッカーサー草案の起草にあたったチャールズ・ケイディスらは、民主党の流れをくむニューディーラーたちであった。奥平康弘「ある憲法追憶」二二〇頁、『日本国憲法五〇年と私』所収。
(24) 阿部照哉・畑博行編『世界の憲法（第三版）』有信堂、二〇〇五年。
(25) 前掲拙著二五二頁以下。
(26) 拙論文「教育基本法における『教育の目的』の歴史的背景について」、庭野平和財団『平和と宗教』No.19所収、二〇〇〇年、三〇頁以下。

(27) この概念については Jacob Taubes(hg.), *Theocratie*, München, 1987 等を参照のこと。またこの用語の解釈の変遷についてはＥＫＫ新約注解シリーズの『第二テサロニケ』（未翻訳）の該当項目を参照。特に拙論はカール・シュミットの秩序維持権力としての解釈とは正反対の解釈を採る。
(28) 拙論発題「共通の敗戦体験とそこから由来する課題」、『戦後六〇年――ドイツと日本――』（聖学院大学国際シンポジウム資料集より）、二〇〇五年。
(29) 大木英夫『「宇魂和才」の説――二一世紀の教育理念――』聖学院大学出版会、一九九八年、一九六頁。
(30) 粕谷友介『憲法の解釈と憲法変動』有斐閣、一九八八年、四六頁以下。
(31) 辻村みよ子『憲法（第二版）』日本評論社、二〇〇四年、五三三頁以下。
(32) 社団法人日本私立大学連盟　平成十七年度第二回学長会議趣旨声明より。
(33) 宮沢俊義『コンメンタール日本国憲法（全訂）』日本評論社、一九七八年、七四二頁。
(34) 拙論文「Constitutionalism（立憲主義）の神学的考察――アメリカ・ピューリタニズムの法制度への貢献――」、『聖学院大学論叢』第一一巻第二号、一九九九年、五頁以下参照。

第三部　学校伝道の展開

1　ティリッヒの伝道論と日本

菊地　順

はじめに

東京神学大学の近藤勝彦教授は、一九八九年に行った講演において、日本伝道の状況について次のように語っている。「日本におけるプロテスタント・キリスト教の伝道は、一八五九（安政六）年に発すると言われている。今年はちょうど一三〇年にあたる。そして今、日本における伝道は大きな難問に直面しているように思われる。三〇年前、一九五九年には、まだ、伝道一〇〇年の記念事業が種々行われた。しかしその後、一二五年の時も、そして今年一三〇年もこれといって見るべき事業の行われているのを聞かない。伝道の空白があるのである。ただ、近年各方面において、伝道のために特に日本基督教団の体制立て直しの必要が痛感されていることが、無視されてならないことであろう」(1)。この講演から丸一〇年が経ち、今年は日本伝道一四〇年目を迎える(2)。しかし、ここで語られている「伝道の空白」は、依然として少しも埋められてはいないように思われる。その原因はどこにあるのであろうか。

近藤教授は、一〇年前に行ったこの講演において、その空白の根源的理由を二つ挙げている。一つは日本的土壌の問題である。すなわち、「日本的土壌は、福音を容易に受け入れず、一見受け入れたかに見えてもたちまち茨がそれを覆う現実であることが指摘される。そしてこの『土壌』は、なかなかに変えられず、一三〇年を経た今日、依然として伝道の前に壁として立ちふさがっている」[3]。この客観的な「環境」の難問に対し、近藤教授は「神学的日本研究」が緊急な課題であることを指摘している。またもう一つの問題は、「伝道の神学」が未だ十分確立されていないことである。それは、実際には「伝道の理論と実践が混乱している」という状況として現れている。すなわち、「この混乱の一つは、いわゆる社会活動や社会実践との関係に見られる。さらにもう一つは教育や他の社会事業と伝道の関係という問題がある。一方には、主として日本基督教団の一部に伝道を政治的活動に解消するような伝道理解の誤りが見られるとともに、他方には、伝道と他の社会活動との適切な関係づけが失われたままでいる現実がある。日本におけるキリスト教的勢力は、未統合状態にあると言わなければならないであろう」。近藤教授は、こうした混乱に対して、「こうした問題を考えながら、伝道とは何か、また日本におけるキリスト教的勢力を、伝道を軸としていかなる視点から統合することが可能になるかなどを考える」「伝道の神学」の必要性を指摘している[4]。

一〇年前に感じられた「伝道の空白」が今だ実情だとすれば、ここで指摘されている二つの課題も未だ十分見るべき成果をあげていないということにもなるかもしれない。しかし、それ以上に、一〇年という期間は、伝道という取り組みから見れば、余りにも短い時間でしかないと言う方が正しいであろう。だが、いずれにしても、日本伝道を考えるとき、近藤教授が指摘する二つの点は重大な課題であり、特に学校伝道（キャンパス・ミニストリー）に関わる者の一人として、何らかの「伝道の神学」を模索していくことは、絶えず自らに課せられた課題であると思われる。そこで、以下、こうした課題と取り組んでいく一助として、現代神学者の一人パウル・ティリッヒ（Paul Tillich, 1886–1965）の伝道論に耳を傾けてみたいと思う。

1　ティリッヒの伝道活動

ティリッヒの伝道論を検討する前に、ティリッヒ自身が実際どのような伝道活動に携わったかを一瞥しておくことは、それなりに意味のあることであろう。

ティリッヒは、以下の第2節で扱う論文「伝道の神学」の初めのところで、「以下の議論は、専門家の議論ではない。わたしは伝道の専門家ではなく、〔中略〕組織神学者である」(5)と述べている。確かに、この論文が書かれたのが一九五四年であることを思うと、組織神学者としての長いキャリアを経たティリッヒが、こう付言するのも頷けるところである。しかし、伝道という言葉をより広い意味で理解し、通常の牧会にも伝道的な要素を認めるとするならば、この言葉は正確ではなくなる。というのも、ティリッヒは、大学を終えてからしばらくの間、教会の説教者として、また第一次世界大戦においては従軍牧師として、牧会・伝道活動に直接携わっているからである。そして、そのときの経験は、後のティリッヒに少なからぬ影響を与えているのである。

まず、大学を終えてからのティリッヒの経歴を簡単に辿ってみると、(6)ティリッヒは一九一二年初頭、ハレ大学に神学士の学位論文を提出し、神学士の学位を受け、大学での一連の学びを終了する。その後、同年七月最終の教会委員会の試験に合格し、八月一八日ベルリンの聖マタイ福音教会で叙任を受ける。そして、それから二年間（任命の書類によれば、一九一二年八月一八日から一九一三年五月一四日までと、一九一四年八月二〇日から同年九月三〇日まで）、ベルリンにあるモアビットという労働者地区で副説教師を勤めることになる。これが、ティリッヒが直接牧会・伝道活動に携わった最初である（神学生時代の訓練としての教会奉仕は除く）。ただし、このことは、ティリッヒはすぐに教会の牧師を目指したということではない。むしろ、パウク夫妻の指摘によれば、この時ティリッヒはすでに大学教授になることを決意し、そのための準備に入っている。具体的には、大学教授資格論文を提出すべく、「啓蒙主義時代のドイツ神学における超自然の概念」という題目を選び、その完成に向けて努力していたのである。従って、この時期は、教会に全面的に責任をもって牧会・伝道に励んだとは、必ずしも言えない。しかし、それにもかかわらず、この時期は、ティリッヒにとって非常に重要な時期となった。というのも、この時期を通して、ティリッヒは、彼の神学を形成する上での重要な視点を与えられることになったからである。それは、ティリッヒ神学の全体を貫く弁証学的視点である。すなわち、ティリッヒは、説教者として教会で説教を語る中で、聖書の言葉が教会に集う人々に届いていないという現実に直面し、弁証学の必要性を痛感させられるに至ったのである。この辺の経緯について、パウク夫妻は次のように語っている。「例えば、堅信礼のためのクラスを教えている間に、彼〔ティリッヒ〕は「信仰」という言葉が最早なんの意味も持たなくなっているのを発見した。そして彼は、おそらく初めて、問いというものが答えをも含意するだけでなく、また答えはつねに問いを前提すること、また人間としての問いとキリスト教の答えとが避けがたく関係づけらており、両者はつねに協調して働かなければならないことを悟ったのである[7]」。この自覚から、ティリッヒは、この時期、友人のカール・リヒャルト・ヴェーゲナー（C. R. Wegener）と共に、「理性の夕べ」と名付けた集いをもち、さまざまな分野の人たちとの語らいを通して弁証学的実践の試みをしている。また、同様の視点から教会当局に「国内宣教のための弁証学本部」の設置を提言し、「教会的弁証学[8]」という一文すら呈している。すなわち、モアビットでの説教を中心とした牧会・伝道活動において、ティリッヒは、将来の自分の神学を方向付ける重要な視点を与えられることになったのである。すなわち、「この発見が、神学者としての彼のあり方を決定した。すなわち彼は、その発展の初期から、理性による説明によってキリスト教信仰を解釈しようとする弁証学的な神学者の側に立っていたのである[9]」。

ところで、ティリッヒは、もう一つ別な形で、直接牧会・伝道活動に携わることになった。それが、第一次世界大戦における従軍牧師の勤めである。モアビットでの奉仕を終えるころ、ティリッヒは最初の妻となった婚約中のマルガレーテ・カルラ・マティルダ・カタリーナ・マリア・ヴェーヴァー（通称グレティ）と結婚した。しかし、すでにこのとき、第一次世界大戦の幕は切って落とされており、若者たちは「国家主義の熱情にかられ、殆ど熱狂的ともいえる喜びをもって参戦していった。そして、ティリッヒもその例外ではなかった」のである。(10) 九月二八日に結婚式を終えたティリッヒは、日を置くことなく一〇月一日、自ら従軍を志願し、それ以後一九一九年一月に除隊するまで従軍牧師として参戦することになったのである。この間のことは、パウク夫妻の評伝に詳しく紹介されている。しかし、以下で扱うティリッヒの伝道論との関連で大切なことは、この四年余りに渡る軍隊生活がティリッヒに与えた精神的影響である。それは、次のパウク夫妻の言葉によく表現されている。すなわち、「戦争がはじまった時、ティリッヒは、成人しているものの、内気な『夢みる純粋』な青年であった。彼は愛国的なドイツ人、誇り高きプロイセン人であって、祖国のために戦おうとする点では人後に落ちなかったが、政治的にはナイーヴであった。しかし、四年後にベルリンに戻った時には、彼は全く一変していて、伝統的な帝国主義者から宗教社会主義者に、キリスト教の信仰者から文化悲観論者に、抑制されたピューリタン的な青年から『野人』になっていた」。ティリッヒは、この大戦において徹底した精神的変革を経験したのであり、この年月は、パウク夫妻が言うように、「パウル・ティリッヒの生涯でまさに最初で最後、そして唯一の転換点」をなす時となったのである。(11) 後に、ティリッヒは、この時期のことを「個人的なカイロス」と呼んでいるが、そうした決定的な変革の時を経ずして、その後のティリッヒはあり得なかったのであり、またこうした実存的変革の経験が、以下で見るように、彼の伝道論にも深く反響しているのである。

軍隊から除隊したティリッヒは、それ以後、基本的にはベルリン大学の私講師を振り出しに、学者としての道を歩み出すことになる。従って、ティリッヒが直接牧会・伝道に携わった期間は非常に短いものであった。しかし、その時期がその後のティリッヒにもたらしたものは、決して小さくはなかったのである。

2　教会の必然的機能としての伝道

ティリッヒが伝道について論じている文献は、必ずしも多くはない。しかし、明確な論点をもつ幾つかの文献があり、その一つに、ユニオン神学校での講義に基づいて書かれた論文「伝道の神学」（一九五四年）がある。これは、分量としては短いものであるが、ティリッヒの伝道についての理解が端的に示されている。そこで、まずこの論文を通して、ティリッヒの伝道についての基本的考えを概観したい。

この論文におけるティリッヒの視点は、伝道を教会のもつ「必然的機能」として捉えている点にある。そして、その視点は、われわれをキリスト教的な歴史解釈へと導く。というのも、教会は深く歴史と関係しているからである。従って、ティリッヒの論じる伝道の神学は、自ずから二つの領域、すなわち教会論とキリスト教的歴史解釈との二つの領域に関係することになる。そこで、この両者の関係について、ティリッヒの述べるところが尋ねられなければならない。それは、以下の四点に認められる。

まず、ティリッヒは、キリスト教の歴史的解釈として、歴史の中に、歴史の意味としての「神の国」を見る。ティリッヒによれば、歴史はそれに向かって進んでおり、またそこにおいて歴史の統一性が絶えず追求されているのである。従って、「神の国」は、歴史の中にあり、かつ歴史の彼岸にある、歴史の統一性を示す「象徴」なのである。しかしまた、歴史には、同時にこの統一を紛糾しようとする諸力が存在する。それは人間の自由意志に由来する力であり、それは神の国に向かう歴史的前進に対抗する悪魔的力として現れる。従って、歴史には神の国を目指す神的力とそれに対抗する悪魔的力があり、それらは歴史を両義的なものにしているのである。そのため、この悪魔的力との関連で言えば、神の国は、「非両義的な状況、歴史の浄化、すなわちそこにおいて悪魔的なるものが克服され、完成が到達され、両義的なるものが取り除かれているあるものを示す象徴[12]」であるとも言われる。この神の国は、歴史の中で完全に実現されることはないが、しかし歴史の中に絶えず介入してきており、歴史はそれに向かって進んでいるのである。

次にティリッヒは、この歴史解釈に基づいて、歴史における教会の位置を問題とする。それによれば、教会は、歴史において神の国を具体化すべく戦う神の国の「歴史的代表」であり、「道具」である。すなわち、教会は、それ自体は神の国ではないが、その道具としてその「先取り」であり、またその「断片的な実現」なのである。

第三にティリッヒは、この歴史解釈に関して、歴史の中に中心があることを主張する。それは、歴史の意味が明瞭に現れた瞬間で、それはキリストとしてのイエスに現れた「新しい存在」(New Being)に見て取ることができるのである。ティリッヒは、この新しい存在において、歴史的な実存の矛盾が「原理において」、また「根源と力において」克服されていると理解する。そして、この新しい存在が顕現し、歴史の意味が原理的に実現したキリストとしてのイエスこそ、歴史の中心なのである[13]。

最後にティリッヒは、この歴史の中心を巡って生じる「前」と「後」とを問題とする。それによれば、そこには二種類の区別がある。一つは歴史的区別であり、それはキリストとしてのイエス以前と以後との区別である。もう一つは、実存的区別とも呼ばれるもので、それは歴史的な前後ではなく、いわば実存的な出会いとしての前後である。すなわち、歴史的なキリストとしてのイエス以後の時代においても、その新しい存在に出会っていない人たち、あるいはそこに留まっていない人たちは、未だキリストとしてのイエス「以前」に属するのである。ティリッヒは、この二種類の区別を踏まえた上で、「以前」の時期を、「潜在的教会」の時期、すなわち「神の国の担い手が歴史の中において潜在的である時期」と見なす。すなわち、ティリッヒは、以下で見るように人間の実存的形式を「異邦人」「ユダヤ人」「ヒューマニスト」の三つに区分して見ているが、この三つの実存的形式のすべてにおいて、教会は潜在的に存在しており、またそこにおいて歴史の中心が目指されているのである。それに対して、「以後」の時期は「顕在的教会」の時期、すなわち「キリストとしてのイエスにおける新しい存在の受容」の時期と見なされる[14]。

以上が、ティリッヒの提示するキリスト教的歴史解釈とそこにおける教会の位置である。ティリッヒは、この基礎的考察から、伝道について以下の結論を導く。すなわち、「伝道とは、教会が全世界において、それ自身の潜在性を顕在性に変えるために働く教会の行為である[15]」。もう少し肉付けして言えば、伝道とは、「世界的な諸宗教――異教とユダヤ教とヒューマニズム――の中に存在する潜在的教会を、ある新しいもの、すなわち『キリストとしてのイエスにおける新しい現実』に変えようとする試みである[16]」。すなわち、これが、ティリッヒの伝道論の骨子である。従って、伝道についてのこの原理的理解の中心は「変化」にあると言える。そして、この変化は、キリスト教以外の諸宗教、その主体をなす民族、集団、個人において生じるのみならず、すでに触れたように、キリスト教世界の中でも、その実存的意味において生じるのであり、それをもたらすのが伝道なのである。

ところで、この伝道論は、初めに触れたように、教会のもつ必然的機能という視点から捉えられた理解である。そのため、この教会の必然的機能としての伝道は、同時に、もう一つの必然的機能を併せ持つことになる。それは、伝道が、キリスト教のもつ普遍性を証明するという機能である。すなわち、教会の必然的機能としての伝道によって「変化」が起きるとき、それはキリストとしてのイエスにおける新しい存在の普遍性を証明することになるからである。そしてまた、この伝道の業のみがキリスト教の普遍性を証明することができるのである。なぜならば、それは科学的証明といった論理的な証明によっては証明され得ず、それはただ、伝道におけるこの「変化」、すなわち「力と霊」においてしか証明され得ないからである。この点について、ティリッヒは次のように述べている。「伝道だけがこの証明をもたらすことができる。伝道の業は、キリスト教の潜在的な普遍性が日々明らかとなり、その普遍性が新しい伝道の努力のすべての成果によって実現されるところの、活動である。伝道活動はキリスト教の普遍性に対する実践的な証明をもたらす。それは『実践的な』証明である。それは聖書の言葉でいえば『力と霊』との証明である」[17]。伝道における、この力と霊との証明において、キリストの普遍性（この世に対する勝利）が証明されると同時に、キリスト教の普遍性も、そしてまたそれを担う教会の有効性も証明されることになるのである。

ところで、ティリッヒは、すでに触れように、潜在的教会を三つの形態において捉えている。それは、異教とユダヤ教とヒューマニズムであるが、最後にその点を一瞥しておきたい。まず異教であるが、歴史的に言えば、それはユダヤ・キリスト教以外のすべての諸宗教を意味している。それと同時に、それはまたすべての文化を意味している。というのも、ティリッヒにとって、宗教を含まない文化は存在しないからである。すなわち、「すべての人間は何らかの形で、また何らかの程度、彼が生きている破れた現実とは反対の、一つの新しい現実にあこがれている。人々は神の『外』にはいないのである。彼らは、彼らが捉えられ得る程度において、神によって『捉えられて』いる」[18]。従って、その関係は、その表現がどれほど「原始的で偶像的」であるとしても、宗教（異教）であり、すべての人間は何らかの宗教をもっているのである。そして、ティリッヒによれば、そうした宗教（異教）は、神の国の到来を待望しているのであり、顕在的教会となる備えの中にあるのである。そして、このような状況なくしては、そもそも伝道自体不可能なのである。

次にユダヤ教であるが、これは歴史的に見た場合、そこにおいてキリスト教の教会が準備されたということにおいて顕在的教会と密接な関連をもち、その限りでは異教よりも顕在的教会に近い関係にある。しかし、そうは言えても、それは決して顕在的教会ではなく、あくまで潜在的教会であることに変わりはない。またその親近性は、異教と比べて伝道し易いということでは決してない。むしろティリッヒは、この点についてかなり否定的である。ティリッヒは、次のようにすら語っている。すなわち、「われわれは彼らを回心させようと試みるべきではない。むしろわれわれがキリスト者として、彼らの預言者的伝統の批判に服すべきである」[19]。しかし、このユダヤ教も、顕在的教会への備えの中にある潜在的教会なのである。

最後にヒューマニズムであるが、これは基本的に、「教会とキリスト教と宗教一般に対して批判的に対立している人間」の姿勢を意味している。従ってそれは、キリスト教世界をも含むあらゆるところに見られる人間の姿勢である。しかし、ティリッヒによれば、このヒューマニズムも潜在的教会なのである。むしろ、潜在的教会であり、そこにある原理に根ざしているゆえに、教会やキリスト教、あるいは宗教一般に対し批判することができるのである。なぜならば、潜在的教会の中にあり、顕在的教会において実現されるべき原理に基づくゆえに、それは教会やキリスト教、あるいは宗教一般を、例えばその原理の実現が不充分なものとして、あるいはそれの歪曲されたものとして、批判することができるからである。従って、ヒューマニズムも潜在的教会の一形態であり、ヒューマニストたちも顕在的教会の成員となることを「密やかに」熱望しているのである。

以上の考察から明らかなように、ティリッヒの伝道論は決して単純ではない。その中心原理とも言うべきキリストとしてのイエスにおける新しい存在は、異教やユダヤ教やヒューマニズムを批判するのみならず、それはまたキリスト教そのものをも批判するのである。そして、歴史においてしばしば見られた（また現在でも見られる）地上の教会を神の国と同一視したり、特定のキリスト教的形態を絶対視するような人間の傲慢を打ち砕き、人間のすべての営みにおいて、真の顕在的教会を実現すべく働くのである。そして、その働きを直接担うのが、教会の必然的機能としての伝道なのである。

3　新しい存在の創造としての伝道

以上が伝道についてのティリッヒの基本的考えであるが、この議論において重要なのは、やはり「新しい存在」という概念である。この概念は、ティリッヒの神学における中心的概念の一つであり、ティリッヒ自身繰り返しそれを論じている。ここでは、先に扱った論文とほぼ同じ時期に書かれた「キリスト教神学の中心概念としての『新しい存在』」(一九五五)[20]という論文を中心に、その基本的内容を概観しておきたい。

ところで、「新しい存在」という概念には、この「存在」という概念を巡って、神学と哲学との関係に関する重要な問題がある。しかし、それはここでのわれわれの直接の関心ではないので、ここではティリッヒがこの概念でもって何を語ろうとしているかだけを確認するに止めたい。

ティリッヒは、この「新しい存在」という概念を、「新しい」と「存在」とに分けて論じている。まず、存在についてであるが、これは以下のように解釈されている。「存在とは存在するものの最高の本性ではなく、存在するものが一般に、それによってはじめて可能になるものである。それゆえ存在は定義することができず、解釈することができるだけである。そして、私はそれを、存在の力として、否定的なもの、可能的な非存在に対立する、根源的に積極的なものとして解釈する[21]」。すなわち、それは、唯名論が主張するような実体のない抽象的な概念ではなく、それは非存在を克服する存在の力として経験される、現実的実体をもった概念なのである。従ってまた、それゆえにこそティリッヒは、存在と非存在との対立を超えた存在それ自体という概念を、神概念に適応することができると考えている。いずれにしても、存在とは存在の力として経験されるものであり、その力はもう一つの概念である「新しい」という出来事において、経験的に現出するのである。

それでは、その新しさとは何か。ティリッヒはまず、一般的考察として、それを神話に見られる「創造」「回復」「完成」という三つの観点から捉えている[22]。すなわち、まず創造についてであるが、ティリッヒはこれを原創造と不断の創造とに分けて論じている。原創造とは、混沌からの創造であり、すべての創造の始源とも言える創造である。それに対して、不断の創造とは、「生の過程において新しく生み出されるもの」という意味での創造であり、ここには時間が関係している。というのも、「過程の形式が時間であり、想起された時間が歴史である」からである。従って、創造における新しいものとは、時間的・歴史的なものとして現われるということができる。

第二の「回復」としての新しさは、人間の自由に深く関係している。というのは、ティリッヒによれば、回復とは人間の自由によって「誤って」、あるいは「本質に逆らって」なされたこと（以下の議論において「実存」として捉えられる人間の在り方）に対する回復として現われるからである。しかし、それは単純に元に戻る、古いものに帰るということではない。ティリッヒは、ここで、本質と歴史的なものとを明確に区別している。すなわち、本質とは、「古びないある古いもの、それによってはじめて新しいものが可能になる古いもの」である。すなわち、それは歴史に関わっているが、歴史を超えたものであり、それゆえに歴史を可能にし、また歴史において新しいものを可能とするものである。従って、回復としての新しいものとは、あくまでも本質ではなく、「本質違反を克服した歴史的なもの」なのである。しかし、またそれゆえに、この回復には重大な問題が潜んでいることになる。というのも、その回復は歴史的なものであるゆえに、それは再び歴史の曖昧さ、ティリッヒの言葉で言えば、「本質違反と本質充足との混合」に陥るからである。そのため、この回復を超えて、さらに「完成」が展望されなければならないことになる。しかし、それはもはや歴史的現実としての完成ではなく、あくまでも終末論的な意味での待望となる。すなわち、それは「本質的なものと実存的なものとの完全な統一への待望」であり、それはただ、完成としての終末においてのみ待望され得るものなのである(23)。

ところで、ティリッヒは、以上の基礎的考察を踏まえて、この「新しい存在」という概念を神学に適用するのであるが、その仕方は、以上の三つの観点に沿うものとなっている。しかし、その議論の中心は、第二の新しいものである回復に置かれている。というのも、この新しいものについての議論は、先に触れた「存在」概念と深く結びついて論じられているからである。すなわち、すでに述べたように、ティリッヒは「存在」という概念を「存在の力」と解釈した。それは、存在とは決して抽象的概念ではなく、実体的概念であることを明言するためであった。そして、実体的であるということは、ティリッヒによれば、「存在は本質と実存との彼方、潜在性と顕在性との彼方にある」ということを意味している。もう少し詳細に言えば、本質と実存の彼方に存在を存在たらしめる存在の力としての存在それ自体がある、ということである。ティリッヒは、これを神と呼ぶ。従って、神とは、存在それ自体として存在の力であり、またそれゆえに存在を存在たらしめるものなのである。そして、そうした仕方において、神は本質と実存にその根底として関わるのである。すなわち、この関係において、先に概観した三つの新しさが考えられるのである。しかし、その扱いは、先に言及したように、ティリッヒにおいては必ずしも一様ではない。というのも、ティリッヒは、特にプロテスタント神学者としての自覚の中で、すでに「本質と実存」という表現にも見られるように、人間の実存的状況に注目しているからである。すなわち、「疎外」として経験される人間の実存的苦境が、存在の力としての存在それ自体によって克服される中に、新しい存在の顕現を見て取るのである[24]。従って、ティリッヒの新しさの神学的議論の中心は、自ずから第二の新しさである回復に集中することになるのである。それでは、その回復としての新しさとは、どのような在り方であるのか。そのことが最後に確認されなければならない。

ティリッヒはこの点を、本質と実存が存在それ自体と関わる関わり方として論じているが、それは「参与」という概念でもって、以下のように説明されている。すなわち、「本質と実存の彼方にあるものが実存に参与する場合には、それは本質と実存との分裂を克服するという形において参与するのである。神的なものが実存に参与する様態は、疎外の克服、新しい存在の創造である」[25]。ティリッヒにとって、実存とは本質からの疎外であり、従ってまたそれは本質と実存との混合を意味し、そのことは人間の生を両義的なものにしているのである。しかし、神的なものの参与は、その生の両義性を克服し、そこに新しい存在を創造するのである。従って、それは、繰り返しになるが、第二の新しさである回復をもたらすのである（そこには、第一の新しさである創造が含まれ、また第三の新しさである完成も待望されているが）。そして、この回復としての新しい存在は、歴史において継続的に生起しているのであり、その中心が、先に見たキリストとしてのイエスにおける新しい存在なのである。ティリッヒは、歴史において継続的に生じるこの回復（救済）の出来事を「救済史」と呼び、この救済史こそ歴史の核であると見做すのである。すなわち、「歴史自体が宇宙的な回復であり、治癒、解放、贖い、救贖という意味における新しいものである」[26]。もちろん、歴史には、すでに触れたように、この力に対抗する悪魔的力があるのであるが、それは終末論的視点から見れば、この救済の出来事によって最終的には克服されるものなのである。いずれにしても、この救済の出来事は、神的なるものの実存への「参与」、あるいは歴史への「参与」を通して（同時に人間の神的なものへの「参与」を通して）、実現されるのである。

ところで、ティリッヒは、この参与の状態をさらに三つの点において捉えている。そこで、その点を最後に確認して、ティリッヒの議論を締めくくりたいと思う。ティリッヒによれば、この状態には、三つの段階が見られる。すなわち、その第一の段階は、「互いに疎外関係にある本質的なものと実存的なものとが新しい存在において和解されていることの確かさ」の経験である。ティリッヒは、そのことを、受容という言葉でも表現している。というのも、本質と実存の対立は、自己疎外をもたらすが、それが新しい存在によって克服されるからである。すなわち、「実存が本質に対立して、疎外が存在しているにもかかわらず、人は受け容れられ、それによって自分自身を受け容れることができる」のである。この受容としての和解の確かさが、参与の第一段階である。第二段階は、この和解の中で起こる「方向転換」（「メタノイア」）である。すなわち、本質的なものと実存的なものとの和解（「根源的統一」）をもたらすもの、すなわち存在それ自体に向かって、方向を変えることである。ティリッヒは、この方向転換を、また「愛」の関係の回復とも呼ぶ。なぜならば、愛とは「疎外されたものの再結合への衝動」であるが、それは人間存在がその本来の源である存在それ自体としての神へと方向を転換し、神と一つになることにおいて、最も豊かに、また根源的に実現されるからである。それに対し、最後の第三段階は、第一段階と第二段階の結実として、「捉えられている状態」として現われる。すなわち、それは、神的なものによって捉えられ、疎外が克服された状態である。ティリッヒによれば、人間はこの状態において、初めてその中心（人格）において癒されたものとなるのである。(27)すなわち、以上の三段階が、この参与の出来事において生じるのであり、この出来事自体が、ティリッヒによれば、「信仰」なのである。つまり信仰において和解と愛と癒しが生じるのであり、それが神的なるものが人間の実存に参与している状態なのである。しかしまた、この参与の出来事は、個人においてのみならず、共同体においても生じるのである。そしてそれは、先に触れたように、「顕在的教会」を生み出すのであり、それはまた、個人の場合と同じように、そこにおいて疎外が克服され、再統合が実現する「愛の共同体」として出現するのである。

4　宣教としての伝道

ティリッヒは、先に取り扱った論文「伝道の神学」の中では、伝道の方法について特に言及してはいない。また、他の文献の中にも、必ずしも直接それに該当する纏まった論述は見られない。しかし、ある意味では、「はじめに」において触れたティリッヒの弁証学的特質そのものが、その方法であるとも言える。(28)また、その視点から論じられている「福音の宣教」(29)（一九五二）という論文は、宣教の方法を扱ったものであり、全体的な伝道の方法論という意味では十分なものとは言えないとしても、それに相当するものであると言える。さらに、少し時代的には溯るが、一九二八年に書かれた論文「プロテスタントの宣教と現在の人間」(30)も、宣教という事柄において、ティリッヒの伝道論の中心である「変化」の具体的展開を扱っており、その限りでは、それも方法論に相当するものと見做すことができる。そこで、ここでは、以上の二つの論文に限定して、そこに示されているティリッヒの「宣教」論を概観し、伝道の具体的展開について検討しておくことにする。

まず、「福音の宣教」であるが、この論文は、すでに述べたように、宣教の方法論を展開したものである。ここでのティリッヒの基本的考えは、福音とは、それを聞く者に、それを受け容れるか拒否するかの決断を迫るものであるという点にある。従って、福音の宣教とは、どのように語れば人々に福音が受け容れられるようになるか、という問題をめぐるものではなく、それは、如何にすれば福音に対して明確な（そして正しい）決断ができるように語ることができるか、という問題を扱うことになる。そこで、そのための前提として、ティリッヒはまず、人間の抱える普遍的困窮に注目する。というのも、そこにこそ、人間の存在を左右する根源的問いが含まれているからである。すなわち、「第一にわれわれは、福音を、自分自身の困窮を理解している人間についての使信として宣教しなければならない。われわれがしなければならず、しかも効果的になすことができることは、不安と分裂と罪責の構造を示すことである」[31]。ティリッヒによれば、すべてのものが、この実存的困窮に属しているのである。そして、そこに目を向けさせることが、福音宣教の第一歩なのである。しかし、その困窮は決して抽象的な議論ではない。というのも、ティリッヒによれば、それは、それぞれが置かれている具体的状況への深い関わり、すなわち「参与」を通して明らかにされるものだからである。

次に、ティリッヒは、この困窮の状況と福音との結びつきを問題とする。それは、子供に対する宗教教育の方法を実例として、次のように説明されている。「第一にわれわれは子供たちの心のなかにある問いに答え、聖書の象徴とキリスト教の使信がまさにこの問いに対する答えであることを示さなければならない。そして第二に、われわれは、その答えを、われわれが普遍的に人間であると信ずる、あの問いの方向において形づくるようにつとめねばならない」[32]。すなわち、ティリッヒは、人間のもつ普遍的困窮を問いとして捉え、聖書の象徴とキリスト教の使信をそれに対する答えとして提示しようとするのである。しかし、それは単純に両者を問いと答えとして結び付けるということではなく、そこには相互による影響と深まりがあるのである。というのも、この相関関係において、答えは問いの方向において形作られ、また問いはこの答えにふさわしい問いへと深められて行くからである。すなわち、そこには、参与を通した、問う者と答える者との実存の深化が生じるのである。そして、そうした深まりの中で、人間の困窮した状況と福音とが問いと答えの関係として一つのものとなって行くのである。そこでティリッヒは、このことの実現のために、具体的に三つのことを提言をしている。すなわち、第一点は、繰り返しになるが、人々に対する参与である。福音を語る者は、人々への実存に深く参与することが不可欠なのであり、そのことなくして人々に福音を真実に語ることはできないのである。しかし同時に、福音を語る者はこの人々に同化されてはならないのである。それは、同化された場合、福音を喪失する危険があるからである。これが、第二の点である。そして第三の点は、人々に対して、実存的困窮を開示することである。特に、自己満足的な意識の中にいる人たちに対して、その根底にある実存的困窮に気づかせ、実存的問いへと向かわせることが必要なのである。(33)すなわち、この三点において、以上で述べた福音との出会い、第3節の言葉で言えば「新しい存在の創造」が目指されなければならないのである。

ところで、先に言及したもう一つの論文「プロテスタントの宣教と現代の人間」は、今概観した宣教の方法についての提言の、特に第三の点に深く関わっている。この点は、ティリッヒの伝道論の中心である「変化」に関するところでもあり、その述べるところに耳を傾けて置くことは意味のあることであろう。ここでティリッヒは、現代人を世界観を喪失した存在として捉えている。そして、この苦境からの脱出は、カトリック的伝統と権威に立ち返ることによってではなく、プロテスタント的生き方に向かうことによってでしか実現され得ないと考える。というのも、現代人は、一方では、カトリック的伝統と権威といった「他律」にではなく、たとえ破れたものであったとしても「自律」に立って生きようとする存在であり、また他方、プロテスタント的生き方は、この自律を促すものであるからなのである。すなわち、ティリッヒによれば、人間は、先に見たように、実存的困窮の中にいる存在である。それは、人間が決して生命的存在と同一ではなく、それを超えた自由な存在であり、正にこの自由の中にあって絶えず「真の存在を理解し、善を実現するという無制約的な要求」が求められているからなのである。つまり、その要求が満たされないとき、そこに分裂と苦悩が生じるのである。そして、ティリッヒによれば、この状況の無制約性と不可避性が経験されるところに、つまりそれのもつ非存在の無制約的な脅迫が経験されるところに、人間の限界状況があるのである。そして、この限界状況は、カトリックに見られるような他律的権威によっては、決して克服され得ないのである。しかし、ティリッヒは同時に、この限界状況の中に、全く別の面を見て取るのである。それは、この限界状況の中で初めて経験される無制約的な「然り」である。それは、人間の存在と自由のかなたから人間に向かって発せられる然りであり、それは第4節のティリッヒの言葉で言えば、存在それ自体のもつ無制約的な力なのである。すなわち、人間は、その限界状況において、自己の存在の虚無に瀕するとともに、同時に無制約的な力によって肯定されるという逆説的経験をするのである。というのも、すべての存在は、存在それ自体としての神に参与しているからである。ティリッヒは、この逆説性に、プロテスタントの中心的原理である「信仰義認」の本質を見る。そして、この理解に立って、プロテスタントの宣教の在り方を次のように三重のものとして結論付けるのである。すなわち、第一に、「それは限界状況をラディカルに生き抜くことを力説せねばならない。それは、現在の人間をして人間実存の限界に無制約的な決断をもって立つことを妨げているひそかな留保を現代人から取り上げなければならない」。第二に、それは「限界状況のなかにいる人間に、彼がそれを無制約的な真面目さをもって受けとめるとき彼にむかって発せられる《然り》を語らねばならない」。そして、第三に、それは「新しい存在」について証ししなければならない。[34] 以上の三点が、ティリッヒが特にプロテスタントの宣教として語るところであるが、これは先に見た伝道の方法論の第三点をさらに掘り下げた議論であることは明らかである。いずれにしても、ティリッヒの語る宣教は、人間の実存的状況との積極的取り組みを通して福音を語ろうとするものであり、そこにティリッヒが提言する伝道の中心があるのである。

むすび

以上、ティリッヒの伝道論を概観したわけであるが、それは一言でいえば、キリストとしてイエスにおける新しい存在の創造を目指す伝道論であると言える。ティリッヒは、弁証学的観点から、人間のもつ実存の普遍的状況に注目し、その困窮からの解放をこの新しい存在の創造に見るのである。従って、人々に実存の困窮を開示し、この新しい存在こそ救済の力であることを宣教することが、伝道の究極的な使命となる。われわれは、日本伝道を考える場合、このティリッヒの伝道論から、幾つかの重要な視点を与えられるのではなかろうか。そして、その中でも、以下の三つの点は特に重要であろう。

第一に、伝道を教会の必然的機能として捉える視点である。このことは、近藤教授が言う伝道を軸とした教会形成の主張と合致するものである。伝道は、教会から離れた社会活動や政治運動であってはならず、それは教会の必然的・中心的機能として、教会といわば同心円的でなければならないのである。またこの視点は、伝道に消極的な教会をも批判することになる。いわゆる内向きの教会であってはならないのである。さらにまた、この視点から学校伝道を考えた場合、教会を離れたところでの伝道・教育活動は、それ自体としては、決して十分ではあり得ないということにもなるであろう。しかしまた、次の第二点にも関わることであるが、ティリッヒの潜在的教会という観点に注目すれば、学校という非教会的共同体も、顕在的教会の可能性をもつものであり、そうした非教会的共同体における伝道活動も、その限りでは積極的意味をもつとも言える。そして、この積極的側面の意義は決して小さくはないであろう。

第二に、「神の国」の視点である。これも、近藤教授の論文の中で指摘されている点ではあるが、特に教会が神の国の具体的道具として歴史の中に明確な位置をもつという視点は、伝道の対象がしばしば個人に集中しがちな日本においては、絶えず喚起されなければならない重要な視点であろう。また、こうした視点がなければ、いわゆる非キリスト教国である日本のような国では、教会はその社会的位置を見失いかねないように思われる。また、こうした視点は、教会間、教派間、また宗派間の横の繋がりを自覚させる視点でもあり、エキュメニカルな運動の意義を積極的に評価するとすれば、これもまた重要な視点となるであろう。

最後に、第三の、そしてまた最も重要と思われる視点は、ティリッヒの伝道論の中心的質とも言える「変化」である。ティリッヒは、これを、キリストとしてのイエスにおける新しい存在を中心とする前後の区別から語っているが、それが歴史的なものであれ実存的なものであれ、その変化に与らせることが伝道であるとする視点は重要であり、また本質を突いた議論であると思われる。古屋安雄教授は、日本の教会が抱える問題の一つとして、日本の教会の多くが、いわゆる「インテリ」の「頭でっかち」の教会となっていることを問題としている。[35] また、それに対応するような心情的教会が多くあるのも事実である。そして、そこには、しばしば知性と心情とのアンバランス、あるいはどちらかへの偏りが見られるわけである。しかし、こうしたアンバランスや偏りは、それぞれの要素が信仰に含まれているとはいえ、健全な信仰を往々にして阻害するものである。古屋教授は、インテリに見られる「卒業信者」ということを問題としているが、こうした偏りは、知的偏重だけではなく、心情的偏重も、そうした事態を引起しかねないのである。知性的に、また心情的にキリスト者となった者は、ティリッヒ的に言えば、本当に変えられた者ではないのである。存在の根底から、魂の深みにおいて、新しい存在に参与し、変えられることがなければ、たとえキリスト者となっても、それは再び潜在的存在に戻ってしまう可能性が十分にあるのである。また、古屋教授は、日本伝道のもう一つの特色として、二十年周期説ということを語っている。それは、約二十年周期で国際主義の時代と国粋主義の時代が繰り返され、その度毎にキリスト教が盛んになり、また衰退するという分析である。そこに顕著に現われていることは、一方では古屋教授が指摘するように、福音が日本社会に根づいていないという現実であり、また他方では日本伝道が時代的・文化的潮流に影響されやすいということである。従ってここにも先に指摘したのと同じ問題があると言える。すなわち、一つには、こうした影響を仮に肯定的に見た場合でも、キリスト教的文化を積極的に肯定し、伝道の媒介として役立てるとしても、そこには自ずから限界があるということである。また逆に、日本文化に歩み寄った、あるいは迎合する形での伝道形態にも限界があり、さらに言えば、そこには危険があるということでもある。そうした可能性は、一時的には効果を発揮するとしても、そこには福音が文化的なものに留まったり、また福音が逆に異教的なものに染まったりする危険が往々にしてあるのである。やはり、伝道の本質は、福音によって存在の根底から変えられるということであり、そこにこそ教会は全力を注ぐべきなのである。

しかしまた、ティリッヒの伝道論に問題がないわけではない。最も本質的な問題としては、ティリッヒの実存主義的議論が、福音を逆に規定してしまい、それを変質させたり狭めたりしてしまわないか、という疑問が残る。また実存に集中する伝道理解においては、「顕在的教会」という理念はあるが、福音の社会的・歴史的展開への見通しは、必ずしも明確ではない(36)。また、特に日本という「土壌」を考えた場合、圧倒的に異教的環境の中に、たとえ小さい存在であるとしても、教会がすでに存在している意義は大きいと言わなければならない。そのため、潜在的教会という理念の意義を強調するあまり、顕在的教会の意義を損ねるようなことになってはならないであろう。しかし、そうした問題点を見据えながらも、伝道とは、教会の必然的機能であり、しかも一方では人間の実存的状況に深く参与しつつ、同時にそれに向かってキリストとしてのイエスにおける新しい存在を宣教することであるという視点は、福音（教会）を社会から孤立することを免れしめ、またこの世の実存的諸問題を福音宣教に積極的に転換していくことができるという利点があり、それはティリッヒの伝道論のすぐれた点であると思われる。

注

（1）近藤勝彦著『教会と伝道のために』、教文館、一九九二年、一〇頁。
（2）本論文は、学校伝道研究会紀要『キャンパス・ミニストリー』第十二号（一九九九年四月二九日発行）に掲載した論文に若干手を加えたものである。
（3）近藤著、一一頁。
（4）以上、同上、一一―一二頁。
（5）Paul Tillich, *The Theology of Missions*, 1954, p. 281.（以下TMと略記）。この論文は最初Occasional Bulletin of the Missionary Research Library, in New York City（Vol. V, No. 10）に掲載された。本論文で用いた資料は、*Theory of Mission* に転載されたもので、そこでの題は Mission and World History と変えられている。そのため、この論文の引用頁数は、この書物のものである。
（6）以下の内容は、パウク夫妻による次の伝記に基づく。Wilhelm & Marion Pauck, *Paul Tillich; His Life & Thought*. 1976.（以下PTと略記）（田丸徳善訳『パウル・ティリッヒ　1　生涯』、ヨルダン社、一九七九）。このパウク夫妻の伝記に関しては、注の（10）を参照のこと。
（7）PT, p. 37.（田丸訳五四頁）
（8）Paul Tillich, Kirchliche Apologetik, in; *Gesammelte Werke*, Band VIII. 拙論「ティリッヒの弁証学的神学の理念をめぐって」『聖学院大学論叢』第8巻、第2号、一九九六、参照。
（9）PT, p. 37.（田丸訳五四頁）なお、田丸訳では apology を「護教論」と訳しているが、本論では「弁証学」と訳す。
（10）Ibid., p. 41.（田丸訳五九頁）。ところで、このパウク夫妻の伝記には、出版当初からいろいろな問題が指摘されている。たとえば、レナーテ・アルブレヒトとヴェルナー・シュースラーによれば、その最大の問題点は、いくつかの事実誤認とともに、著者たちがティリッヒがアメリカに亡命した一九三三年以前のドイツの事情にあまり精通しておらず、それが「アメリカの視点から書かれ、アメリカの読者に合わせた伝記」となっている点にある。本論で触れたティリッヒの第一次世界大戦への参戦に関しても、アルブレヒトとシュースラーは、「すべての『よきドイツ人』は、祖国を守らなければならないという義務を感じた。ルター派の牧師館で育ったティリッヒのような人たちにとっても、いかなるためらいも疑いもなかった」と語る反面、ティリッヒ自身の心情に関しては、ティリッヒの「内心の恐怖」に触れた日記に基づきながら、ティリッヒには「戦争の熱狂や戦争の酷酊については、何も見出せない」とし、本論で引用したパウク夫妻の言葉を批判している。アルブレヒトとシュースラーによれば、この言葉はカール・ツックマーヤーの回想に基づくもので、それはティリッヒ自身の経験を語ったものではないと言う（Renate Albrecht and Werner Schüßer, *Paul Tillich, Sein Leben*, Frankfurt am Main ; Berlin ; Bern ; New York ; Paris ; Wien : Lang, 1993, s. 37）。このことが確かであるとするならば、この引用文は適当とは言えないであろう。しかし、ティリッヒと第一次世界大戦に関するパウク夫妻の〈全体〉の論述は、ティリッヒの神学を考察する上で貴重な視点を指摘していると思われるので、ここではパウク夫妻の記述に従っておく。

(11) Ibid.（田丸訳六〇頁）
(12) TM, p. 282.
(13) この「新しい存在」については、以下の第3節で改めて扱うが、この詳しい内容は、ティリッヒの主著『組織神学』（*Systematic Theology*）第二巻において展開されている。
(14) 以上、TM, p. 283. この「潜在的教会」（latent church）と「顕在的教会」（manifest church）の議論も『組織神学』第3巻において詳しく展開されている。なお、このティリッヒの論文においては、Church と大文字が使われている。
(15) Ibid., p. 283.
(16) Ibid., p. 284.
(17) Ibid., p. 286.
(18) Ibid., pp. 286–287.
(19) Ibid., p. 288.

（20）Paul Tillich, Das Neue Sein Als Zentralbegriff Einer Christlichen Theologie, in; *Gesammelte Werke*, Band VIII, 1970. 1970.（以下 NS と略記）
（21）NS, S. 223.（ティリッヒ著作集〔以下『著作集』〕第六巻、二〇八頁）
（22）神話から出発するこの論述の仕方は、「新しい存在」という概念が、神学の中心的概念であるということを論証しようとする、この論文の意図から出ている。しかし、そこで論議されている新しさは、基本的には神学的概念としての「新しい存在」の新しさでもある。
（23）以上、NS, S. 224–225.（『著作集』第六巻、二一〇―二一一頁）
（24）「実存」をめぐるティリッヒの纏まった議論は、その主著『組織神学』第二巻等において詳しく展開されている。
（25）NS, S. 230.（『著作集』第六巻、二一八頁）なお、teilhaben は、本論では全体として「参与」という用語を用いているので、「参与」と訳す。
（26）Ibid.
（27）以上、NS, S. 233–235.（『著作集』第六巻、二二三―二二六頁）
（28）ティリッヒの弁証学についての考えは、『組織神学』第一巻に詳しく記されているが、以下で扱う論文にも、その基本的な点は触れられている。
（29）Paul Tillich, Die Verkundigung des Evangeliums, in; *Gesammelte Werke*, Band VIII, 1970.（以下ＶＥと略記）
（30）Paul Tillich, Die Protestantische Verkundigung und der Mensch der Genenwart, in; *Gesammelte Werke*, Band VII.（以下ＰＶと略記）
（31）VE, S. 267.（『著作集』第六巻、二六九頁）
（32）Ibid., S. 269.（同上、二七一頁）
（33）以上、VE, S. 270.（同上、二七三頁）
（34）PV, S. 80–82.（『著作集』第五巻、一〇七―一〇九頁）
（35）古屋安雄著『日本伝道論』、教文館、一九九五年。

(36) ただし、こうした展望をもつものとして、ティリッヒの語る「神律」(theonomy)という概念は重要である。しかしそれについてはまた別の機会に論じたいと思う。

2　明治大正期における保育思想受容に関する一考察
――中里幼稚園主任保母　中澤咲子の場合――

聖学院みどり幼稚園　鈴　木　健　一

はじめに

中里幼稚園は、現在の聖学院幼稚園（筆者が一時園長を勤めた）の前身である。初代の園長は、米国の宣教師ミセス・A・W・プレースであった。

この幼稚園は大正時代の後半から昭和の初めにかけて栄え、田端周辺の小説家・芸術家など多くの文化人がその子女を通わせたが、中澤咲子（一八九二―一九七九）はその時期の主任保母である。中澤の学んだ保育思想はアメリカ経由のフレーベルであり、それも進歩主義教育思想と言われるものであった。他方、中澤は滝野川教会の熱心な信徒であり、日曜学校の教師でもあった。

この考察は、彼女が受け止めた保育思想の淵源を訪ね、特に保育思想の核をなす児童観をキリスト教との関わりで考え、その信仰的な受け止め方を探求することにある。その受け止め方は、わが国の教会とミッション・スクールにおける「教育の神学」の不在と深く関係する典型的な一様相を呈しているように思われる。

Ⅰ　主任保母中澤咲子の時代

中里幼稚園は、北区中里の高台にある米国ディサイプルス派のミッションスクール女子聖学院（一九〇五年創設）の敷地内に、一九一二（明治四五）年に誕生した。設置者で初代の園長は一九〇七年に夫妻で来日した、米国の宣教師ミセス・A・W・プレースであった。夫妻は現在も残っている宣教師館を建て、住んでいたが、そこの一部を使って幼稚園を始めたという。園児は二一名。そして、まもなく男子の聖学院との境目あたりに幼稚園が建てられた。しかし、プレース夫妻は、翌年の八月には帰国している。その後、ミセス・ヤング（一九一三―一九一四）、ミス・レディヤード（一九一四―一九一五）、ミス・ブラウン（一九一六―一九一九）、そしてミセス・マッコイ（一九二〇―一九二一）と婦人宣教師の園長が続くが、このミセス・マッコイが園長であった一九二〇（大正九）年九月に、中澤咲子は就任している。そして、一九三〇（昭和五）年三月に中川氏との結婚のため退職するまで九年半、主任保母を勤めた。

当時の園児数は良くわからないが、創設時には二一名だったのが、一九二〇（大九）年には八七名、一九二二（大一一）年には七五名と、『滝野川教会七五年史』（文末の参考文献4）に記されている。卒園生の数は残っており、一九一六―一九年には七・一三・一〇・一二名であったのが、一九二〇―二三年は二一・二七・三二・三八名となり、その後は四〇名台で推移している。すなわち、中澤が赴任した一九二〇年頃から急増し、園の活動が安定したことがわかる。

周知のように、第一次世界大戦（一九一四―一九一七）が終わり、直接参戦しなかった我が国は一時的な好景気に見舞われて一部の庶民の所得が向上し、子女の教育に目が向けられた時代である。「大正デモクラシー」という言葉のように、人々の権利意識が高まった時代でもあった。

特に、明治末期から大正・昭和の初期にかけて、中里幼稚園のあった北豊島郡滝野川村大字中里を含む王子、田端、日暮里の丘陵地帯には、文学者の芥川龍之介や陶芸家の板谷波山など多くの文化人が移り住んでいた。「田端文士・芸術家村」という呼称は、後の世にも名高い。この文化人たちが、その子女を中里幼稚園に通わせたのである。中里幼稚園の、あるいは中澤の保育は、当時文化の最先端を行く人々を引き付けたのだと言って良い。そして、中澤自身については、次のように記されている。

彼女達（引用者注：中澤と彼女の後輩望月兎羊のこと）は幼稚園の創始者フレーベルの幼児教育の理想実現を期し、（中略）、当時としては最も進歩的な方法を用いて幼児の教育と母親の啓蒙を試み多くの成果を挙げた。即ち幼児教育は母親の心構えが大切であると、進んで母親に働きかけ、所謂「母子ぐるみの幼児教育」を組織的、計画的、継続的に立案展開し、更に父母をキリスト教に導くことにも力を尽くし、日曜日に子供連れで教会礼拝に出席するものも多くなり、後年卒業生達は幼稚園を出てからも日曜学校に出席し、やがて立派なクリスチャンや牧師になった者も出ている。

（『聖学院幼稚園・七〇年の歩み』五一頁、参考文献3）

この文章から、中澤が、

①　フレーベルの教育理論を重んじ、当時としては最も進歩的な教育方法を用いたこと

②　保護者、特に母親に積極的に働きかけたこと

③　キリスト教会を重んじたこと

などが指摘されよう。そのような彼女の働きの結果として、中澤自身が『女子聖学院附属幼稚園・五十年の思い出』（参考文献1）に寄せた一文「森の中の園――幼児の園」にある言葉、

大正十一年に見に来られた官庁の方が「ここは東京一の幼稚園ですよ」と申されました。（六頁）

という繁栄ぶりとなったのである。

中澤咲子は保育者として、園児たちに、そして母親達に強い、素晴らしい影響を残した。

先ず園児への教育についてであるが、彼女が園児たちにどのよう接したかを想像させる資料が二つある。一つは、芥川龍之介の長男で演劇家の芥川比呂志が『五十年の思い出』に寄せて次のように語っている所である。

よくも一年通ったものだ。田端から、六才の子供の足でたっぷり三十分。昔は道も狭かった。自動車なんぞは走っていなかった。昔も昔、大正十四年。（中略）

幼稚園では、いつもオルガンが鳴っていた。弾いているのは、紫の袴をはいた美しい望月先生だ。幼稚園では、いつもふちなしの眼鏡をかけた中沢先生がにこにこ笑いながら、エス様やマリア様のお話をしていた。中沢先生は、いつも黒い着物をきていた。（中略）

幼稚園時代の子どもの記憶などは誰でもかなり断片的で、重要なことなどすっぽりと抜け落ちがちなものである。しかし、「にこにこ笑いながら、エス様やマリア様のお話をしていた」という、中澤本人にとっては最大級に重視していたに相違ない教師像を、芥川氏は描いている。氏の感性の鋭さでもあろうが、中澤が園児たちにどれほど精魂込めてキリスト教を語っていたかを暗に示していて興味深い。

もう一つは、速水徹遺稿・追悼文集『矢車草』（参考文献5）に、恩師としての中澤が書いた「追憶」にある次の一文である。

徹様、幼稚園のあなたの組は秀才揃いでございました。わけてもあなたはあらゆる知識を海綿の様に吸い取られました。皆仲よくテーブルを囲んで、お歌をうたったり、絵をかいたり、詩を暗誦したり作ったり、工夫をこらして色々なものを製作致しましたネ。

徹様のつくられた詩や絵や粘土細工や写真などが、帝都の新聞に愛らしく掲げられた事等もなつかしい思い出でございます。何かの拍子に、九九の便利に気づかれたあなたは、難なく九九をそらんじてしまわれました。そらんじただけでなく、九九を理解なさいました。幼稚園の築山のある方に面して、八枚ずつガラスをはめた硝子戸が十二本立ててありました。「徹さん、このガラスは皆で何枚でしょう」「九十六枚です」即座にやわらかなお返事です。私は驚きました。学齢前のお子様に、これ程の理解力があろうとは思われませんでした。（二二三―二二四頁）

まだまだ続くのであるが、優秀な教え子を与えられた教師の幸せ感がよく伝わってくる。それはまた、その優秀さに気づくことができた中澤自身の教師としてのすぐれた資質の表れでもあるのだが、ここでの引用はそれを知るためばかりではない。子どもの前に立ったときの中澤の、教師としての姿が期せずしてよく現れているからでもある。

中澤は、キリスト教の伝達を重視したのみでなく、子どもたちの感性を重んじて「歌」や「絵」や「詩」や「粘土細工」やらの体験を通して教育していた。そのような保育の方法をとっていたと思われる。さらに興味深いのは、「九九」とあるように、子どもたちの知的発達を喜んで認め、おりに触れて巧妙に「問いかけ」をすることによって、さらに能力を引き出すという方法を取っていたと思われる事である。このような教育の方法は、まさに「当時としては最も進歩的な方法」であった。

なお、保護者については、中澤らの指導によって、一九二二（大一一）年には「母の会」が組織され、月に一回、園長である宣教師らは、米国の料理、育児法、その他家政一般を実地で教えた。また、小原国芳・野辺地天馬・賀川豊彦らを招いて、母親のための講演会が開らかれている。一九二五年には、母の会により第一回バザー（古着交換バザー）が開催され、一九四四（昭一六）年まで一九回も続けられた。利益金は、遊具や備品の購入に当てられ、園に寄付された。また、会費からは、保母たちの退職金や俸給の補助がなされた。

この時代に、以上のような活動は確かに進歩的であり特記すべきことであったが、彼女が学んだ保育思想にはじめから内在していたものでもあった。

II　中里幼稚園の保育の内容

1　中澤咲子の経歴から

では、当時の中里幼稚園の保育内容や保育思想はどのようなものであったか、すなわち「当時としては最も進歩的な方法」とは何であったかというと、直接的な文献は何も残っていず、『矢車草』の一文の他には、僅かに残された中澤自身の言葉と、中澤の経歴から類推する以外には、今のところ方法がない。

中澤は、「森の中の園――幼児の園」の中で、次のように述べている。

幼稚園の創始者フレーベルは幼な児の、うちにひそめる神性を伸ばして神にむすぶ事これが真の教育であると申しました。文化は進み、科学の発達は驚異的です。然し神性を無視した教育は滅亡のほかはありません。（六頁）

この文章を、中澤は一九六二年発行の記念誌のために書いているのだが、それは彼女が中里幼稚園を一九三〇年に退職してから三〇年以上経ってのことで、彼女の心の中でいよいよ純化された思想のエッセンスであろう。それは中澤が、世界で最初の幼稚園の創立者フリードリッヒ・フレーベル（一七八二―一八五二）に心酔している事を伺わせるが、では彼女は中里幼稚園においてどのようなカリキュラムで保育をしたのであろうか。同じ『五十年の思い出』にある小田信人記「女子聖学院附属幼稚園沿革」には、

中沢咲子は東洋英和女学院の師範科の前身「上田梅花幼稚園保母伝習所」を卒業した優秀な保母で、キリスト教信仰に燃えている人であった。中里幼稚園がこのすぐれた保母を迎えた事は甚だ幸いであった。（二八頁）

とあり、「東洋英和女学院の師範科の前身 上田梅花幼稚園保母伝習所」こそ、この点を考えていく有力な手がかりとなる。

そして幸いな事に、『東洋英和女学校五十年史』（昭和九年一二月九日発行、参考文献6）には、中澤咲子による「梅花傳習所の思ひ出」（二三九―二四三頁）という一文が載っている。そして、この文章は同書（四二頁）によれば、大正一五年九月 発行の師範科の機関雑紙『枇杷』の創刊号から転載されたもののようである。とすると、中澤がこの文章を書いたのは、中里幼稚園において活躍している頃であり、単なる過去の事実を越えてその時期の彼女の心境をある程度投影していると考えられ、興味深い。

その文章よれば、中澤は一九一二（明四五）年に静岡英和女学校を卒業し、信州上田にあった梅花傳習所に進んだ事がわかる。傳習所で学ぶ期間は二年間であったが、中澤は更に四年間残って補助的な仕事をした。彼女は優秀だったようで、次のように記されている。

卒業生が實務に就いて経験を得るに従ひ、傳習所の方の生徒の間に立って教えることをもさせる習慣であった。中澤咲子氏と西尾光子氏の二人は、殊に優れた教授的才能を持って居られた。（三三頁）

2　上田保母傳習所とカリキュラム

東洋英和女学校は、カナダ・メソジスト教会の婦人伝道会社の経営するミッション・スクールとして、一八八四年に始まっている。幼稚科の始まりは一八八八年である。

上田保母傳習所は、一九〇五（明三八）年に既にあった梅花幼稚園に併設され、一九〇八年長野県から正式に認可された。卒業生は小学校教員と同資格の認定が与えられるほど、県からも認められた。初代所長は、カナダから一九〇四年に来日した婦人宣教師、H・E・デウォルフ（一八七三―一九五九）であった。彼女は、一九〇五年から一九〇九年まで務めている。

ちなみに、その頃のミッション系の保母養成所を列記すれば、次のようである。

一八八五（明一八）年　桜井女学校の幼稚保育科（東京）

一八八九（明二二）年　頌栄保母伝習所（神戸）

一八九五（明二八）年　広島女学校保母師範科

一八九八（明三一）年　柳城保母養成所（名古屋）

さて、梅花幼稚園は一九〇〇年に上田教会の要請により始まり、一九〇二年には県の認可を受けている。上田町丸堀の七、八百坪の地に新築され、梅とからたちに囲まれた洋風の園舎とその隣りの婦人宣教師館とが、保母傳習所兼宿舎となった。そして、一九一九年の秋、東京の東洋英和女学校に設置された東洋英和女学校附属保母養成所に移転するまで続いた（一九二一年には東洋英和女学校附属幼稚園師範科となる）。

中澤は、ここで一九一二年から一九一八年まで、学ぶものとしてまた教えるものとして過しているので、短かった上田保母傳習所の教育の有力な体現者の一人といっても良いだろう。まただからこそ、彼女の「梅花傳習所の思ひ出」が母校の『五十年史』に残されたのであろう。

では、そこではどのような教育がなされたのであろうか。『五十年史』から見てみよう。

梅花幼稚園保母傳習所は、実は学校と言うよりも寧ろ寺子屋、若くは私塾と称すべきものであった。第一学級は、午前中寄宿舎の食堂で、食卓を囲みながらミス・ドレークから幼稚園専門の「母の遊戯」「恩物」「教育学」「人の教育」を日本語で教授され、又一週に一回又は二回、梅花幼稚園、常田幼稚園の保育実況を見学した。第二学級は、午前中両幼稚園のいづれかで、主任保母の指導の下に、助保母として実地保育に従事した。午後は概ね第一第二学級が合同し、幼稚園を教室として、国語、動植物、聖書等を研究した。（三八頁）

ここに出て来る、「母の遊戯」「恩物」「教育学」「人の教育」などはすべてフレーベルである。また、「動植物」とあるが、カリキュラムには「地質学」もあり、デウォルフ以来、自然観察や実験を取り入れた新しい型の教育であった。

『東洋英和女学院百年史』（参考文献7）の二二四頁には、『長野県教育史』から引用された学科課程表がのっている。おそらく認可を受けるために県に提出したものであろう。その授業時間数を見ると、第一学年では、週三一時間のうち一〇時間が実地授業、一〇・五時間がフレーベルである。しかし以上に加えて、第一学年・第二学年共に週一時間ずつ「児童性質実施研究・児童心理学」及び「普通心理学」の時間がある。「地質学」（一？）や実物写生（二）もあり、フレーベルでは説明しきれない新しい型の教育を思わせる。

3　進歩主義教育思想の持ち主　第二代所長　カザリン・ドレーク

一九〇九年、デウォルフがカナダに帰国した後を継いだのは、ミス・カザリン・ドレーク（一八七八―一九五七）であった。ドレークは、一九一四年から一九一六年まで賜暇で一時的に帰国するが、再び所長となり一九二一年まで勤めている。中澤の保母傳習所時代は、一九一二―一九一八年であるので、圧倒的にドレークの影響下にあったと言って良い。

同『百年史』によれば、ドレークは、カナダ・オンタリオ州ダウンヴィルの出身で、ダウンヴィルの高校を卒業した後、アメリカ合衆国ミシガン州のフォルビス保母学校を出、郷里のダウンヴィル幼稚園で保母となった。しかし、あまりに急な招聘のため、婦人宣教師養成の一ヶ年のコースを三ヶ月に短縮して来日し、東京で日本語を学ぶいとまもなく、カナダから直接上田町へ赴任したという。

ルソーの『エミール』もフレーベルの『母と子の遊戯』もすべて英文で生徒たちに読ませ、童話や子供たちに話す「お話」も口述筆記させた。上田保母傳習所の生徒たちは、東京・静岡・山梨の英和女学校卒業生が主であったから、英語の学力が高かったことと、ドレークがアメリカで受けた教育をそっくりそのまま日本の少女たちに伝えるという教育方針から、英文テキストによる教育が行われた。（二一七頁）

若き日の中澤咲子たちをとらえた三一歳の教師の情熱に燃えた姿が伺われるが、問題は「ドレークがアメリカで受けた教育をそっくりそのまま」という時の「アメリカで受けた教育」とはどんなものであったか、ということである。同『百年史』では僅かに、

このフォルビス保母学校は進歩的な教育思想を有する学校であったという。カザリン・ドレークは新しい保育思想を身につけていたので、日本で刊行されていた保育の教科書は使わなかった。（二一六頁）

とあるだけである。この「進歩的な教育思想」「新しい保育思想」の中味を知るには、広くアメリカ教育史をひもどかねばならない。

III　アメリカ経由のフレーベル——児童観とキリスト教をめぐって

1　フレーベルの思想とキリスト教

フレーベルが、一八四〇年六月二八日に「一般ドイツ幼稚園（Der allgemeine deutsche Kindergarten）」という世界で最初の幼稚園を作ったといわれる時、子どもの教育の歴史の中で、特に「児童観」の点で格別な意味を持っている。ブルジュアジーたちの階級的な眼でも貧困階級の子女のための慈善的な眼でもなく、フレーベルは普遍的に人間としての子どもを見つめ、どんな子どもにも必要な教育を説いた。彼は、児童の在り方の特質を「遊び」ととらえ、「遊び」の中心に半具象物である「恩物」を置いた優れた教育理論を展開したが、その背後にある普遍的な人間と言

う思想はキリスト教と深い関係があった。彼の主著『人の教育（Die Menschenerziehung）』（一八二六、参考文献11）の冒頭の部分には、次のようにある。

> 万物は神のうちに、また神によって存在し、神によって命を与えられ、またそこにその本質を保持しているのである。（中略）このように万物のうちに働いている神性こそ、すべての事物の本質である。（中略）自覚力、思考力、理解力などをもつところの人間をして、自覚と自治とをもって内的法則すなわち神性を純粋完全に表現せしめるように刺激し指導すること、およびその表現の方法と手段とを人に指示すること、これがすなわち「人の教育」である。

中澤が、「幼稚園の創始者フレーベルは幼な児の、うちにひそめる神性を伸ばして神にむすぶ事これが真の教育であると申しました」と言った時、このような思想を指していたのである。

しかし、このような人間観、児童観はあまりに楽天的過ぎないだろうか。児童の内にある「神性」を「刺激し指導」し「指示すること」、すなわち「教育」によって「神にむすぶこと」が可能なのであろうか。福音的なキリスト教から見て、フレーベルの思想には簡単には肯けないものがある。

フレーベルの神理解は、フレーベルの時代の大きな思想的、文化的潮流であったドイツ・ロマン主義に極めて近いと言われる。すなわち汎神論的、万有内在神論的であり、「人間の罪についての認識、すなわち贖罪論の欠落であり、そこから生ずる終末論の欠如である」（『日本キリスト教保育百年史』二五—二六頁、参考文献9）。しかしこの「贖罪論の欠落」「終末論の欠如」こそが、アメリカ合衆国におけるフレーベル思想の受容の際、微妙に作用するのである。

2　アメリカ合衆国でのフレーベル思想の受容

アメリカ合衆国では、フレーベル主義による最初の幼稚園は、一八六〇年にボストンで、エリザベス・ピーボディ（一八〇四―一八九四）によって開設された。「ピーボディには妹の夫である教育者として有名なホーレス・マン、哲学者エマーソン、神学者チャニングなどの協力があった」（同『百年史』八頁）とあるように、ピーボディはかなり自由主義的なキリスト教の環境にあった。それ以来、フレーベル主義の幼稚園はアメリカ合衆国の各地に設立されて行った。フレーベル主義と、幼稚園を始めたアメリカ合衆国の女性たちの意識とは良く合っていたのである。それは、アメリカ合衆国の思想的、神学的状況と深く関わっていた。特に教育との関わりで言えば、児童観（人間観）をめぐっての問題であった。

一七世紀前半ニューイングランドに渡ったピューリタンの信仰と倫理は、アメリカ人のエートスの形成に深く関わっている。ピューリタニズムはその後、一八世紀の大覚醒および一九世紀の第二次覚醒などのリバイバル・ムーブメントによって強化される。特に、一八世紀中頃、「神の怒りの御手にある罪人」という説教（一七三四）で名高いジョナサン・エドワーズによって、大覚醒がニューイングランドの会衆派に広がった。

ピューリタンにとっては子どもは小型の大人であり、服装も男の子は父親と、女の子は母親と同じ服装をして、大人の礼拝に参加した。子どもは大人と同じ悪に満ちた存在であった。「子どもは、悔い改め回心する機会を持つことが未だ少ないだけに、むしろ悪しきものと考えられていた。ジョナサン・エドワーズが、しばしば子どもを蛇とよんだことも有名である」と、宇佐美寛は「教育におけるピューリタニズムと『左翼』プロテスタンティズム」（参考文献12）において述べた。ピューリタンたちはそう捉えることに急で、子ども相互の差異や大人との差異を本質的なものとは見ない児童観を持ってしまったのである。児童期を独特の成長過程として捉えていないのであるから、教育の方法は、回心にいたらせる準備として聖句の暗誦とカテキズムの暗誦という、昔と変わらぬ紋切り型のものであった。

教育が家庭から日曜学校に移行した後も、このような児童観が行き渡っていった。

このような見方に対して、クエーカー派、モラビア派、メソジスト派、バプテスト派など「アルミニウス主義と結びついた左翼プロテスタンティズム」の、信徒個人の自由を重んずる傾向の強い新興諸宗派による批判・反抗が起こり、それらが児童観に影響を与え始めたと、宇佐美は指摘している。そして宇佐美はクエーカー派について詳しく論じているが、クエーカーでは、結局子どもの魂は本来善であるという方向に行くことによって、反対の極からピューリタリズムを批判することになってしまっている。

宇佐美は論じていないが、エドワーズと同様に魂の救済を大前提においた上で、子どもの人格の形成を大切にするメソジスト派の教育論については、学校伝道研究会のメンバー伊藤久男の論文「ジョン・ウェスレーの教育思想」（参考文献17）において論ぜられている。しかし、このような福音主義的な教育論がその後のアメリカを支配したのではなかった。

その後のアメリカの教育界に深い影響を与えたのは、ホーレス・ブッシュネル（一八〇二―一八七六）である。父がメソジストで母が聖公会育ちであった家庭に生まれ育った彼は、権威主義的な教育は受けなかった。ブッシュネルはイェール大学で法律を学ぶ内にリバイバル運動（一八二〇―）に直面して疑問を感じ、イェール大学神学校に入学した経歴を持っている。彼は、ニューイングランド諸州に広まった、大人になってからの急激な回心を求める「伝道的キリスト教」に反対し、それまでの会衆派の児童観について反省し、児童に対してとるべき新しい態度を示そうとした。そして、会衆派の内部から「新神学」（自由主義神学）を始め、一八六一年に『キリスト教養育』（Christian Nurture）を著し、アメリカ宗教教育理論の基礎を提供した。彼は、「家庭が行う神に服従する両親による情緒的、非言語的方法での温かい、優しい養育」（安達寿孝、三一頁、参考文献10）を重視した。キリスト教に基づき、子どもに相応しい教育による成長を是とする児童観が、はっきりと打ち出されたのである。フレーベルの思想がアメリカに入ってくる頃であった。

ブッシュネルはいわばピューリタンとユニテリアンの中間を歩もうとしたのであるが、彼のキリスト教は福音主義とは言えない、との批判がある。松川成夫によれば、ブッシュネルの教理上の地位は正統主義からはかなり遠く、しかしユニテリアンとは違う、という。ブッシュネルは、キリスト者の両親の「子供はキリスト者として成長すべきであって、それ以外のものであってはならないということだ、と主張するようになった」（「ホーレス・ブッシュネルの教育思想」一三四頁、参考文献13）。すなわち、幼児洗礼と漸進的な教育によって回心に導くべきだとしたのである。しかし、「人間性が生来悪であり、新生の必要がある、という点では、彼は次第に福音主義的な正統派の立場よりも、どちらかといえば、ユニテリアンの立場に近づいた」。

『日本キリスト教保育百年史』によれば、「この考えはルソー、ペスタロッチ、フレーベル等の教育理解に通ずるものであった。この主張は次第に進歩的な教会に受け入れられ、従来の日曜学校への反省が、幼稚園を日曜学校を補うものとして受け入れられる素地となった。教会の日曜学校への反省と再検討が、フレーベルによる幼稚園を受けいれることを容易にしたのである」（一〇頁）。

フレーベルの贖罪論の欠けた教育観、児童観だったからこそ、強烈なピューリタニズムとの対決の中から生まれた児童観の育ちつつあったアメリカの教育界に受け入れ易かったのだ、と言えよう。

3　アメリカにおけるフレーベル思想の変容

(1)　進歩主義教育思想とは

アメリカ合衆国に受け入れられたフレーベル主義は、一八九〇年代になると二つの方向に別れていく。一つはフレーベル主義をそのまま保っていこうとする保守的な流れであり、もう一つはフレーベル主義を批判的に吸収、発展させていこうとする進歩主義的な流れであった。フレーベル主義に立ちフレーベルの方法論を固持しようとした者たちの代表者はS・E・ブロー（一八四三―一九一六）であった。そして、進歩主義的教育の理解に基づいて保育方法を求めようとした者たちの代表は、P・S・ヒル（一八六八―一九四六）であり、進歩主義的な教育思想の流れの中心人物はジョン・デューイ（一八五九―一九五二）であった。この進歩主義的な保育思想は、ミシガン州シカゴやニューヨークのコロンビア大学を中心に広がったという。シカゴ大学もコロンビア大学もデューイが活躍したところである。

中澤咲子が梅花保母傳習所において影響を受けたカザリン・ドレークの出身校、アメリカ合衆国ミシガン州のフォルビス保母伝習所とは、このような意味での進歩的な保育思想の学校であったと考えられよう。

(2)　ジョン・デューイの思想

アメリカ合衆国における公教育制度は、ホーレス・マンらの努力によって一八三〇年から一八八〇年にかけて確立された。しかし八〇年代に入っても、教育内容や方法の面では、あいかわらずヨーロッパ式の、既成の知識の教師による上からの注入教育が重視されており、アメリカ社会の産業革命後のダイナミックな変化と学校の教育との間に溝が生じていた（『デューイとその時代』四頁、参考文献15）。このような状況に挑戦したジョン・デューイは、一八九四年シカゴ大学の教授となり、一八九六年一月にシカゴ大学附属小学校、いわゆる実験学校を創設した。そして、三年後の一八九九年にその著『学校と社会』においてその成果をまとめた。

デューイの教育哲学は、当時の古い学校教育に対して「進歩主義（Progressivism）」といわれるが、「学校の社会化」と「児童中心化」という二つの原理からなっている。学校の社会化とは、社会の変化に対応して学校のあり方や教育内容を変革しようとするもので、農業社会から工業社会へと移りつつあった当時の状況を意識したものである。児童中心化とは、注入式ではなく子どもの自発的な活動を重んじ、生活学習であるべきとの指摘である。そして、この二つの改革原理を結び付けるやり方として、「作業教育」（オキュペーションズ）を提唱した。手芸・料理・裁縫・園芸・演劇・遠足等がその具体的なものである。

これだけ見れば、特に児童中心化や作業教育は、フレーベルと大きく重なっているように見える。事実『学校と社会』の「第五章　フレーベルの教育原理」では、「当小学校はその全課程をつうじて、フレーベルがおそらくそれを意識的に提唱した最初のひとであるところの一連の原理を実行しようとつとめている」と述べ、「当小学校はフレーベル教育思想の主唱者とみなさるべきである」と結んでいる。

しかしそれとともに、「なんらかのあたえられたる、ないし規定されたる方式、すなわち恩物・遊戯・または作業の既成の組合せにしたがう必要からの完全な解放を意味している」と言ってフレーベルのやり方に固執することを嫌い、「賢明な教師たるものは同時にまた、遊戯の原理はかれにむかって、フレーベルらの提示したそうした活動を注意深く検討し、批判し、それらのものが真にかれ自身の子どもたちのためのものたりうるのか、それとも異った社会状態のもとに生活していた子どもたちにとって過去の時代においてきていたものにすぎないのかを決定することを要求するものであることを忘れないであろう」と述べた。また児童心理学の成果を取り入れ、子どもの発達段階を考慮した。

さらに、「フレーベルの象徴主義の多くのものは、かれ自身の生活と仕事の特殊な事情の産物であることを、記憶しなければならぬ」と述べ、フレーベル当時の生理学や心理学が不十分であったという限界とともに、ドイツの一般的な政治的・社会的状態の故にフレーベルが「幼稚園の自由な協同的な社会生活と外部社会とのあいだに連続を考えることが出来なかった」限界をも指摘している。

フレーベルの時代からはもう五〇年も経っており、しかも工業化都市化の進むアメリカ合衆国においてである。以上のようなフレーベル批判は、多くの革新的な教師たちの共感を呼んだに違いない。今から見ればフレーベルの有意義な発展拡大であろう。特に、幼稚園で母親たちを教育することによって社会の改革を目指すという意味を含んだ「学校の社会化」の視点は、当時のアメリカ社会において女性の解放と自立を確保しようとする進歩的な女性保育者たちの思いに適ったものであった。確かにフレーベルも家庭育児書『母の歌と愛撫の歌』（一八四四）で知られるように、母親の啓蒙を重要視しているが、母親に対する教育を社会改革と結び付けることは、進歩主義教育思想の特徴といって良いであろう。日本にやってきた婦人宣教師たちのもたらした「フレーベル」の多くはこのようなものであった。

中澤咲子は、上田保母傳習所においてこの進歩主義教育を学び、中里幼稚園において実践したのである。先に引用した、「皆仲よくテーブルを囲んで、お歌をうたったり、絵をかいたり、詩を暗誦したり作ったり、工夫をこらして色々なものを製作致しましたネ」という子どもたちの姿にはまさに、子どもの感性を重んじ自主性を尊重する児童中心主義の特徴がよく現れている。また中澤が、母親の教育を重んじ、母の会の自主的な活動を育てたことも、デューイらの運動に倣ったものであった。工業化都市化の進むアメリカ合衆国で展開されたこのようなフレーベルの保育は、明治以来の工業化が成功し都市化が急速に進んだ東京における文化人たちに共感を与え、中里幼稚園の繁栄をもたらしたのであった。

では、キリスト教についてはどうだろうか。『デューイとその時代』の「五章　教育的実存論」によれば次のようである。デューイは、青年時代にはキリスト者としての道を歩んだが、後にはキリスト教からは離れていった。彼は、プラグマティストらしく、従来のキリスト教会の固定した儀式や制度や慣習との固い結びつきを批判し、また既成宗教のもつ超自然観を非科学的、非合理的として排除した。そして、宗教を人間の経験内において考えようとした。彼の『共通の信仰』（一九三四）によれば、神とは、人間の生活に根をもつ「理想的目的」であり、自己をそれへと駆り立てていく力をもっている、とする。そして、神である理想的目的は、現実の社会生活を基盤にして科学的知性によって追求される。このような意味で、彼は「宗教性」を重視しているが、これはもはやキリスト教ではあるまい。フレーベルは、贖罪論のないキリスト教ではあっても、キリスト教と彼の教育観とは完全に一致していると思っていたに違いない。またブッシュネルの教育観は、かなり薄まったとはいえ、キリスト教との緊張関係を保っていた。しかし、デューイになると、その教育観はキリスト教とはほとんど関係がなくなっている。我が国に入ってきた進歩的な保育思想は、キリスト教に関して、このような問題を抱えていたのである。

Ⅳ　中澤咲子のキリスト教信仰

中澤は、以上のような進歩主義的な保育思想を受入れたのであるが、その思想に含まれる宗教までも、そのまま受容したわけではない。「幼稚園の創始者フレーベルは幼な児の、うちにひそめる神性を伸ばして神にむすぶ事これが真の教育であると申しました」と中澤が書き記した時、彼女の保育思想における宗教は、デューイの進歩主義思想における「宗教的なもの」ではなく、フレーベルの教育思想における「キリスト教」であったのは明らかである。しかし更に、キリスト者である彼女が信じ、生きたキリスト教は、フレーベルの「キリスト教」でもなく、すこぶる教会的、伝道的なものであった、と言わねばならない。それは、彼女の教会生活及び彼女の書き残したものから推測できる。

1　滝野川教会の会員としての働き

中澤は、聖学院の学院内教会として出発した滝野川教会の忠実な信徒として、奉仕に励んでいる。特に、日曜学校の教師としての働きは目立ったものだったようで、『滝野川教会七五年史』にも度々登場する。中里幼稚園が誕生した一九一二年の頃、滝野川教会の日曜学校の働きは活発であったようで、「聖学院日曜学校は東京での最大校の一つに数えられており、ほかに近在で五校が開かれている」（三一頁）とある。なお、その時の在籍生徒数は二六〇名であった。そして、一九一九（大八）年、すなわち第一次世界大戦直後になると（中澤が中里幼稚園に来たのは一九二〇年である）、「日曜学校は滝野川を本拠として田端・王子・富士前・西ヶ原・上野の五分校を持つ、最近米国から帰えられた今村正一氏を校長に聘し大いに面目を一新した。目下の生徒数は全体で三〇〇余名である」（五五頁）とある。

中澤咲子の名前が出て来るのは一九二二（大一一）年の日曜学校報告からである。本校・女学校・幼稚園・田端分校・上野分校・富士前分校・西ヶ原分校の一一月の平均出席数二六四名の内、幼稚園の教諭中澤咲子と和田小波とが日曜学校教師を務める「幼稚園」は平均四三名であった。同じ年の「UCMS年鑑所報」には「中里幼稚園には七五名の園児がおり、母の会を通じて伝道をしている」（六三頁）とあり、かなり多くの園児（及びその母）が日曜学校に通っていることがわかるし、保護者の集まりである「母の会」にも伝道を意識して対応していたことがわかる。先に引用した『七〇年の歩み』の中澤についての言葉、

父母をキリスト教に導くことにも力を尽くし、日曜日に子供連れで教会礼拝に出席する者も多くなり、後年卒業生達は幼稚園を出てからも日曜学校に出席し、やがて立派なクリスチャンや牧師になった者も出ている。勿論園児達に教会（日曜学校）出席を勧め、自らも滝野川教会の日曜学校教師として園児や父母の出席を喜んで迎え、信徒としての訓練もたゆまず受けていた。（五一―五二頁）

は、この間の事情をよく表わしている。日本銀行総裁を務めた速見優の、兄徹が中里幼稚園に通ったため、彼らの母が信仰を持ち、ついには一家がクリスチャン・ホームになったのは、このような状況の下であった。

以上のことから、彼女の信仰が福音の伝道を意識した教会的なものであることが推測されよう。（但し、中澤が金

沢メソジスト教会から転会し、正式に滝野川教会の会員になったのは一九二六年三月であった)。その後も中澤は、一九三〇年に結婚によって幼稚園を辞めるまで日曜学校の教師を務めた。その間、教会の執事にもなっている。

2　正統的な信仰を覗わせるもの

中澤が信仰について、自己の内面を述べたものはほとんどないが、「梅花傳習所の思ひ出」には、次のような興味深い一文がある。

その頃の傳習所は、信仰生活のクライマックスに在ったと断言することが出来る。三井家の広間の卓上には、いつも幾冊もの聖書が開かれて居て、それに読みふけり、語り合はれる教師達の眼は信仰に燃えていた。其の後塩崎、森下の二師は救世軍に入り、神と人への奉仕を熱烈にはげまれたが、塩崎姉は今は天に帰られ、森下師は英国に留学され、今も猶ほ地上の奉仕を続けて居られる。塩崎師が救世軍に心を傾けられた時、篤き信仰を持たれながらも、その行き方異にしていた井上先生は、救世軍の傳道方法の野鄙で狂気じみていることを教え、しきりにその決心の非を翻さうとされたが、塩崎師は柔和に、「キリストの御愛の前には、如何なる恥も、苦しみも、まだ足るとは思はれません。」と云はれたのみであった。根気よくなさる二人の問答を聴いて、私はひそかに世の中のあらゆる人を救うには、様々な傳道の方法が必要であろう。井上先生のおっしゃる上品な傳道方法も、狂気とも見える救世軍のそれも、両者ともになくてはならぬものであると思った。(二四一頁)

先に述べたように、中澤は上記のことを一九二六(大一五)年頃、すなわちこの出来事の一〇年ぐらい後に書いている。中里幼稚園の保育活動が彼女を中心に軌道に乗り、また幼稚園における日曜学校が彼女によって活発であった最中である。ということは、この出来事は単なる過去の一事件ではなく、彼女にとって忘れられない思い出であり、彼女の心の一部だと言ってよい。すなわち、これを書いた時点での彼女の信仰の姿勢と言ってもよいであろう。特に、信仰の表れである伝道の心構えに付いて、「世の中のあらゆる人を救うには、……両者ともになくてはならぬもの」と彼女が言うとき、幼稚園において、そして日曜学校において園児と母親達の前に立った時の、彼女自身の信仰であったに違いない。特に、「救世軍」について「なくてならぬもの」と言う時には、人の罪と十字架による救いを単純率直に述べる伝道の重要性を、彼女がはっきりと捉えていたことが推測されよう。また、以上のような中澤の姿が見えたからこそ、宣教師であった歴代の園長は、彼女を信頼し、幼稚園を任せたのに違いない。

アメリカ経由のフレーベル思想に内在する自由主義的児童観と社会改革の思想を受け入れた彼女は、フレーベルには欠けていた贖罪論を明確に持つ教会的な信仰とバランス良く並立し、あるいはあるスタンスを取って、両者に実践的に関わった。このことを中澤に可能にさせたのは、このような信仰の姿勢であったに違いない。先に引用した、「優秀な保母で、キリスト教信仰に燃えている人」という言葉は、彼女の姿を良くあらわしている。

終わりに――「教育の神学」の不在をめぐって――

まとめてみると中澤咲子は、教会的なキリスト教信仰とデューイらの進歩的教育とを、フレーベルの児童観を媒介にして結び付けていた、と考えてもよいかもしれない。

では中澤は、これらの簡単には結びつきにくいものの間を、アメリカのキリスト者教師たちのように内面的な緊張感を持って、思想的神学的に捉えていただろうか。残されたものがあまりに少ないので明確に言うことは出来ないが、多分そうではなく、両者を対決させずに、それぞれをそのまま受け止めていたのではなかろうか。先の「両者ともになくてはならぬもの」という言葉の消極面として、そんな風にも解釈できる。また少なくとも彼女の前で論じ合った二人の恩師も、自分たちがそこで教えていた教育学と信仰との間の緊張を持った関係を問題にしていなかった、とは言えるだろう。

以上のような緊張感を持たない並列的な受け止めは、神学的にはかなりあいまいなものであったと言わざるを得ないが、彼女らの個人的な責任とは到底言えない状況があった。わが国の教会とミッション・スクールにおける「教育の神学」の不在という状況である。学校伝道研究会による『教育の神学（第一集）』（参考文献16）および『キリスト教学校の再建――教育の神学第二集』（参考文献17）における、関連する諸論文に依拠しながら考えてみる。

キリスト教信仰と教育の関係について、西谷幸介は「日本の神学における〈教育〉の論議」において、次のように述べる。

ところが、一九三〇年代に入ると、キリスト教内部において〈教育〉の問題について論争が起こるようになるわけです。それまでのキリスト教教育の理念もプログラムも主として〈自由主義神学〉にもとづくものでありました。教育とは人間性に内在する可能性を引き出すことであるという、いわゆる近代のルソー、フレーベル流の内在主義的・自然主義的・人間主義的教育説に影響されて、幼児や生徒の本性に先天的に伏在している信仰の芽を引き出し、育てることがキリスト教教育であると言う思想に依拠するものでありました。（一〇一頁）

この西谷の指摘は概括的には当を得ているものの、個々の真面目なキリスト者である教育者の内面は、中澤の場合に見るように複雑であり、整理されてない「あいまいな」ものであった。そしてそれは、明治期以降のキリスト教界における「教育の神学」の不在という状況に対応する。

それは、濱田辰雄が「キリスト教学校教育の必然性と課題」（参考文献16）において指摘する、次のような状況である。濱田は、「教育という業を、(1)人格形成、(2)社会人形成、(3)文化人形成」にわけ、わが国のプロテスタント教会史の初期においては、教会もミッション・スクールもその人格形成は、社会人形成及び文化人形成を射程に入れていたという。

しかしながら、明治日本国家の体制が徐々に整備されてゆき、さらに教育勅語に代表されるような天皇制国家の性格が強められる頃から、教会の伝道目標及び教育目的に微妙な変化が出てくる。すなわち(1)と(2)および(3)とが分離されてくるのである。人格形成が一個のキリスト者を生み出すことに限定されていき、社会や文化の領域に関する教育はあらゆる面で、「学校」に任されていくことになる。またキリスト教学校でも軌を一にし、伝道と教育とが次第に別領域の事柄とされてくるようになる。「学校は教育の場であって、伝道の場ではない」との主張が声高になってくるのである。

このような状況の中で、教会生活にも熱心であり且つ教育の現場でも活躍するキリスト者教師は、中澤のような姿勢を取らざるを得なかったのではなかろうか。（二七五頁）

一九三〇年に中澤は退職するが、三〇年代にはさらに弁証法神学がわが国に入ってきて、教育の問題について論争が起こる。そして「キリスト教教育に対する弁証法神学の不幸な影響」が生じ、「弁証法神学の立場からするならば、キリスト教教育と言うようなこと自体がそもそも不可能な事業ではないか、という声が公然と教会内に出始め、教育に対する熱意も一般の教会人からさめていったのでありました」と西谷が述べるような状況になってしまった。神学の純化が、「教育の神学」の不在をいよいよ増していくのである。

同じ問題を金子晴男は、ルターによって人間を「霊・魂・身体」の自然本性的から理解し霊性教育を論じていく中で、次のように述べている。

一般的にいって霊性はルターでは「信仰」と同義語的に理解されている。それは「宗教心」や「信心」と言われている心の信仰作用である。ところが少し前に流行した弁証法神学では、信仰をもっぱら神の言葉の創造的な働きに結び付けて説いたために、霊性は無意味であると考えられ、「霊性と良心の時代は終わった」（ボンヘッファー）とまで主張されるにいたった。こうした神学的に厳密であるとしても、あまりに狭隘な視点は人間の不在

となっていった。（一二八頁、参考文献17）

中澤の心にあった「幼な児の、うちにひそめる神性を伸ばして神にむすぶ事」も、このような霊性を重視する見方から見直すことが可能かもしれない。しかしいずれにせよ、「人間の不在」からは当然教育は不可能事となってしまった。主任保母中澤咲子は、このようにして「教育の神学」の不在が急速に進み始める境界に位置している。

以上のような教育の神学の不在の状況の中で、キリスト者教師としての信仰と教育に関するある意味ではあいまいな態度は、一種の自己防衛とも言えようが、第二次世界大戦後に至っても、多くの真面目なキリスト者である教育者に共通するものであった。逆にあいまいさの故に、個人的な信仰と公の教育の中身の双方が辛うじて救われていたのだとも言える。

それはともかく、我々はこの吟味から出発しなければならないだろう。なぜなら、キリスト教教育を行おうとする者にとって、人の成長や成熟という水平の次元を扱う教育と神の啓示という垂直の次元であるキリスト教との関係は、児童をそして人間をどうみるかという本質的な問題に絡んで、日々の実践の中で緊張を持って問い続けなければならない課題だからである。それだけではない。児童生徒の主体性を重んじるデューイの教育思想は、第二次世界大戦後の日本に怒濤のように入ってきて、幼稚園のみならず初等中等教育にも、大きな影響を与えたからである。

参考文献

1　『五十年の思い出』女子聖学院附属幼稚園、一九六一
2　『六〇年の歩み』聖学院幼稚園、一九七二
3　『七〇年の歩み』聖学院幼稚園、一九八二
4　『滝野川教会七五年史』日本キリスト教団　滝野川教会、一九七九

5　『矢車草――速水徹遺稿・追悼文集』発行者、速水　孝、一九七二
中澤咲子による追悼文の含まれたこの書物は速水徹氏の弟速水優氏よりお借りした。
6　『東洋英和女学校五十年史』東洋英和女学校、一九三四
7　『東洋英和女学院百年史』東洋英和女学院、一九八四
8　『日本キリスト教保育八十年史』基督教保育連盟編、一九六六
9　『日本キリスト教保育百年史』キリスト教保育連盟編、一九八六
10　『キリスト教家庭教育の展開――アメリカ・ピューリタン社会の場合』安達寿孝、新教出版社、一九九八
11　フリードリッヒ・フレーベル『人の教育』一八二六
玉川大学出版部『フレーベル全集第二巻』一九七六所収
12　宇佐美寛「教育におけるピューリタニズムと『左翼』プロテスタンティズム『世界教育史体系17　アメリカ教育史』一九七五所収
13　松川成夫「ホーレス・ブッシュネルの教育思想」
日本YMCA同盟出版部『キリスト教と教育の接点』一九八二所収
14　ジョン・デューイ『学校と社会』岩波文庫、一九六六
15　田浦武雄『デューイとその時代』玉川大学出版部、一九八四
16　学校伝道研究会編『教育の神学』ヨルダン社、一九八七
西谷幸介「日本の神学における〈教育〉の論議」
濱田辰雄「キリスト教学校教育の必然性と課題」
17　学校伝道研究会編『キリスト教学校の再建――教育の神学第二集』聖学院大学出版会、一九九七
金子晴勇「人間学から見た霊性教育」
伊藤久男「ジョン・ウェスレーの教育思想」

3　小学校におけるキリスト教教育の展開
――組体操を通しての賛美の表現――

木戸真千子

1　捜真小学校の「スポーツに親しむ会」について

捜真学院は、一八八六年（明治一九年）に横浜にバプテスト教会の宣教師によって開校されたキリスト教学校で、男女共学の小学校と、女子のみの中学高等学校が同じ敷地内にある学校である。

捜真小学校は、一九五七年（昭和三二年）に開校され、全校児童は各学年三〇人二クラス制で三五九人、専任教職員は一九人講師四人用務一人の小さな学校である。児童の男女比は、男子一六六名女子一九三名と男子の方が若干少なく、また男女共に中学受験をする。（女子はほぼ全員が捜真女学校を、男子は関東学院中学や他の私立中学を受験）そのため、国算社理の四教科の授業は、六年生の一一月半ばまでに、小学校の課程をほぼ終えるようになっている。

体育の授業は、学年の担任教師と体育専科教員が協力して行っている。これは、体育が児童の健全な発育を促す場であると同時に、担任教師とのスキンシップや信頼関係を生み出し、児童のトータルな人間像を把握する場となるためである。したがって、ここで実践報告する組体操も、専門家の指導によるのではなく、体操としてのレベルは決して高いものではない。しかしそれがかえって、自由な発想で私たちが日常の礼拝などで伝えてきた信仰を表現する場となりえたとも考えられる。

「スポーツに親しむ会」は、他校の運動会に当たる学校行事で、毎年一〇月に行われる。かつては、昼過ぎまではふつうの運動会のプログラムで、二時頃からは親子共々自由参加で、ソフトボールやドッヂボール・バレーボールなどを楽しむプログラムとなり、文字通りの「スポーツに親しむ会」だった。(資料1)

現在のように、午前も午後も他校の運動会のような形を取り始めたのは、一九八四年頃からである。しかし、競い合うゲーム形式の演目ばかりではなく、日常の体育の教科や生活からでてきたものも大切にしたいという教職員の気持ちが、「スポーツに親しむ会」という名称に残っている。

2　「表現」が種目として加わったことについて

演目に「表現」が加わったのも、一九八四年あたりからである。最初は低学年のリズム運動のような形で始まり、しばらくして、上学年にテーマ性の強い演目が現れる。

当時、六年生は、日常の体育の授業でやっているような跳び箱やマット運動を構成して「スポーツに親しむ会」で披露することが続いていた。スポーツの得意な子にとっては、徒競走や跳び箱など活躍する場の多い晴れ舞台となるが、運動の苦手な子にとっては、運動嫌いを加速させる日になってしまうとも限らない状況だった。

そこで、運動のあまりできない子もみんなで協力して、お互いの気持ちを思いやりながら一つのものを作り上げる経験ができないかと考えた。そのような中から、テーマ性を持った「表現」としての組体操が生まれてきた。

また、そのテーマも、回を重ねるごとに、捜真小学校独自のものとして、キリスト教的な物語や主題が選ばれるようになってきた。「スポーツに親しむ会」の演目については、その年々の学年担当者に任されているが、現在は下学年のリズム運動なども、プレイズワールドなどの普段歌っている賛美の歌に合わせて「神さまからいただいているたくさんの恵みを身体いっぱいで表現する」ものになることが多い。

今回の発表では、同僚の新藤啓二教諭（現教頭）、内藤伸人教諭と共に取り組んできた、ここ四年間の5、6年生の組体操を通しての賛美の表現について、取り上げたい。

3　実際の展開例

私たちが取り組んだ組体操は、次の三つの形に分類される。
① 聖書からそのまま題材をとったもの……「モーセ物語」
② キリスト教教育の内容から発展させたもの……「平和の祈り」
「ミレニアム～世紀を越えて～」
③ 形に児童が信仰的なイメージを膨らませたもの…「フープでハレルヤ！」
①については、5年生の学年礼拝（週二回、学年での礼拝）のカリキュラムの中に、出エジプト記があるので、過去にも五年生「スポーツに親しむ会」で取り上げられたことがある。燃える柴やナイル川の水が血に変わるところを赤い布を使って表現したり、エジプト軍の一輪車戦車隊が追ってきたり、紅海が分かれるところが側転で中心部から次々と分かれて表現されたりと、具体的な表現が多いので、子どもたちも面白がって演じていた。
学年礼拝では、一学期に一三回、二学期に四回、出エジプト記を読み進めながら、神さまが自分を信じるものの群れを、どれだけ愛しておられるか、どうやって導かれるかを、子どもたちと一緒に考えてきた。映画「十戒」のビデオを見たことも、「モーセ物語」を演じる雰囲気を高めていくことになった。

②は、捜真小学校のキリスト教教育の「平和を祈る礼拝」国語科の「横浜大空襲を覚える週間」、また『一年生のクリスマス礼拝でのページェント』と関係している。「モーセ物語」を演じた五年生たちは、六年生になり、キリスト教委員会が企画した戦争展の展示の手伝いをした。千人針や焼けこげた弁当箱、使用された焼夷弾、南方戦線の兵士が命がけで持ち帰った手記などを父母や横浜市の施設に借り受けに行き、下級生にもわかるように解説を加えながら展示した。また、日本の歴史や横浜大空襲の学びの一環として、NHKのビデオ「太平洋戦争」（日・米・英などの戦争の記録映像を編集した物）を見た。子どもたちにとってこれらの経験は、戦争を今までとは違ったものとしてとらえる機会になったようだ。演技は、グランドで棒を使って子どもたちが思い思いに楽しく遊んでいる場面から始まる。飛行機の爆音と共に、その中から兵士たちが組織され、殺し合いになり、全てが滅んでしまう。全校児童や観客が見つめる静まり返ったグランドで、六年生全員で「平和の祈り」（「平和を祈る礼拝」で全校で祈った『捜真小学校　平和の祈り』資料1bを短くしたもの）を唱えたことは、戦争と平和についての意識をより鮮明にしたと思う。

③について（資料2参照）、今回の表現のテーマは「賛美の力、賛美の喜び」で行こうと最初に担任二人が考え、ゴスペル調の曲に合わせてフラフープの振り付けをした。そしてナレーションの言葉を考えるために、いったいどんなイメージを持って動いているのかを子どもたちに自由に書いてもらった。それをまとめたものが、資料2である。（♠♣♥などは、演技のポーズを表している。）

演技している子どもたちのイメージは、予想していたよりもはるかに豊かなもので、教師は大きく励まされた。子どもたちが、自分たちなりに「賛美」に対するイメージをふくらませていたことがわかり、結局ナレーションはいらない、と言う結論に達した。学年礼拝でも、賛美することについて何回かふれてきたが、人を動かす賛美の力を、私たち教師が児童から教えてもらった良い経験となった。（児童の感想については、資料3を参照）

4　「ミレニアム～世紀を越えて～」（資料4、5）

「フープでハレルヤ」を演じた子どもたちは、二〇〇〇年という節目の年に六年生になった。私たち担任も、前年のスポーツに親しむ会での彼らの反応に気をよくして、二〇〇〇年という年に、彼らとでなくてはできないような内容の組体操をやりたいと願っていた。しかし、六年生になる直前、捜真学院を愛し導いてこられた日野綾子学院長を天に送るという大きな悲しみにみまわれた。また、練習を始めようと言う矢先の八月末に、六年生の一人の男子児童の父親が急逝された。この二つの体験は、子ども達にとって大きな悲しみではあったが、同時に天からのまなざしと、私たちはキリストに従って生きた者たちの後につながっているという思いを強くいだかせた。今回も、曲選びや動きは教師が考えたが、練習に当たって動きや曲を考えた意味を児童に話すと、各自がその動きに意味を感じながら練習するようになった。オーバーアマガウの野外劇などのキリスト受難劇のビデオを見たり、学年礼拝でちょうどパウロ書簡を読んでいたことも、児童がイメージを膨らませて自分の動きで賛美を表す事につながっていった。

5　「共に造る」事を通して私たちが得たこと

＊「神さまに導かれてここまでやってきたね」という一体感

組体操だけではないが、子どもたちも造っていく過程で、いろいろな困難に直面する。ブリッジができない、倒立ができない、土台ばっかりだ、怪我をしてしまってできない、等々。そういう子どもたちがつらいときは、教師もつらい。でも、そんな時に、自分で学年礼拝のために聖書を読み、メッセージを考え、祈る。子どもたちと同じ悩みのなかで、聖書から力を与えられ、「神さまに導かれてここまでやってきたね」という一体感が生まれることは、キリスト教学校の教師でなくては味わえない恵みである。

＊「喜びの先取り」をしている

実は、本番前に、教師の側は、もうほぼ満足している。人前で演じるのだから、手足が伸びていないよりは伸びている方が格好がいいので、そういう「人に見せるコツ」はある程度は指導する。しかし、直前になると、「まだ、できていない」よりも子どもたちの「努力している表情」に打たれる。私たち教師の役目は、「あなたの、自分を最大限に用いようという生き方が、天国でどんなに喜ばれているか」を伝えることだろう。

＊人の思いを越えて働く神の力

小学校は、自分の身体の成長を一番感じられるときである。だからこそ子どもたちは、自分たちの成長の喜びを素直に表現することができる。自分の動きの意味を知って子どもたちが自ら表現するとき、そこには大きな力が働き、見る者に感動を与えるのだと思う。「フープでハレルヤ！」で、子どもたちの反応がこちらの思いをはるかに越えた豊かなイメージとして広がっていたように、人の思いを越えて働く神の力を目の当たりにできることも、キリスト教学校ならではの喜びである。

＊これからの課題

これからの課題としていま思っていることは、何よりも、指導する教師がマンネリ化しないことと、「こういうものだ」という自分の完成度を児童に押しつけないことだと思う。四つの組体操の展開例は、子どもたちのアイデアや意見により、どんどん修正されていった。その年の子どもたちの実際の雰囲気で、その子たちに一番あったものを考えていくことが必要だと思う。教師が、自分の型や完成度にこだわらずにその子たちなりのよいものをいかに引き出していくかを考えて、今後も取り組んでいきたい。

（本稿は二〇〇一年四月の学校伝道研究会定期総会での実践報告と、同年六月のキリスト教学校教育同盟小学校教職員協議会での発題をもとにしたものである。）

資料1　捜真小学校「スポーツに親しむ会」の流れ

一九八二年度　午前中は、徒競走、綱引き、鈴割り、王入れ、騎馬戦、組立体操、リズム、等。午後は、自由参加で親子で、ドッジボール、バレーボール、バトミントンなど
一九八四年度　午前中も午後も演技になる。一年表現「ニワトリのかぞく」
一九八五年度　六年はマット運動や跳び箱をやる。3年表現「喜び」
一九八六年度　六年「体育の授業の中から」
一九八八年度　五年体操「原生林」、六年体操「組体操」
一九八九年度　＊五年生に体操・リズムではなく、表現活動としての演目が登場
五年表現「平和・原爆・愛」、六年体操「マット・跳び箱」、（二年表現「スイミー」、三、四年団体「パラダイス銀河」）
一九九〇年度、一九九一年度

グラウンドが中高の校舎建設であまり使えなかったため、フォークダンスなど

一九九二年度　一年表現「育つって楽しいな」、二年表現「プレイズ・ワールド」、三、四、五年表現「ソーラン節」、六年表現「緑の地球」
一九九三年度　三年表現「思い出のディズニーランド」、五年表現「十戒」、六年表現「ブナの森」
一九九四年度　五年表現「わ」、六年表現「生命の讃歌」、一、二年リズム表現「きいて！　かみさま」
一九九五年度　五年表現「平和」、六年表現「大地」
一九九六年度　五年「マン棒ダンス」、六年表現「天地創造」、一、二年のリズム表現がプレイズワールドを使ったものになる。
一九九七年度　五年「モーセ物語」、六年「新天新地」
一九九八年度　五年「リズムなわとび」、六年「平和の祈り」
一九九九年度　五年「フープでハレルヤ！」、六年「恵み」
二〇〇〇年度　三、四年「わたしにできること」、五年「ミレニアムダンス」、六年「ミレニアム〜世紀を越えて〜」

資料Ⅰ－b　捜真小学校　平和の祈り（二〇〇〇年版）

（＊は司会者、その下段は全校）

＊天のお父様
　私たちの国は、昔、長い間戦争をしていました。
＊人の命を物のようにあつかっていました。
　たくさんの人々が命を失いました。

＊兵隊となって命を失った人々。
広島や長崎の原子爆弾で亡くなった人々。
＊空襲により、家族が命を失ったり傷ついた人々。
沖縄では普通にくらしていた大勢の人々が亡くなりました。
＊大勢の外国の人々も命を失いました。
今も心の深いところで日本人を赦さない人々がいます。
＊日本人がその人たちの国へ行き、その国の人々の命を奪い苦しめたからです。
どうか、わたしたち日本人を赦して下さい。
＊日本人がその原因を作って、
一つの民族でありながら南北に分かれてしまい、
＊五〇年間交流がなかった
韓国と北朝鮮が、
＊今年ようやく一つの国へ向けて歩き始めました。
平和の兆しが見えてきました。
＊家族がバラバラになることが、
もう二度とおこりませんように。
＊世界の国の中には、
戦争によって問題を解決しようとしている国があります。
＊どうか神さま、戦争をやめさせて下さい。

これ以上戦争が起こりませんように。
＊戦争を体験していないわたしたちですが、
平和をつくりだす者にして下さい。
＊世界に平和が訪れますように、イエス様が一人一人にすばらしい心を与えて下さい。
わたしたちがお互いを赦し、大切にし、喜び合えますように。
＊平和のために祈り続けられますように。
（全員）世界中がいつも平和であるために、わたしたちにできることを自分で見つけ実行できますように。
　イエス様のお名前によってお祈りします。アーメン
（平和の祈りは毎年児童会活動の奉仕委員会によって、言葉の見直しがされている。これは、二〇〇〇年の『平和を祈る礼拝』で用いられたもの）

資料2
一九九九年度　スポーツに親しむ会　五年表現「フープでハレルヤ！」
子どもたちからの、動きに対するイメージ
☆1曲目「天使にラブソングを」
♠始めのゆっくりの部分（フープの上げ下げ）
・あいさつをしている　・静かな海
・にじ　・眠りから覚めた様子　・神様・イエス様にあいさつ。
・波をうっている感じ　・息を合わせている

・「神様、私たちの世界に救い主をあたえてください。そして私たちの罪をおゆるしください。」
・命を花のように咲かせている　・遠い海、寄せる波　・祈り
・イエス様が海を歩いた時の様子　・静かに礼拝している
・フープを段々上げて、神様に近づいていく
・世界は、神様の造った色とりどりの物で満ちている
・神様は小さな波のような私たちでも守って下さる
・神様をみんなで迎え入れる　・神様に何もかも任せています！
・いっせいに上げるときから、楽しい賛美のはじまり！

♣五つの円になって元気に腰回しする部分
・よろこびの朝　・喜び・感謝　・アサガオ
・楽しい賛美　・朝起きて、友だちと元気よく遊んでいる
・ハレルヤ！　・元気にスキップして帰るような気分
・いろいろな人種、国、感情、グループがあって、それぞれ元気です
・フープをいっせいに上げるのは、神様に集中する私たちの気持ち

▼大きな円になって
・神様が私たちの罪をゆるしてくれたおかげで、右にも左にも後ろにも前にも動ける（自由）
・みんな仲良く、みんな結局一つ　・神をほめたたえている
・地球は丸く、つながっている
・フープを天使の頭の上にのっている物だと意識している

・神様につながっているから、右に行っても左に行っても動かされない
・神様ありがとう！　私には、こんなに友だちがいます

☆2曲目「アメイジンググレイス」
♥全体を通して
・みんなで協力している様子　・イエス様の死を表し、「ハレルヤ」とさんびしている
・自分が神様にきせた罪の重さを表現
・痛いけれども、きれいに笑顔で見せることで、神様への愛がふくらむ
♠六つの円になって、フープの上げ下げ
・静かに花が開いていく感じ　・にじの輪
・「神様は、私たちにイエスキリストという花をくださった。その花は一度かれても種をたくさんつくってこの地にのこしてくださいます。」
・神様から命をさずかっている
▲こし上げ・手上げ
・成長　・天にまっすぐ　・生物の成長の祈り　・天に近づく
・天に向かって神様をたたえている　・つぼみが花になる時
・天国にのぼっていく　・神様の所に届くような気がする
・神様は魚にも命をくださる（魚のしっぽみたいでしょ）
・上げている手は、神様とつながっている

♣おうぎ
・さんび　・はばたく鳥　・神様ありがとうと、いっぱいに叫ぶポーズ
・三人のポーズは、こんなに協力できるように成長したよ！
◆十字架
・イエス様と罪人　・十字架にかかる重荷を表現（イエスさまはもっと痛い）
・イエス様の死をむだにしませんと表現　・祈り・感謝
・「イエス様はみんなのために死んでくださった」と強調
・天に向かって集中する。悪魔に心をゆだねるな！

☆3曲目「輝く陽をあおぐ時」
♥全体を通して
・自由　・楽しく賛美　・海　・こんなに楽しい物はありません！
・喜び　・「神様、ありがとうございました。罪をゆるしてくださって、もうくりかえしがないように。」
・元気な賛美　・神をたたえる
・イエスさまが十字架にかかって下さって、私たちは自由になった
・飛んでもはねても崩れない神様の国
♠左右うで回し・ジャンプ・腰回し
・自由という名の喜び　・元気な賛美　・主と一緒に喜んでいる
♣自由に回す

・神様は私たちに自由をくださった　・感謝・賛美・祈り
・自由、イエス様の復活
・神様にもらった一人一人の個性を豊かに発揮させる
▲横一列で前進
・復活をしらせる　・堂々と生きる　・感謝　・みんなで一つのさんび
・みんなでまっすぐ前を向いて生きる決心
・みんな仲間だよ！　大丈夫だよ！
・みんなの祈り　・神様も、僕たちに手をふってくれている
▼円になってウエーブ
・神様の愛をみんなに伝えよう　・あらしのように波を打ち、最後をはでにかざっている　・どんなに高い波が
来ても大丈夫
・礼（おじぎ）　・波　・喜び　・賛美　・喜びの海
・神様・イエス様、本当にありがとうと伝える
・神様のさまざまな恵みに感謝の気持ちを……
◆最後のポーズ
・主と一体になっている　・いきおいがある　・「バシッ」と決める！

資料3　児童の感想文から（「フープでハレルヤ」の感想）

賛美ってすごい！

今年のスポーツに親しむ会は、とてもよかった。自分や友達にも花まるがつけられるくらいだった。

（五年女子児童）

一年生から今まで、讃美歌はただふつうに歌っていた。一つ一つの心がないロボットみたいに。でも、今はみんな違うと思う。だって、スポーツに親しむ会で五年生のみんなと「フープでハレルヤ」をやったから。やっているみんなと来てくれた家族の人、先生達の息がぴったり合っていたような気がしてよくできたと思う。きっとみんなもそう思っているにちがいない。

でも、私はもう一回やりたい。そのわけは、すごく楽しかったし、まだやり残したことがあるような気がしたからだ。もし、またできるのならやりたい。

「次は五年生の〝フープでハレルヤ〟です。」と言うアナウンスを聞いたときはドキドキした。予行練習の時もしたのだが、その時のドキドキとはちがうものだった。競走でもない、運動会での唯一心の休める時だったと思う。さすが賛美だ。

「1・2・3・4、5・6・7・8、……」フープを上げ下げしているときにそういう風に口ずさんでいる。そういう風に言うと、心がなごむような気がするからだ。（中略）「フープでハレルヤ」のためにフープを回す練習を一生懸命した人もいるし、手で回せなくて、練習した人もいた。みんなできるまでがんばったと思う。すばらしいことだ。

やっぱり賛美ってすごい。

『私は、いつも目の前に主を見ていた。

主がわたしの右におられるので、私は決して動揺しない。

使徒言行録二章二五節』

資料4　児童の感想文（「ミレニアム～世紀を越えて～」の感想から）

私たちの最高の表現

（六年女子児童）

「ほらほら、そこ、まがってるよ」。体育館中に、先生の声が鳴り響きます。スポーツに親しむ会最後の六年生の演目、「ミレニアム～世紀を越えて～」の練習をしているのです。

練習は、先生が演技について一つ一つ意味を言いながら、一つ一つ丁寧に教えて下さいました。みんな真剣です。でもやっぱり、倒立ができなかったり、こし上げがうまくいかなかったりなど、とても苦労しました。でも、六年間やってきた仲間との最後のスポーツに親しむ会、ということで、あきらめちゃいけないよ、という言葉が心にみんなあったと思うので、がんばってこれたのだと思います。どうしてもできない、どうしても合わない、などと言うよりも、練習しよう、あきらめたらダメだという気持ちなどが大きかったのは、みんな同じだと思いました。

本番前日、最後の確認、ということで、音楽だけを聞いて目をつむり、頭で形を想像したりしました。そのときは、もうみんなそれに夢中でした。本当にうまくできる事は、そのときは、神さまに祈ることしかないと思っていました。

本番の日、私はとても緊張しました。でも、友達に言ったら、「絶対大丈夫だよ。」といってくれたので、少し心が落ち着きました。一年生、二年生と、ずっとやっていって、いよいよ私たちの番がやってきました。みんな自分の位置について、とても緊張していたと思います。私だけじゃないんだと思っていても、やっぱり少しどきどきしていました。

音楽が流れて、いよいよ私がでてくるところになりました。そのときは、すごくきんちょうしていたけれども、だんだん自分もその気になって、いつもと同じ調子になりました。そして二曲目に入りました。一曲目の終わりにとても大きな歓声をいただいていたので、二曲目もきっとできる、と自分でも感じました。

とがった感じの場面。とてもきれいにできたような気がします。最後、イエス様役の本橋君が上に立ったとき、とても大きな拍手に包まれ、見上げているだけの私も、とてもうれしくなりました。このとき、みんなの気持ちが一つになったな、と思いました。

そして三曲目。初めは腰上げで、木の芽がでているよう、とてもきれいにできました。次はきれいな花、みんなの顔は花のように輝いていました。そして倒立。木になりました。とてもきれいにできました。

そして、お客さんの歓声の中、四曲目に入りました。一番心配なのが、おうぎです。ほんとに、みんなきれいに揃っていました。そしてウェーブ。みんなの気持ちが一つになって、ウェーブが終わり、次は天へ向かうポーズ。みんなで大きく手を天に向かって上げました。

このとき私は感じました。「みんな仲間なんだ。」そう、いま一緒に演技をしている人たちは、六年間一緒に歩んできた仲間なのです。そんな仲間達と、最後のスポーツに親しむ会に参加できたと思うと、とてもうれしいです。

たくさんの仲間と歩んできた六年間を忘れないで、イエス様と、たくさんの支えてくれる仲間達とで、これからも天へ羽ばたいていきたいと思います。もう一度この仲間たちと一つの大きな事をやり遂げたいなと思います。この最後のスポーツに親しむ会は、いつまでも心に残る、一生の思い出になると思います。

たくさんの私を支えてくれるみんな、今までありがとう。そして、あと六ケ月、学校を離れるときまで、（先生も）よろしくお願いいたします。

資料5

二〇〇〇年度スポーツに親しむ会　六年表現　〃ミレニアム　～世紀を越えて～〃

第1部

ナレーター①　私たちが1年生だったとき、クリスマス礼拝で、イエス様のご降誕をお祝いするページェントをおささげしました。私たちは、その時、イエス様をみんなでお迎えする喜びを初めて知ったのです。

ナレーター②　ひとりのみどり子が、私たちのために生まれた。ひとりの男の子が私たちに与えられた。

音楽「讃美歌より　ああ、ベツレヘムよ」

第2部

ナレーター③　神様が下さったこのひとり子イエス様を、私たちは、私たちの罪のために十字架にかけてしまったのです。

ナレーター④　われわれは、みな羊のように道に迷い、それぞれの方角に向かっていった。その私たちの罪を、主は、彼に負わせられた。

音楽「カルミナ　ブラーナより　運命の女神」

第3部

ナレーター⑤　神様は、イエス様を三日目に死人のうちよりよみがえらせました。そして、弟子たちは、新しい力を与えられ、（↑音楽）全世界に出ていって、イエス様の証人となったのです。

ナレーター⑥　一粒の麦は、地に落ちて死なければ、ただ一粒のままである。しかし、死ねば、多く実を結ぶ。

音楽「アデイエマス　世紀を超えて」

第4部
ナレーター　⑦　あの日から二〇〇〇年。
私たちも、イエス様の証人として、世紀を越えて、神様の恵みを語りつごうとしています。
音楽「シベリウス　フィンランディア最終楽章より」

児童の動き

第1部

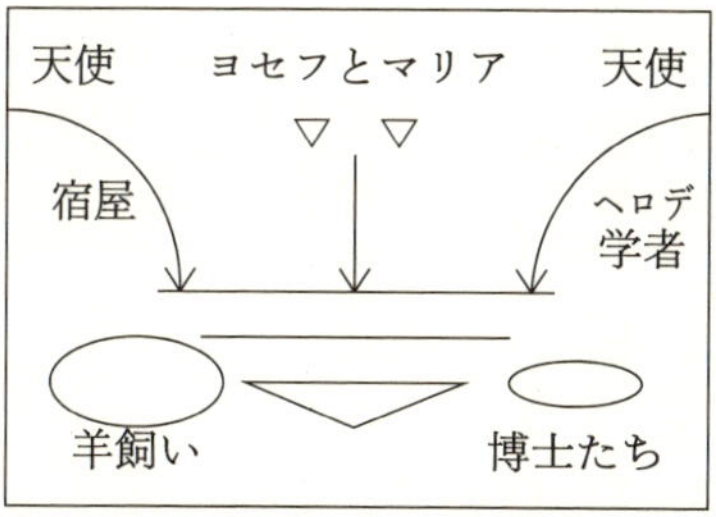

1年生の時のページェントの配役そのままで舞台を構成することにこだわった。成長の恵み，支えてくれている友だちが与えられたことの恵みを考えた。

第2部

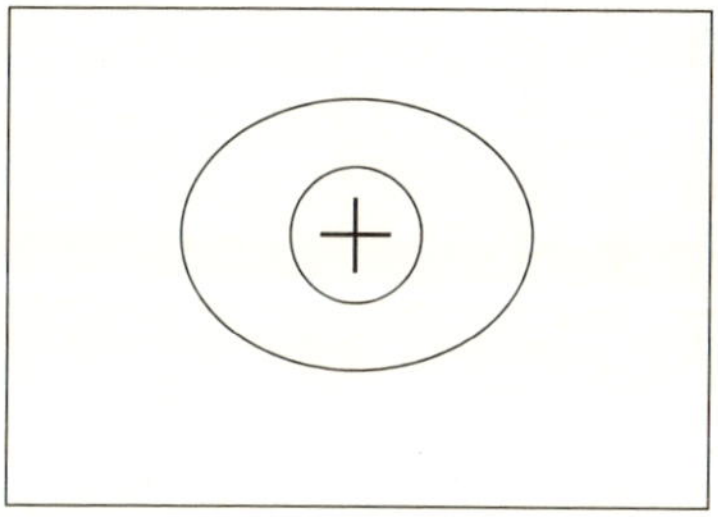

相手を拒否する姿勢。

私たちのかたくなな自分中心の心が，イエス様を十字架につけた。「十字架につけろ！」と叫んでいたのは、私たち自身ではないだろうか。（3段タワーの周りを群衆が取り囲む。）

第3部

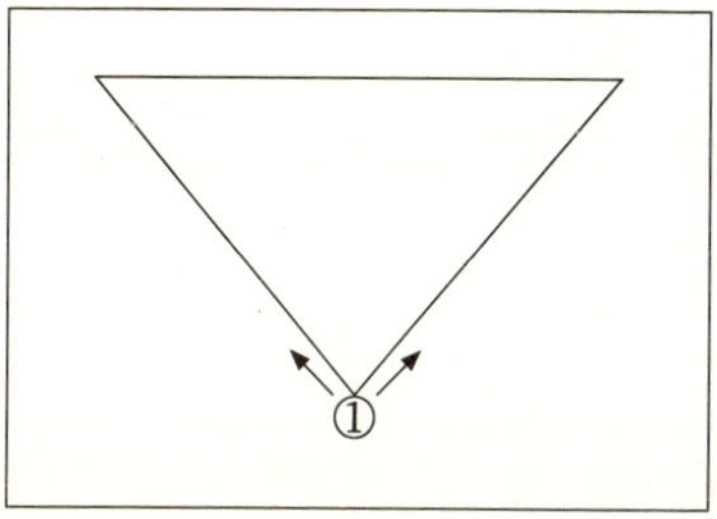

イエス様は十字架でなくなり，復活された。散らばっていた弟子たちは，新しい力を与えられた。2000年という時間・空間を経て、現在の私たちもイエス様を信じる人々の群に連なっている。（①から順に芽が出て広がっていく）

第4部

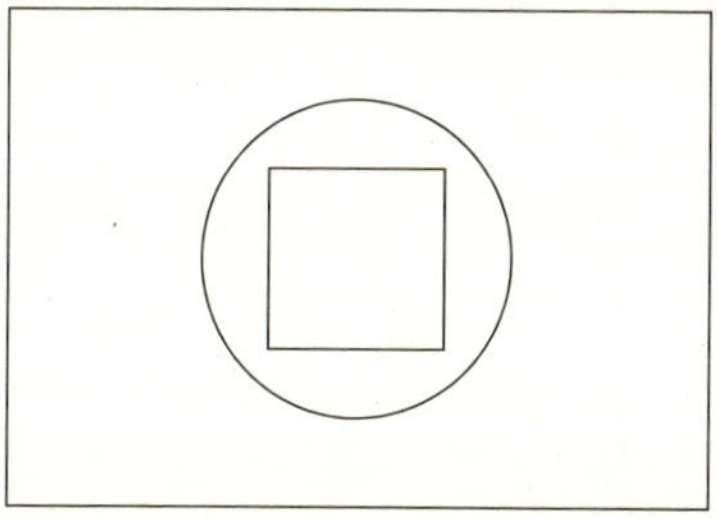

イエス様の愛は，敵意という隔ての中垣を取り去る。私たちは，この愛によって一つになれる。

最後は，天国へのポーズ。神さまに愛されて育った私たちを見てください。（扇の型、ウェーブなど）

4　中等教育（中学・高校）におけるキャンパス・ミニストリーの実践と課題

木戸健一

はじめに

発題にあたって、はじめに二つのことをおことわりしておきたい。それはまず私が教務教師ではなく、社会科の教諭であり、教会の一信徒であるということである。学校伝道研究会には、その成立の経緯から教務教師あるいは牧師の先生方が多く参加され、また会の責任を担われているが、私は社会科の教諭として参加させていただき、キャンパス・ミニストリーについて、共に学ばせていただいている。ここでも信徒である一教員としての立場から発題をさせていただければと思っている。

このことと関連してもう一つは、今回の発題では一教員として学校教育を総合的にみていく視点から、中等教育（中学・高校）におけるキャンパス・ミニストリーの実践と課題について、考えていきたいということである。キャンパス・ミニストリーについてのアプローチの仕方としては、だいぶ回り道になってしまうが、その点をご容赦いただければ幸いである。

1　中等教育（中学・高校）の教育目標

①　中学校の教育目標

まさしく回り道と思われるかもしれないが、中等教育の教育目標とは何であろうか。学校教育法三六条によると、まず中学校の教育目標とは、「一、小学校における教育の目標をなお充分に達成して、国家及び社会の形成者として必要な資質を養うこと。二、社会に必要な職業についての基礎的な知識と技能、勤労を重んずる態度及び個性に応じて将来の進路を選択する能力を養うこと。三、学校内外における社会的活動を促進し、その感情を正しく導き、公正な判断力を養うこと」であるとされている。ここに記されている教育目標とは、一言でいって《社会人としての資質を養うこと》であり、とくにその二などは生徒たちが中学校を卒業した後に、社会に出ることを意識した内容となっている。しかし現状では、中学校を卒業して、すぐに社会人となるといったケースは非常に少なくなっている。そして中学三年生のほとんどの生徒が、中学を卒業すると当たり前のように高校に進学するという状況の中で、偏差値が教育現場に浸透してきた。

元来偏差値とは、ある公立中学校の教師によって、当時一度しかチャンスのなかった公立高校の受験に、生徒たちが出来るだけ失敗しないで、一人でも多く公立高校に進学していくためにと考えだされたものである。(1) しかし偏差値はそのような当初の意図とは別に、高校受験における進路選択を単線化していく傾向を推し進めていくことになる。そして将来の職業のことを考えて、商業高校や工業高校などに進学するというのではなく、普通高校に進学できないから実業高校の進学するという傾向が顕著になっていくのである。これでは学校教育法の掲げる「個性に応じて将来の進路を選択する能力を養う」という教育の目標は、中学校の段階では達成が大変難しくなってしまう。それでも公立中学ならば、たとえ少数ではあっても、将来の職業を考えた上で、実業高校に進学するという友人たちに影響されて、普通高校に進学する生徒も、自分たちの将来のことを考える可能性があるかもしれない。しかし中高一貫の私学などでは、そのような機会もなく、将来の職業まで考えた進路選択は、そのまま大学受験の時まで持ち越されることになるのである。

②　高等学校の教育目標

高等学校の教育目標とは、高校受験（あるいは中学受験）での偏差値を基準とした受験校の選定によって身につけてしまった、「とにかく偏差値の高いところを目指したい」という単線的発想から、それぞれの多様な「個性に応じて進路の選択」をなすための能力を、今度こそは本当に身につけてもらうということになる。しかしそこでもまた、偏差値が待ちかまえている。本来偏差値とは、公立高校の受験のように、皆が一度に同じ試験を受けるときにこそ有効なものである。大学受験という、大学によって受験者の母集団が異なり、さらには受験の科目や方法が多様な場合には、偏差値にもおのずと限界がある。大学受験では、大学ではどんなことを勉強したいのか、将来はどのような仕事をしたいのかを考えた上で、まずは自分がどんな学部を受験するのかを決め、偏差値は受験する大学を考える時の一つの目安として利用するということになる。

ところが成績が良いから医学部を目指すとか、国立大学の法学部を目指すとかいうような単線的発想が、根強い資格指向や実学指向と結びついて、生徒や保護者たちの間に一般的に存在するのも事実である。また高校（あるいは私立中学など）には、偏差値によって輪切りされているために同じような学力を持つ生徒が集められており、その中での相対的な位置の低下によって、多くの生徒たちが公立中学（あるいは公立小学校）では経験しなかった挫折感を味わうことになる。このような場合に問題となるのは、生徒や保護者たちによって、またしても偏差値を基準とした受験校の選定がなされてしまうことや、生徒たちが自信の喪失から自らの進路について真剣に考えることができなくなってしまい、「とりあえず入れる大学に行き、将来のことは大学に入ってから考えればよい」というような発想に陥りやすいということである。また一方では、偏差値を基準とした屈折した思いが、自分たちの学校より偏差値の下位校に対する優越感や、逆に上位校に対する劣等感を生んでいる場合もある。このように偏差値が高いか低いかに左右されてしまい、「個性に応じて進路の選択」をなしていくことが難しくなってしまっている状況のただ中で、それでもなお、真に各自の「個性に応じた進路の選択」が、他でもない生徒自身によって、どうしてもなされていかなければならないというが高等学校の教育目標なのである。

私は、「生徒を自立させる」といっただけでは、この教育目標を十分に達成することはできないと考えている。まずは生徒自身によって、等身大の自己認識がなされ、そしてあるがままの自己を受容することこそが、この「個性に応じた進路の選択」という教育目標に至る出発点なのである。さらにそこから、それぞれの能力を高めていく努力を続けていくと共に、それぞれの個性に応じた仕方で、他者あるいは社会といかにかかわっていくのかを、それぞれの生徒が自分自身に問いかけていく必要がある。それは聖書の言葉でいえば、個人によって違いはあるものの、一人ひとりにその一生を送っていくのに十分なだけ与えられているタラントを、まずは受け入れ、そしてそれをいかにして十分に活用していくのかということである。ただ実際には、この教育目標の達成は、大学進学後さらには大学卒業後にまで持ち越されてしまっているのみでなく、その達成そのものが難しくなっているのが、今日の状況ではある。本来ならば中等教育の教育目標であるはずのものが、生徒の人生の歩みのある時点において真に達成されていくためには、中等教育の場における聖書の言葉に基づく宗教的な、さらにいうならば福音的な問いかけこそが必要なのではないだろうか。

2　教師の基本姿勢

①　個人としての生徒理解

このような教育目標を達成していくために、何よりもまず問われなければならないのは、教師の基本姿勢である。それこそが問題の核心であり、避けては通れない事柄なのである。そして教師の基本姿勢として最も大切なことは、まずは一人ひとりの生徒を、相手の立場に立って理解しようとする姿勢、そして一人ひとりの生徒を真に大切にしていこうとする姿勢である。

そのためにはまず、教師の基本姿勢として「生徒を観る目」[2]を養うということが必要である。「生徒を観る」とは、研究者が研究の「対象」（マックス・ヴェーバーの言葉でいうならば〝ザッヘ〟）を観ていくようなものではないだろうか。そういう意味で、私はここで「観る」を使っている。生徒とは、ある一定の距離を取ることは必要なものの、決して突き放してしまうものではなく、教師が責任と情熱をもって取り組むべき「対象」なのである。具体的にいうならば、面接（生徒・保護者・三者面接など）や、礼拝、授業、特別活動など学校生活のあらゆる機会を通して、「なぜこの生徒は、今このようにしてあるのか」を考えながら、生徒の一人ひとりをよく観ていくということだといえる。その上で生徒や保護者との話し合いによって、それぞれの到達目標を設定し、その達成にむけて適切な助言や助力をしていくことが必要である。この時に常にわすれてはならないことは、いうまでもなく生徒を神によって愛されている存在として、一人ひとりを大切にしていくということである。とくに受験というような結果が問われる事柄については、生徒を手段として扱おうとする誘惑が働くことは、やはり触れておかねばならない。しかし教師の助言や助力とは、教師や学校のためではなく、あくまでも生徒自身にとってよい結果をえるためになされるものでなくてはならないのである。

②　集団としての生徒理解

生徒理解とは、あくまでも個人を出発点としてなされなければならないが、学校という集団の中では、集団の力学とでもいうべきものが働く。この集団の力学を把握していることも大切である。「一人ひとりと話してみると、みんな良い子なのに、なぜ……」というのはよくあることである。個人というのはその集団の中で、それぞれある役割を果たしている。その役割が歪な方向に絡み合いながら集団が動き出すと、「いじめ」なども起こりやすくなってくるし、集団として収拾がつかなくなり、集団として崩壊してしまう危険性が高くなる。逆に生徒集団が、特別活動などを中心に「盛り上がる」と、集団としての有機的な結びつきが高まり、個人の力をより以上に発揮できるようになる。

そこで先程引用した、学校教育法第三六条の「三、学校内外における社会的活動を促進し、その感情を正しく導き、公正な判断力を養うこと」という教育目標の大切さがあらためてわかってくる。この教育目標は、主として集団的な活動の中で生じてくる他者との関係を通して達成されるものである。そこでその達成は、どうしても学校における集団的な教育においてなされなければならないことになる。さらに今後は、総合的な学習などによっても、個人によるだけではなく、集団による問題解決能力を養うことは、中等教育において、ますます重要な課題となるであろう。

ただ申し添えておきたいことは、従来日本の教育界に根強かった集団主義的な教育（「一人はみんなのために、みんなは一人のために」という標語に象徴される）は、どちらかというと個人を犠牲にしてでも、集団としての目標を追求していく傾向が強かったといえるが、私としては、あくまでも一人ひとりの個人を大切にするということを出発点にしていきたいということである。このような発想の根幹には、一匹の子羊をどこまでも捜し求めるイエス・キリストを頭とする、キリストの体としての教会があることはいうまでもない。私たちは、キリスト教学校の到達点をそこに見つつ、個人が真に生かされる共同体を形成していかなければならないのではないだろうか。

またクラスや学年というような範囲をこえて、学校のもつ集団としての特性を捉えていこうとする時に、学校伝道研究会の例会で、以前発表をさせていただいたことである[3]が、学校のおかれている位置を漠然と捉えるのではなく、地域や歴史そして形態などから、学校を類型的に理解することの有効性を指摘しておきたい。学校の類型的な理解とは、単に学校集団の特性を理解するというだけではなく、各学校の教育活動全般のもつ特性を理解するうえでも、私たちに多くのヒントを与えてくれるのではないかと考えている。

3　学校教育の具体的な展開

①　礼拝（宗教教育）

キリスト教学校における教育活動の具体的な展開を扱うときに、何といっても他の学校と際立って、さらにいうならば本質的に違っている点は、礼拝を中核とした宗教教育が存在するということである。キリスト教学校のあるべき姿とは、宗教教育ばかりではなく、他のあらゆる教育活動も、礼拝を中核として同心円状に構成されていることだといえよう。しかし多くの場合、宗教教育は、他の教育活動という焦点と並んで存在する楕円の焦点の一つ、あるいは学校の他の教育活動という集合から、一つだけ孤立して飛び出てしまったような存在になっている。

ただこのようなことは、日本のような異教社会において、信徒数をはるかに越えた規模で教育活動を行おうとする時には、必然的に起こってくることだといえる。このような状況にある日本のキリスト教学校に奉職するキリスト者が、神の召しに誠実に答えていこうとするならば、キリスト教学校の教育活動が、礼拝を中心としたキャンパス・ミニストリーの場として再形成（リフォメーション）されるべく、あらゆる機会を通してチャレンジをしていくことが必要になる。

その時に肝心の礼拝がぐらついていてはならない。私も信徒として礼拝の奨励を担当し、なかなか言葉が生徒に届いていかない現実の中で、随分と悩みもしたが、やはり次のようなことがいえると思う。それは正統主義の教理理解に基づいた弁証論（アポロゲティーク）を基本としながら、倫理や歴史とのバランスのとれた奨励を語るように心掛けるということである。状況主義的な発想から、異教社会に取り敢えず受け入れられようとする話ばかりしていたら、いずれはキリスト教ではなくなってしまう。それは自らを変質させることによって、異教社会における教育活動の中に入り込もうとすることであり、自らを失ってしまうことだといえる。しかし礼拝の説教（奨励）が、生徒の心まで届いていくための努力は、何としても続けていかなければならない。それは様々な異端との格闘の中で、異教社会に伝道をしていった、イエス・キリストの弟子たちや、教父たちのあらゆる努力を、身を持って受け継ぐような思いでなされなければならないことなのである。

また一方では、原理主義的な立場から、異教社会における現実の教育活動との接点を、全く失ってしまうことも避けなければならないことだといえる。この行き方は、かなりの成果をあげることも可能だが、ともすれば成果主義に陥ってしまう危険性がある。私たちは先人たちのあらゆる努力に学びながら、状況主義的でも原理主義的でもない、いわば「第三の道」を模索することによって、礼拝を中心とする宗教教育が、キリスト教学校の教育の中核としての役割を果たしえるように、キリスト教学校の教育全体を、絶えず再形成していかなければならないのである。

②　特別活動

再形成されていかなければならないのは、もちろん礼拝（宗教教育）ばかりではなく、学校における他の教育活動も同様である。まずは学校行事についてみると、そこでの教育目標の達成が、学校教育全体にとってなくてはならないものであったとしても、目標の達成を目指すあまり個人を犠牲にするようなものであってはならない。また部活動などでは、主日の遵守などの点において、キリスト教学校としての立場を守っていくということ、生徒の自己実現を進めていくということを、いかにして両立させていくのかという課題がある。さらに特別活動と、キャンパス・ミニストリーとの接点を求めていこうとする時、まずはボランティア活動を進めようとする傾向があるが、そればかりではなく特別活動の様々な場面において、キャンパス・ミニストリーとの接点を求めていこうとする姿勢を失ってはならないといえる。

③　教科教育

何といっても学校教育の中心は教科教育にある。学校教育での大半の労力と時間は、教科教育に費やされているのである。この教科教育が、「聖書科の時間以外は建学の精神であるキリスト教とは何の関係もありません」というのではキリスト教学校の教育としては十分とはいえないのではないだろうか。その意味で、「キリスト教学校がその使命を果たすのは教室である」(4)という指摘は、しっかりと受けとめていかなければならないものだといえる。キリスト教学校における教科教育の意味と目的に関していうと(5)、一つには、科学的真理と宗教的真理とを全く切り離して捉えようとするのではなく、互いに緊張関係を持ちながらも、「神への畏敬」が「真理への畏敬」を生み出していることを指し示すことである。もう一つには、今日の国際社会において普遍的な価値を持つ民主主義が形成される上で、キリスト教が果たしてきた歴史的役割と、個の独自性を生かしながら相互の共同性をつくりあげていくという現代社会の根本的な課題や、平和・人権・環境というような個別の課題に対しても、キリスト教が果たしえる今日的役割とを、生徒に認識してもらうということだといえる。

4　結びにかえて

最後に、キリスト教学校に働きの場を与えられているキリスト者の教師である私自身が、一人の信仰者として、生徒に示していきたいと思っていることを述べることで、結びにかえさせていただきたい。それは私自身が、神の創造された世界と人間に希望を持ち、生徒たち一人ひとりの将来に希望を持っているということである。私自身は、このことを経済史家であった大塚久雄の、研究者さらには教育者としての姿勢を根底から支えていた、一人の信仰者としての姿勢に学んできた。[6] そして神義論的問いを持ちつつ、イエス・キリストの十字架による罪の赦しと、イエス・キリストの復活そして再臨とによる終末論的希望とによって支えられていた、大塚の研究者・教育者であると同時に信仰者としてのあり方から、[7] キリスト教学校の教師のあり方、さらにはキリスト教学校の教育のあり方を考えていく上で、これからも学ぶべきことは多いといえよう。

［本稿は、二〇〇一年八月二日に行われた学校伝道研究会第一八回夏季研修会での発題を書き改めたものである。］

注

（1）　桑田昭三『よみがえれ、偏差値――いまこそ必要な入試の知恵』（ネスコ発行、文芸春秋発売、一九九五年）参照。

（2）　この点に関しては、キリスト教学校教育同盟第六一回夏期研究集会で行った発題、「私たちは生徒をどう観るか――高校教育の現場から」で拙論を展開している。「キリスト教学校教育第三二一号」（一九九一年九月一五日発行）所収。そこでの議論を一部紹介すると、「キリスト教学校につとめるクリスチャンの教師として、あのイエス・キリストがもっておられたような、人を生かすような眼差しで生徒を観ていけたらと願っている」が、実状は、たとえば高校三年生の担任を続けていると、生徒を受験というような「一定の関心からのみ観ていく」ようになりがちである。そこで私が、「常に心掛けていることは、自分の思いで生徒を動かそうとするのではなく、彼らの個々の可能性を引き出そうとする姿勢である。そして、個々の生徒を、その生徒のもつ様々な背景から理解しようとつとめ、全人格的な理解は到底無理だとしても、せめてある一定の見方から決めつけてしまうことのないようにつとめている。また、ともすれば、私たちは生徒を観ていると、彼らの将来についても否定的になりがちだが、神が自ら創造されたものを良しとされたように、肯定的な目で、彼らのつくり出す将来を見守っていきたいと思っている」というものである。

（3）拙稿「キリスト教学校の類型的理解への一試論」『キャンパス・ミニストリー』第九号（学校伝道研究会紀要、一九九五年）所収、参照。

（4）小林宏「今日おける学校伝道――教育の宣教的役割」学校伝道研究会編『キリスト教学校の再建――教育の神学第二集』（聖学院大学出版会、一九九七年）所収、二五六頁。

（5）この点に関しては、キリスト教教育学校同盟機関紙上の「信じるとは――キリスト教への道」という連載記事において、「学習の意味」「学習の目的」と題して二回にわたり拙論を展開している。「キリスト教学校教育第四二〇号及び四二一号」（一九九八年六月一五日及び同年七月一五日発行）所収、参照。

（6）稿者の大塚久雄に関する理解については、拙稿「大塚久雄における「苦難の神義論」の意味――社会科学と信仰のあいだをめぐって」『キャンパス・ミニストリー』第一二号（学校伝道研究会紀要、一九九九年）所収、参照。

（7）大塚久雄「「古代ユダヤ教」におけるヴェーバーの課題」『大塚久雄著作集第十二巻――社会科学とヴェーバー的方法』（岩波書店、一九八六年）所収、二八七頁。及び「大塚久雄先生に聞く」『大塚久雄著作集第十三巻――意味喪失の文化と現代』（岩波書店、一九八六年）所収、参照。

5 「緑聖教会」の試み

——学校伝道の一展開例——

濱田辰雄

学校伝道研究会は、キリスト教学校にあってキリスト教教育と福音伝道に奉仕する者たちの研究サークルである。この会の特徴はその名称が示しているように「伝道」意識が強いということである。キリスト教学校で伝道するということはどういうことであるか、それを一貫して追及してきている。この探求の中で絶えず議論のテーマに挙げられてきたのが、言うまでもなく「教会」との関係である。明治期に創設されたキリスト教学校の多くは外国各教派のミッションボードの働きに負うている。それは取りも直さず各ミッションボードの伝道意識によって設立されたことを意味している。しかし歴史を経るにつれて、種々の要因によってキリスト教学校はミッションボードから独立して、自立した営みをするようになった。それは、結果としてキリスト教学校から伝道意識が薄れていったという事態を招いた。現在の日本伝道の不振の原因の一つはここにある。キリスト教学校と教会との関係がもっと密にならなければ日本伝道の未来はまことに心もとないと言わざるを得ない。

さて「緑聖教会」はこの流れを特別意識して設立されたわけではない。しかし結果として、キリスト教学校との関係のあり方の一つのモデルケースになり得るかもしれないし、またそうでありたいと関係者は願っている。かつて各キリスト教学校と深い関係にある教会はいくつもあった。しかし時が経つにつれ、それぞれの規模の差、教育意識と伝道意識のずれ、その他種々の要因が絡まって両者は分離していった。しかし「緑聖教会」はあえてその流れに抗してキリスト教学校と教会の「伝道における一体化」を目ざして設立された。以下、「緑聖教会」の試みを紹介して教会と学校との関係、特に学校伝道を考える者たちの参考に供したいと思う。

一、前　史

緑聖教会は一九七六年四月十八日イースター聖日に礼拝をささげてその歩みを開始した。この礼拝には学校法人聖学院、女子聖学院短期大学、日本基督教団滝野川教会の関係者らが出席した。緑聖教会（開設当時は緑聖伝道所）の性格をこれらの出席者がよくあらわしている。聖学院も滝野川教会も旧ディサイプルス派（クリスチャン・チャーチ）を源としている。アメリカ・ディサイプルスミッションは一八八三年二組の宣教師夫妻を日本伝道に遣わした。そして二十年後、聖学院神学校や滝野川教会が建てられたのである。

学校法人聖学院は一九六七年上尾の地に女子聖学院短期大学を開設した。そして一九七二年に二代目宗教主任として滝野川教会副牧師小倉義明牧師が赴任した。小倉牧師は宗教主任として奉仕するかたわら、聖日の朝から夕方まで滝野川教会で奉仕し、夜は短大関係者が女子聖短大寮で守っていた礼拝で奉仕をされた。

一九七五年秋、滝野川教会名誉牧師であった千葉儀一牧師が召天され、関係者が協議した結果、記念事業として女子聖学院短大事務所跡地に伝道所を開設することになった。

二、伝道所開設、その後の歩み

緑聖伝道所設立のために、学校法人聖学院（代表者・理事長石川清）と日本基督教団滝野川教会（代表・主任担任教師大木英夫）とは「覚書」(注1)を取り交わした。この覚書は八項目からなっているがその大意は三点に要約できる。第一はこの教会は近隣地域への伝道と女子聖学院短期大学への伝道とを使命とすること、第二は教職人事は滝野川教会が責任を持つこと、第三は集会場所については学校法人聖学院が責任を持つというものである。ここに日本伝道史に希有な教会が誕生した。地域伝道と学校伝道両方を使命とする明確な理念を持った教会、それを滝野川教会と聖学院とが支えるという明確な支援体制と構造をもった教会として緑聖伝道所は誕生し、以後この根本精神は変わることなく現在も緑聖教会に受け継がれている。

伝道所の担任教師には当時滝野川教会の神学生（東京神学大学大学院博士課程前期修了見込）であった濱田辰雄が任じられ、女子聖短大宗教主任であった小倉義明牧師が協力牧師として奉仕することになった。ディサイプルス教会の伝統に一つに、毎聖日礼拝に聖餐式を執り行うということがあり、濱田が未だ按手礼を受領していなかったため伝道所の礼拝は聖日夜七時から持たれ、大木英夫牧師、近藤勝彦牧師、金澤勤牧師、上川嬰児宣教師らが聖餐式執行（時に説教も）の奉仕をされた。小倉牧師は伝道所開始後ほどなく二年間の予定でアメリカへ留学されることになり、本格的に奉仕するようになったのは一九七八年秋以降となった。もう一つ受け継いだ伝道にバプテスマは全浸礼で行うということがあり、伝道所にバプテストリーが出来るまでバプテスマ執行は滝野川教会で行った。この二つの伝統はずっと受け継がれ、二〇〇四年秋に献堂された聖学院大学との共同チャペルには、聖餐台が常備され、聖壇奥にはバプテストリーが備えられた。

濱田は伝道所赴任後、伝道所以外にも女子聖短大で授業を受け持つことと、同短大寮で月一回のキリスト教集会へ奉仕することが始まった。

小倉牧師が帰国後、聖日礼拝を朝に持つようになり、本格的に伝道活動が始まった。この頃から女子聖短大生も受洗するようになった。また小倉牧師を所長として女子聖学院短大宗教センターが発足し、濱田も幹事として奉仕するようになり、女子聖学院短大をキリスト教学校としてより充実させるための働きが始まった。学校伝道研究会が「キリスト教学校に奉仕する牧師の集い」として発足するのもこの頃である。濱田はまたCFという女子聖学院短大生たちのキリスト教サークルの顧問という形でも学生伝道を始めることになった。また一九七八年に女子聖学院短期大学附属幼稚園（現、聖学院みどり幼稚園）が開設され、濱田は月一回母親たちの聖書教室の講師として奉仕することになった。

この後、小倉牧師が女子聖学院中学・高等学校校長として転任されることになり、以後女子聖学院短大の宗教主任は西谷幸介牧師、阿部洋治牧師らが順次就任され、そのまま緑聖教会協力牧師として奉仕されることになった。現在は大学チャプレンの菊地順牧師、相澤一牧師が協力牧師として奉仕して下さっている。

一九八八年聖学院大学が開設されると、聖学院大学・女子聖学院短期大学宗教センターと改組され、所長に近藤勝彦牧師（東京神学大学教授）が就任されることになるが、濱田は変わらず幹事として奉仕を続けることになる。それは第一次覚書はこれ以降、二次、三次、四次と改訂されていくのであるが、その過程で「緑聖教会主任担任教師は宗教センター（略称）の幹事として奉仕する」という一項目が明示されたからである。この規定により、緑聖教会牧師は宗教（現キリスト教）センター委員会の正式構成メンバーとして位置づけられ、準チャプレン扱いとなった。これにより、法的には非常勤講師であり教授会には一切関わらないが、大学・短大のキリスト教（的）活動にはそのすべてにかかわりと責任を持つようになる。誤解を恐れずに言えば、ことキリスト教活動に関しては一般教授より権限が与えられる場合がしばしばある。ここに他には見られない学校と教会との関係が成立している。

一方、緑聖教会は日本基督教団所属の教会としてもその歩みをなしてきており、教団の規定に則して第二種教会、第一種教会と成長してきた。その過程で「覚書」への関わり方が少しずつ変化し、第三次のときから緑聖教会も覚書締結当事者となり、学校伝道へより重く責任が課せられることになる。また先に延べたように一九八八年に聖学院大学が開設されたことと期をあわせるように、従来の会堂が老朽化して使用できなくなり、大学校舎内の合同教室を借りて礼拝その他の集会を持つこととなった。牧師館は駅近くのマンションへと移ることになった。この頃から新チャペル建設の機運が盛り上がり、女子聖学院短大卒業生からチャペル建築の献金が寄せられたことを機に、聖学院大学・女子聖学院短期大学・緑聖教会三者による募金委員会が結成され、幾度となく委員会が持たれていく。そして機が熟し、聖学院本部が参加して大木英夫理事長・院長が委員長であるチャペル建築委員会が結成された（一九九四年）。以後六十数回の委員会が開かれた後、遂に二〇〇四年十一月二三日献堂式の運びとなる。そしてこれを機に、第五次覚書が締結されることになり、学校法人聖学院（代表者・大木英夫）・日本基督教団滝野川教会（深井智朗）・聖学院大学（阿久戸光晴）・日本基督教団緑聖教会（濱田辰雄）の四者によって献堂式の日付で締結された。(注2)

第五次覚書の基本精神は一次〜四次のものと変わらないが、新しく確認されたことは、チャペルは大学と教会の共同使用であること（週日は大学が主たる使用責任を有し、日曜日は教会が主たる使用責任を有する）、日曜日午後および週日の教会の諸集会のために「緑聖ホール」が用いられる。このホールは基本的に教会が使用責任を有するが、特に不都合がない限り大学・幼稚園その他聖学院関係団体の採用申込みには無条件で提供すること、などである。

濱田は二〇〇五年四月より聖学院みどり幼稚園園長の職もかねることになり、緑聖教会のキャンパス・ミニストリーの責任と範囲はいよいよ大きいものとなっている。

三、「緑聖教会」の意義・特徴と課題

以上紹介してきたように、緑聖教会はすぐれて「学校教会」である。通常「学校教会」と言われる時若干否定的なニュアンスがあるようである。それは学校の影響力が教会に対して強すぎて教会の主体性を確立するのに困難を感じ

るケースが多いからである。事実今まで数多く建てられた学校教会の多くはやがて学校から分離していった例が多い。教会の主体性を確立するためにはやむを得ない措置であったと思われる。学校と教会とはやはり、その規模も構造も相当に違うのであり、時としてその目的も違ってくる。いわゆる同床異夢という状態である。これでは分離・独立という事態が生じるのは止むを得ないことである。

しかし緑聖教会は初めからすぐれて「学校教会」となるために設立された教会であり、教会の主体性は「学校教会として」の内実を深めることによって確立される。ここに緑聖教会独自の意義と特徴がある。聖学院大学や聖学院みどり幼稚園がキリスト教大学・キリスト教幼稚園としてよく機能するために、緑聖教会は「教会」としての霊的充実を図らなければならない。それは地域教会として充実していかなければならないということと決して矛盾しない。教会はキリストの体として肢体を多くもっており、それらがイエスにあって一つとされていくところに「一つの御霊」の働きがある。地域の人々と大学・幼稚園の人々とを「一つ」に結び合わせるところに「教会」の主体性がある。霊的次元ではそれは教会しかなし得ないことであるし、また教会の霊的実力が問われるところでもある。

緑聖教会は、学校と教会が深いところで一体であるあり方を目ざしている。一見、法的・形式的・外的には、学校は教会がなくても存在し得るし、教会も学校なしに存在し得る。しかし緑聖教会と聖学院大学（および聖学院みどり幼稚園）の関係はそうではなく、緑聖教会は聖学院大学なしには存在し得ず、聖学院大学も緑聖教会なしには存在し得ないという関係にある。またそれを目ざしつづけている。この祈りを具現化するために なされた配慮が以下に述べる当教会の特徴である。

(1)　意義と特徴

a　「覚　書」

先述したように緑聖教会は、滝野川教会と学校法人聖学院とで交わされた「(第一次)覚書」によって設立された教会である。そして現在この覚書が第五次まで継続されて締結されているのであるが、このことは緑聖教会にとって決定的な意味を持っている。これまでの一般的教会はもちろん、学校教会もある意味で自然発生的に誕生したと思われるが、この教会はそうではなく、明確な設立意志と目的があって生まれた教会である。それは地域と聖学院との両方に向かって福音伝道と教会形成をなしていくということであり、また「分かたれることなく、混同されることなく神の栄光のために相互に支え合いつつ奉仕する」という仕方で聖学院と協力しつつ伝道の拠点としての学校教育を形成していくということである。それゆえこの教会では地域伝道と学校伝道とが一体のこととして推進される。学校を無視してこの教会は成り立たない。また聖学院大学・聖学院みどり幼稚園もこの教会をはずしてそのキリスト教性は保持し得ない。

このような覚書を交わしての教会形成と学校伝道を開始した意味は、結果的にそれまでの日本伝道、学校伝道への反省となったということである。各教会は、ミッションの伝道時代を過ぎると教会形成こそが伝道であるという姿勢が明確になり、学校というような文化領域に関わることが少なくなっていった。時として文化領域と一線を画することこそが本来的伝道であるという主張が高調されたこともある。しかしその結果、この国では教会が社会と接点を持たない仕方で遊離していったのである。現在、それが明瞭に表されているのが教会学校である。キリスト教学校や幼稚園・保育園と関係している教会学校は比較的生徒数が多く。そのつながりを持たない教会学校は生徒数が少ないと言われている。一方キリスト教学校は、「教育」の独自性を強調するようになり、「伝道」を排除する傾向が強くなった。また学校全体の規模が拡大していったことなどから意識的に教会と距離を置くようになっていった。その結果、キリスト教学校の世俗化が進み、クリスチャン教師・職員の減少という現象を生み出していった。クリスチャンコードを維持したくても現実がそれを許さなくなったのである。

伝道もキリスト教教育も、教会と学校との密接な協力関係がなければ難しいと緑聖教会設立時の関係者は考えた。過去に聖学院と関係のあったある教会とのトラブルの経験も「覚書」締結の理由の一部にはあったのであるが、それよりもこれらの日本伝道のヴィジョンという観点からすぐれて「学校教会」たるべく「覚書」によってこの教会は設立されたのである。「明確な幻（ヴィジョン）を持った誓約共同体」、という性格をこの覚書は決定づけたのである。

b　聖学院キリスト教センター（さいたま・上尾キャンパス）

キリスト教センターは、はじめ女子聖学院短期大学宗教センターとして始まった。初めはクリスチャン教師たちの親睦的要素もあったが、次第に短大そして大学の中核部分をなす組織へと変化していった。そして緑聖教会牧師は宗教センター幹事として奉仕することが覚書に明示され、短大・大学内にしかるべき位置を持つことが確立された。入学式・卒業式等重要儀式をはじめとして、全学礼拝、キリスト教科目の授業、学生のキリスト教活動、その他あらゆるキリスト教活動に責任的に関わることになる。その意味で、緑聖教会（牧師）をはずして聖学院の短大・大学のキリスト教活動はなし得ないという構造になったのである。この構造がこれまでの一般的学校教会にはなかったのである。この構造がある限り、教会と大学とはキリスト教活動・伝道において一体であり続けることができる。

二〇〇三年度から宗教センターは「キリスト教センター」と改称し、さらに二〇〇四年度からは法人全体の「聖学院キリスト教センター」が発足した。

c　滝野川教会との関係

教会の関係で言えば、滝野川教会は緑聖教会の親教会であり、緑聖教会は滝野川教会のブランチである。日本基督教団の教規から見れば現在緑聖教会は第一種教会であり滝野川教会とは同等であるが、精神的には依然として親子関係であり続けるし、その自覚が重要である。およそ教会はすべてそれぞれ「伝統」を受け継いで成り立っている共同体である。その伝統の中心に信仰告白や聖礼典があることは言うまでもない。滝野川教会に流れているそれらの信仰の系譜と遺産が緑聖教会を支えている。もし緑聖教会の教職に滝野川教会の信仰の系譜を理解しない者が就任したとすれば、それは本人にとっても教会にとってもそして聖学院にとってもそれはただ混乱をもたらすだけであろう。滝野川教会こそが聖学院との関係を築いてきたのであり、滝野川教会をはずして聖学院との関係も成立し得ない。緑聖教会を生み出した覚書はまずは「滝野川教会」が聖学院と取り交わしたのである。日本ディサイプルス教会史である『基督教会史』をはじめ、『聖学院八十年史』『滝野川教会七十五年史』、いずれを読んでも滝野川教会には聖学院の歴史のすべてが流れ込んでいる。かてて加えて大木英夫牧師の牧会時代以来の日本伝道への熱意と壮大なヴィジョンがある。雑誌『形成』はその目に見えるしるしである。これらを背景として緑聖教会は成立している。滝野川教会という裏づけが緑聖教会の学校伝道を確かなものとしている。この意味で緑聖教会の教職人事は、滝野川教会の信仰的伝統を継承している者が遣わされるのが望ましいし、またそうでなくてはうまく機能しないと思われる。

(2) 課　題

a　教会構成員の質と量

教会構成員とは牧師と信徒とのことであるが、以上に述べてきた緑聖教会のヴィジョンを具現化するためにはどうしてもその担い手である牧師と信徒の質と量が問題になる。まず質の面であるが、学校教会という特性を有していることで他の教会以上に牧師・信徒ともに「指導力」が求められる。第一に霊的指導力、次に人格的指導力、そして第三にこれは特に牧師に求められることであるが学問的指導力である。既述した緑聖教会と聖学院大学との関係に即して言えば、この大学の霊的レベルについては緑聖教会に責任があることを自覚するべきである。教会が大学に奉仕する最大のことは大学の霊的向上に寄与することである。緑聖教会は、キリスト教センターと共に大学の霊的心臓部としての機能を果たさなければならない。現状は未だその責任を十分に果たしているとは言えない。教会の霊的自己研鑽を励まなければならない。人格力は霊性と相俟っているが、新来者特に聖学院大学生たちを受け入れる際の対応などに主の愛の証しが求められる。

学問的指導力は、教会の牧師も大学内で様々な研究活動や授業で奉仕することが求められることから来る要求である。濱田自身はとても覚束ないが、今後の緑聖教会担任教師にはこの面での実力も要求されることは覚悟しなければならない。

次に量の面であるが、これも重要なファクターであると考える。緑聖教会の年間礼拝出席者（平均）は二〇〇四年で見ると、牧師三名、現住陪餐会員二五名、他教会員四名、求道者二五名、計五七名である。この量で三〇〇〇名以上いる学生・教職員やみどり幼稚園に影響を与えることは困難である。せめて毎週一〇〇名程度の教会員が礼拝に出席・奉仕するというぐらいにならないと、この教会の学校伝道の責任をよく果たしていくことは難しい。また緑聖教会に与えられた使命を果たしていくためには教会員の中にある程度の聖学院教職員および学生がいなければならない。現状はまだ足りない。量の拡大も当面の課題である。

b　滝野川教会、聖学院大学、聖学院みどり幼稚園との交流

この教会の特性と使命からして、これら三者との緊密な交流は必須要件なのであるが、現実はなかなか難しい。というのは、教会員が集うのは当然聖日（日曜日）であり、一方大学・幼稚園は週日に活動を行っているわけで、両者が出会う接点を見出すのが難しい。また滝野川教会も三〇キロメートル離れた地で同じ聖日に別に礼拝を守っているわけで両者が出会うことはほとんど不可能である。現状での接点は、教会主任牧師すなわち濱田及び協力牧師である大学チャプレンに限定されている。わずかに教会の週日の祈禱会に学生や教職員が参加していることが挙げられるかもしれない。しかしこの現状ではとても緑聖教会に与えられている使命を全うし得ない。いかに四者間の信徒レベルでの交流を具現化していくか、喫緊の課題である。

四、結語

前項で述べたように課題も多くある。しかし可能性もまた多く持った教会である。何よりも大学チャペルをはじめ、建造物・組織において緑聖教会と聖学院大学は一体であるし、またさらに信仰的遺産と志において一体である。これだけの協力・支援体制を持った学校教会は他に類を見ないと思う。二〇〇六年に教会は創立三十周年を迎える。二〇〇八年には幼稚園が三十周年、大学が二十周年を迎える。新しいチャペルに出来ればその二〇〇八年度中にパイプオルガンを設置したいという願いがある。そして二〇〇九年には日本におけるプロテスタント教会伝道開始一五〇周年を迎える。

緑聖教会の設立とその証しが、日本におけるプロテスタント伝道の一モデルとなるよう奉仕していきたい。これが筆者の切なる願いである。

（注1）

覚書

学校法人聖学院と日本基督教団滝野川教会とのあいだに次の如く覚書を取り交わす。

1、女子聖学院短期大学のキリスト教教育の充実及びその地域の伝道の為に学校法人聖学院と、日本基督教団滝野川教会の両者協力してキリスト教伝道所（仮称）を開設するに同意した。

2、日本基督教団滝野川教会は教職について責任をもつものとする。

3、学校法人聖学院所有の下記の土地建物を無償にて使用することを認める。
土地　大宮市日進町三丁目三五七番一
学校敷地　一、三九〇平方メートル（四一七坪）
建物　大宮市日進町三丁目三五七番
木造スレート葺二階建二三六平方メートル（七〇・八坪）
建物一階にある県南水道貯水槽管理、保存一切は短大でする。（県南水道貯水槽は廃止済）
4、キリスト教伝道所は他の目的に使用したり、伝道所を移転閉鎖した場合は学校法人聖学院は使用を取り消すことがある。
5、土地、建物の模様替えについては、学校法人聖学院の許可を得ること。
6、伝道所の運営については、女子聖学院短期大学と滝野川教会が協力して行い、細部については両者の話し合いにより目的達成につとめる。
7、覚書有効期間は一〇年とし、学校法人聖学院と滝野川教会との相方合意の上にて延長することが出来る。
8、この覚書事項は一九七六年四月一日より発行する。

昭和五一年四月一日

学校法人聖学院
理事長　石川　清
日本基督教団滝野川教会
代表役員　大木英夫

（注2）

緑聖教会に関する第五次覚書

学校法人聖学院、聖学院大学、宗教法人「日本基督教団滝野川教会」（以下滝野川教会と略す）及び日本基督教団緑聖教会（以下緑聖教会と略す）は、女子聖学院短期大学によって種が蒔かれ、その志が聖学院大学へと継承され、さらに緑聖教会が加わった献金・募金と祈りとによって完成した聖学院大学のチャペルの完成にあたり、一九七六年から二〇〇四年までに取り交わされた第一次から第四次までの覚書の精神に基づき、以下のような緑聖教会についての覚書を取り交わす。

緑聖教会の沿革

一八八三年に日本での伝道を開始した「基督教会（ディサイプルス）」は、一九〇三年に教職者養成のために本郷教会内に聖学院神学校を設立した。神学校の初代校長H・H・ガイ博士は、その翌年現在の聖学院中学高等学校の敷地内に神学校を移転し、その中に神学生たちの礼拝の場として、現在の滝野川教会の前身である滝野川基督教会が設立された。

その後聖学院神学校は青山学院神学部と合同し、聖学院は幼稚園から高等学校までを擁する法人に発展した。また滝野川基督教会は聖学院教会となり、さらに聖学院教会、滝野川教会との並存時代を経て、戦中、滝野川教会として町の教会となった。

一九六七年、学校法人聖学院は、埼玉県上尾市に聖学院における最初の高等教育機関として女子聖学院短期大学を開設した。当時の理事長石川清氏は、この事業の教育的な貢献のみならず、伝道的な意味を明確に自覚していた。同様に短大関係者も学生諸氏や地域の人々への伝道のために教会の設立を願っていた。

他方で滝野川教会は当時の名誉牧師であった千葉儀一牧師の召天を記念する事業として、伝道所の開設を協議し、その可能性を模索していた。当時の主任担任教師大木英夫牧師は学校法人聖学院との協議を経て、女子聖学院短期大学事務所跡地に伝道所を開設することを合意し、両者の間で取り交わされたのが第一次覚書である。この覚書に基づき一九七六年四月に滝野川教会はその伝道所として緑聖教会を設立し、初代の牧師として濱田辰雄牧師が就任した。

この伝道所は地域への伝道のみならず、女子聖学院短期大学と同短大付属幼稚園（現在の聖学院みどり幼稚園）の伝道のために、また一九八八年に聖学院大学が開設されてからは、大学、大学院を含めた大宮上尾キャンパスのキリスト教教育を支えてきた。その間伝道所は成長し、一九九六年に伝道所から第二種教会となり、二〇〇一年には第一種教会となった。

緑聖教会の礼拝は本覚書に基づいて最初は女子聖学院短期大学の事務所跡にて、後には聖学院大学四号館にて行われてきた。

このように女子聖学院短期大学によって種が撒かれ、聖学院大学によってその志が継承されたことにより、二〇〇四年に緑聖教会との共同の事業としてチャペルが完成し、緑聖教会の礼拝も大学礼拝と共にこのチャペルで行われることとなった。

聖学院大学と緑聖教会との関係は、我が国のキリスト教学校における学校と教会との関係が歴史的には全く新しい段階に至ったことを意味しており、そこでは、学校と教会とが共同的人格を持ち、分かたれることなく、混同されることなく神の栄光のために、相互に支え合いつつ奉仕することが確認されるべきである。

二〇〇四年の時点での大宮上尾キャンパスにおける学校と教会との関係は、短大設置時において両者が共有していた伝道と教育とについての崇高な精神の果実であり、まもなく四〇年に至ろうとするその歴史は、両者の聖なる志と聖なる交流の実証の歴史であり、ここに奉職した教職員、ここに学んだ学生・園児たち全て、そして緑聖教会に関わった全ての人々がその証人である。それゆえにこの覚書の精神とその運用の歴史に反する如何なる規則や計画も無効である。

1、学校法人聖学院と滝野川教会とは、聖学院大学大学院、聖学院大学及び聖学院みどり幼稚園のキリスト教教育の充実と地域への伝道のために、緑聖教会を支援する。緑聖教会は、これに応えて、地域への伝道と共に聖学院大学大学院、聖学院大学及び聖学院みどり幼稚園のキリスト教活動のために必要な責任を負う。

2、緑聖教会は、その教職人事について、教会の設立の経緯と歴史的経過に鑑みて滝野川教会との合意の上、それを取り扱うこととする。

3、学校法人聖学院は、緑聖教会の集会場所及び牧師館についての責任を持つこととする。集会場所とは聖学院大学のチャペル及び周辺施設をさすが、その運用については本覚書の精神に基づいて作成される内規に基づくものとする。

4、緑聖教会の担任教師は、キリスト教センター委員会の構成員となり、そのうち一人は幹事となる。

5、緑聖教会は、大宮上尾キャンパス内伝道についてはキリスト教センターとの十分な協議によってその目的の達成につとめることとする。

6、緑聖教会の名称については、当分の間通称として聖学院大学緑聖教会、聖学院大学教会なども併用し、しかるべき名称が決定された場合には、日本基督教団への名称変更の手続きの完了をもって正式な名称として使用されるべきである。

7、この第五次覚書の有効期間は一〇年とするが、その延長や継続を妨げるものではない。
8、この「覚書」は二〇〇四年十一月二三日より発効する。

二〇〇四年十一月二三日

学校法人聖学院
理事長・院長　大木英夫

聖学院大学
学長　阿久戸光晴

宗教法人「日本基督教団滝野川教会」
代表役員　深井智朗

日本基督教団緑聖教会
主任担任教師　濱田辰雄

6　これからの日本伝道とキリスト教学校

古屋安雄

序

言うまでもないが、これからの日本伝道とキリスト教学校という問題を考えるには、これまでのそれから出発せねばならない。

先ず、これまでの伝道であるが、明治以来一三〇年以上になるというのに、キリスト者はいまだに人口の一%にみたないことに端的に示されているように、伝道は遅々として進捗していない。

他方、キリスト教学校は、小、中、高等学校は量的には多くないが、質的には高く評価されている学校が少なくない。短大と大学は、量的にも全国の約一〇%をしめる学生を擁しており、その社会的影響力は、決して小さいとは言えない。

エドウィン・ライシャワー教授の次の言葉は、二〇年前のものであるが、それはこれまでの教会の伝道とキリスト教学校の教育の結果であって、今でも通用するであろう。

「近代日本社会に対するキリスト教の影響は、その信者の数が示すよりはるかに大きいものがある。数は少ないが、キリスト者は社会における最も教育された、指導的な人々のなかで強力な要素であり、それゆえに不均衡なほどの影響力をもっている」（*The Japanese*, 1977, p. 221）。

したがって、山折哲雄教授の以下のような、不満が出てくるのである。これは、日本人にいったい宗教や信仰はあるのか、という言説は、キリスト教の一神教的な宗教観と信仰観からの偏見である、という主張のなかで言われたものである。

「日本人の多くは明治以降、キリスト教徒でないにもかかわらず、キリスト教徒の目で自分自身の内面に問いかけてきたという、笑うに笑えない事態がそこから浮かびあがってくるだろう」（「『日本人の宗教観』の見方」、『日本「宗教」総覧』、一九九三、三九頁）。

いずれにしても、ここで注意すべきは、日本伝道とキリスト教学校の間にも存在している、不均衡の問題である。伝道に直接従事している教会は弱小で発展しないが、間接的には伝道に役立つと期待されて、教会によって設立された、キリスト教学校は、教会の実力以上に拡大化しているという問題である。

1

後者の問題、即ちキリスト教学校の問題からみてみよう。戦前は、政府による私学とキリスト教抑止政策のゆえに、わずか三つのキリスト教大学しかなかった。ところが戦後の新制度によって、それまで専門学校であったものが全て新制大学となり、さらに六〇年代になると、大学進学率が一五％をこえ始め、以来今日の五〇％ちかくまで、ひたすら拡大の道を進んできたが、キリスト教大学も同様であった。

しかしそこでの最大の問題は、キリスト者教師の比率が年々減っていたことである。もともと、人口のわずか一％しかいないキリスト者のなかで、学者および研究者の数はしれたものである。

もっとも、あとでみるように、明治以来、キリスト教は主として知識人の間に広がったために、教師の間におけるキリスト者の比率はかなり高かった。数年前までのことであるが、全国新聞の毎日の死亡記事の、十人に一人はキリスト者、しかもその多くは、大学の教授であった。私の推測では、七〇年代の大学紛争の頃までは、大学の教授の少なくとも、五％はキリスト者ではなかったかと思う。

ところが、大学紛争で、キリスト者で教師となるものが減ったために、教師の間でのキリスト者の比率は急激に減少してしまったのである。にもかかわらず、キリスト教大学は拡大しつづけ、また学部の増設がなされ、さらに短大で大学となるものも増えた。

したがって、いわゆる「キリスト者条項」を守るキリスト教大学は——国際基督教大学と東京基督教大学を除いては——殆どなくなってしまった。キリスト者の教師は、各大学で平均すると、五％から一〇％というところであろうか。学部によっては、キリスト者が一人も居ないところもあるという。

それゆえに、教師だけではなく、学部長、学長、理事長も「キリスト者条項」をはずすことが、広がりつつあるのが現状である。いわゆる「世俗化」現象であるが、こういう状況のなかで、キリスト教大学のキリスト教性（Christian Identity）はどこにみいだされるのであろうか。

このようなキリスト教大学で、一体どのような伝道がおこなわれているのであろうか。大学牧師一人で伝道ができるだろうか。

いや、キリスト教大学は、わが国の伝道にプラスになっているのか、それともマイナスになっているのであろうか。あとで見るような、いわゆる「卒業信者」や「中退キリスト者」の養成所になっていないであろうか。

2

次に、教会の伝道の問題であるが、これまでのところ信者になったのは、主として知識階級、中産階級の都会人に限られている、ということに注目すべきであろう。

これは一九世紀に最初にキリスト者になった人々が、主として佐幕派の武士階級の青年たちだったからである。武士は当時のエリートかつ知識階級で、キリスト教を含む西洋文化を熱心に学ぶ人々であった。彼らは、武士道がそれに基づいていた儒教のかわりに、キリスト教に新しい倫理道徳を見出したのである。

そしてこれらの新しい知識階級は、さらに近代日本における中産階級を形成し、おもに大都市あるいは地方の小都市に住むようになった。中産階級は、上流階級や下層階級よりも伝統的な因習から自由であり、都会は農村よりも、外国のものにたいして開放的だったからであろう。

したがって、七〇年代頃まで、日本の教会は「青年の教会」とくに「学生の教会」とまで呼ばれるほどであった。それは若い学生たちが、大学で学ぶために都市に集まり、そこで教会に行くようになり、そしてキリスト者となったからである。

地方の小都市でも、教会には中学校や高等学校の生徒がよく集まった。宣教師たちは、政府が熱心でなかった女子教育に特に力を入れたから、ミッション・スクールの女子生徒がよく集まった。

このように教会の伝道とキリスト教学校が相まって、日本の教会はますます知的な教会になったのである。これは日本のキリスト教の強みでもある。小人数であるにもかかわらず、大きな影響力をもっている所以である。

それゆえに、カール・マイケルソンが三五年以上も前に言ったように、日本の教会は「すべての若い教会のなかで、意義のある神学を発展させてきた最初の教会となったのである」(*Japanese Contributions to Christian Theology*, 1960 p. 9. 古屋安雄編、『日本神学史』、一九九二、参照)。

したがって、七〇年代の大学紛争までは、教会の伝道とキリスト教学校の教育伝道は、今から見れば概して補完的な良い関係にあった、と言ってよいのではないであろうか。一部の牧師たちであるが、キリスト教学校の教育と伝道に積極的に関わっていたし、その結果、少なからぬ伝道の献身者と、キリスト教学校の教師となるものを、キリスト教学校は輩出してきたからである。キリスト教学校に限られない、国公立大学をふくむ学生YMCAや大学キリスト者の会なども、かなり盛んであった。

3

しかし、強みは同時に弱みでもあることを如実に示しているのが、依然としてキリスト者が人口の一%をこえられない、少数者であるという事実である。

この事実の根本的問題を示しているのは、先にも言及した「卒業信者」あるいは「中退キリスト者」の存在であろう。こういった人々のゆえに、いつまでたっても一%以上にならないのである。毎年何千から何万という受洗者がいることが報告されているのに、比率が変わらないのは、それらとほぼ同数の「卒業信者」と「中退キリスト者」が出ているからなのである。

にわかに信じ難いことであるが、日本のキリスト者の平均信仰寿命は、何と二年八ヶ月という、驚くべき報告もある。この短い寿命の根本的な理由は、キリスト教信仰の知的理解への偏重にあるように思われる。キリスト教は、マルキシズムのような哲学あるいは思想の一つとして受け入れられているのである。それは若いときに、また理想主義的なときには魅力的であった。しかし成人し、年をとると、脱ぎ捨ててしまうものに過ぎない。それは日本におけるキリスト教信仰の受容が知的レベルに留まっていて、その心や魂の底にまで深まっていないからであろう。それゆえに、第二次世界大戦前に、バルト神学があれだけ流行していながら、軍国主義や超国家主義に対する抵抗運動は、教会内でもキリスト教学校内でも、まったくおこらなかったのである。

もちろん、戦後の日本社会は大きく変化した。いまや、人口の五〇％は大学に進学するし、九五％は中産階級だと思っているし、八八％は都市部に往んでいるからである。これはキリスト教伝道に好都合な状況が到来しているかのように見える。

ところが、依然として一％である。なぜであろうか。それは戦後の社会変化とは、いわゆる大衆社会化にほかならないからである。そのことは六〇年代の大学における大学の変質、とくに学生と教授の変質ぶりによく見られる。大学の進学率が一五％をこえた時に大学の大衆化、即ちエリート大学からマス大学に変化する、といわれているが、それがわが国でおこったのはまさに六〇年代であった（古屋安雄『大学の神学』、一九九三、一三頁）。

しかるに、教会は依然として、大衆ならぬエリートであった以前の知識階級、中産階級、都会人を対象とした、知性偏重の伝道をつづけているのである。いや、キリスト教大学の伝道も行きづまっているのは、大学においても、まだこの変化、つまり大衆化に対応しきれていないからではないか。

結

以上のこれまでのことを踏まえて、ではこれからの日本伝道とキリスト教学校はどうあるべきなのか、について試論をのべたい。

先ず、これまでもそうであったように、教会の伝道とキリスト教学校の教育伝道とは、密接不可分な関係にある。教会の伝道が振るわなければ、キリスト教学校が必要としている、キリスト者教師の補充は望みえないから、世俗化はますます促進されるであろう。逆に、キリスト教学校で良い教育伝道がなされていなければ、献身者もキリスト者教師はもちろん、良い信者も輩出しないであろうから、教会はさらに沈滞するであろう。

したがって、この両者は車の両輪のごとき関係にあらなければならない。近年アメリカでも、教会と教会立の学校の関係が、「ぎこちなく」なっていることが反省されてきているが、わが国でも両者の関係が、心の通じあう関係にならねばならないであろう（Merrimon Cuninggim, *Uneasy Partners, the College and the Church*, 1944)。

次に、これからの日本伝道とキリスト教学校の発展のために、最も必要なことは、「頭の宗教」で終らず、もっと「心の宗教」を重視する教育への転換ではないかと思う。もっと具体的に言うと、ドイツ神学中心の知性偏重のキリスト教から自由となり、「心の宗教」（A Religion of the Heart）を強調した、ジョン・ウエスレーのメソディズム的なキリスト教への転換、それこそ「メタノイア」である。

この点で、マックス・ヴェーバーの英独比較論を手がかりにしながら、英独における宗教と社会の関係における違いについての、次のような宗教社会学的な分析は傾聴に価するであろう。

「英独の対照の背景には、一方が宗教の活発な多元的競争を長らく持続させ、他方が教養市民層の圧倒的優位のもとに世俗化をもっとも急速に進行させたという、両国の宗教社会的状況の根本的相違がよこたわっていた。ドイツのとくにプロテスタンティズム世界には、たとえばイギリスのメソディズム運動のように農村から都市に出てきた労働者がみずからの自意識を表現するために容易にそこに加入でき、場合によってはそのなかで平信徒説教師として頭角をあらわすことができるような、そういう類の宗教運動がほとんど完全に欠如していた」（野田宣雄『ドイツ教養市民層の歴史』、一九九七、二八一―二頁）。

日本の伝道が、知識層だけではなく、一般大衆にも届かない限り、この国の伝道に将来がないとすれば、大衆の心に届く「心の宗教」に教会のキリスト教が変わらなければならないであろう。

いや、キリスト教学校のキリスト教も「頭の宗教」から「心の宗教」にならなければ、生徒たち、学生たちのニーズに答えることはできないであろう。とくに「頭の教育」がもたらす、「教育病理」のゆえに、「学校病理」現象が頻発している、現代の学校教育には「心の教育」が必要であると叫ばれるようになってきている。

この点で、わが国でも、イギリスの学校で提唱された「パストラル・ケア」や「パストラル・カリキュラム」に関心が高まっているのは、興味深い。以下の文章は、東京大学の教育社会学教授の解説である。

「パストラル・ケア（pastoral care 牧人的世話）とは、青少年がその生活・成長の過程で横道に迷いこむことのないように世話し援助することをいう。パスター（pastor）は、牧師、牧者、牧人、羊飼いなどと訳されるように、信徒が信仰に迷わないように、あるいは、牧場で羊や牛馬が迷子にならないように、精神面・行動面での指導をする人をいうが、教師もそういうパスターの役割を担っている。日本の場合でいえば、生活指導や生徒指導がその具体的内容ということになるが、それだけでなく、教科の指導や学級活動や各種の行事など、あらゆる側面にわたって、その役割が遂行されている」（藤田英典『教育改革――共生時代の学校づくり――』一九九七、一五六頁）。

キリスト教学校に牧師がいることの意味と必要性を、間接的ではあるが、部外者がこれほど明確にのべた文章は、おそらくこれが初めてであろう。

このことに示されているように、教会とキリスト教学校は、これまで以上に、わが国における伝道と教育のためにますます協力し、励まねばならないのである。

ここにおいて、教会とキリスト教学校の間の結合点である、宗教主任、あるいは大学牧師の存在と意義は、きわめて重要といわねばならない。ある意味では、一教会の牧師であることよりも、学校や大学という大きな組織のなかで、教師や教授という同僚とともに教育に日々従事しながら、牧師でもあることは、もっと困難かも知れない。「心の宗教」の牧師であることを毎日期待されているからである。

あとがき

「教育の神学第三集」を『キリスト教学校の形成とチャレンジ』と題して世に出すに至りました。2章以下は主として講演ないし事例発表・研究発表で公にされたものです。小さな学校伝道研究会が、キリスト教教育に関心のある方々と分かち合うに足る貴重な学びを与えられていたこと、そして学校伝道のために献身的に奉仕されておられる優れた研究者・教育者に恵まれていることを実感させられます。

今回の出版の第一のねらいは、二〇〇五年四月の総会で採択された学校伝道研究会ミッション・ステートメントを明らかにすることとです。キリスト教学校の連帯、それぞれの立場から教育に携わっておられる同労者との連帯を呼びかけることにあります（ミッション・ステートメント第二項、第三項参照）。各学校が孤立し、奉職する者たちが孤独な戦いに陥っている中では、生き生きとしたキリスト教学校を形成し、影響力ある教育を実践することは期待できません。「伝道と教育と学校形成に奉仕する」（第一項）という使命の下に、相互の霊的・人間的成長を目指して交流と研鑽に励みたいと願っております。

教育共同体が誠なる意味においてそれにふさわしい共同体として形成されるためには、絶えざる改革と形成が求められます。それは、共同体の担い手の内側から始められなければなりません。内側からの改革と形成こそが、教育共同体を改革し新しく形成する力でなければなりません。

教育共同体の最大の危機は改革と形成のヴィジョンを喪失することにあります。それは、他ならぬ教育者自身の霊的枯渇に原因があるのではないでしょうか。ミッション・ステートメントが「霊性」の問題に着目した所以はここにあります（第五項参照）。「霊性」とは、教育の主人公は神であり、神の恩寵と力に身を委ねなければならない危機を自覚する魂の姿であります。神による救いなしには自立した自己とはなり得ない人間の罪と限界を見つめているのです。福音に耳を傾けることなしには、教育する者もされる者も共にその内実を形成し得ない人間の罪の問題を見つめているのです。人間の不可能性に心を痛めながら神の恩寵による可能性へと目を上げる。ここに霊的な活力があるのではないでしょうか。

私たちは無力で小さい存在であります。しかし、福音によって、大いなる使命と可能性へと召し出されております。「教育の神学第三集」の出版が、志を一つにする同労の方々との連帯をより一層強くすると共に、日本におけるキリスト教学校の形成の一助になることを心から念願しております。

なお、出版に際しましては、聖学院大学出版会の山本俊明氏のお世話になりました。氏は大学での職責上出版以外にも責任があって多忙な中、細やかなご配慮と忍耐をもって取り組んで下さいました。教育の神学第一集以来お世話になっている方です。

二〇〇六年三月

学校伝道研究会幹事　阿　部　洋　治

パウル・ティリッヒ 著
大木英夫・相澤一 訳

宗教の未来

現代アメリカ思想において大きな影響を与えたパウル・ティリッヒの現代における宗教の意義を論じた論文集。I部ティリッヒに捧ぐ／ティリッヒがアメリカに与えた衝撃（ジェラルド・ブラウアー）、ティリッヒの豊かさの源泉（ヴィルヘルム・パウク）、ティリッヒと宗教史（ミヒャエル・エリアーデ）、II部ティリッヒによる論文／宇宙探検が人間の条件と態様に対して与えた影響、未知の世界、進歩の理念の衰退と妥当性、組織神学者にとっての宗教史の意義。

四六判　二三一〇円

聖学院キリスト教センター 編

神を仰ぎ、人に仕う

キリスト教概論　21世紀版

「本書は大学においてはじめてキリスト教に触れ、それを学ぶ人に、『キリスト教とは何か』を的確に伝達しようとしています。キリスト教とは何かを知ることが、現代文明の中で大学教育を受けるにあたって必須であると確信し、その本質を伝授しようと意図している」（はじめに）。大学生がキリスト教の「福音」に出会うことの手助けとなることを目指して、聖書に基づいてまとめられたものである。現代においてキリスト教の福音を知りたいと願う人の入門書。

A5判　二一〇〇円

古屋安雄 著

日本の将来とキリスト教

日本の近代化（西洋化）の問題は、西洋の技術・学問は受け入れたが、その根底にある「キリスト教」を排除して受け入れたことである。アジアで近代化を成しとげ、経済的に成長したにも関わらず、「キリスト教ぬき」の成長・発展は大きな問題を生じさせてきた。著者は以上の認識から、現代日本の問題の根底にある西洋受容の「ねじれ」を、アメリカ、ヨーロッパなどとの比較において指摘し、21世紀における日本の課題を明らかにする。

A5判　三九九〇円

田村秀夫 編著

クロムウェルとイギリス革命

ピューリタン革命の立役者、オリヴァ・クロムウェルはデモクラシー思想の点でも、政治指導者という意味からも重要な人物であるが、その本格的研究が立ち遅れている。本書では、序章「クロムウェル研究史」、第1部「クロムウェルの宗教」、第2部「クロムウェルと政治」、第3部「クロムウェルと国際関係」という多角的な視点からクロムウェルの全体像を構築する。またクロムウェル研究に益する詳細なクロムウェル研究関連文献を付している。

A5判　五八八〇円

山田園子 著

イギリス革命とアルミニウス主義

イギリス革命期の急進的聖職者ジョン・グッドウィンは「しょく罪されたしょく罪」(1651年)によって、カルヴァンの運命論的な二重予定説を批判した。その思想の中核にあった神の選びは万人におよび、その摂理は人間の自由意志と矛盾しないと説いた16世紀オランダのアルミニウスの教説を詳説し、それがイギリス革命におよぼした影響を明らかにする。

(平成9年度文部省科研費交付図書)

A5判　六〇九〇円

大澤麦・澁谷浩 編訳

デモクラシーにおける討論の生誕

ピューリタン革命における「パトニー討論」

ピューリタン革命の最中の1647年10月28日から3日間、国王を逮捕した革命軍が今後の方針を討議するためにパトニーで総評議会を開催した。議長はオリヴァ・クロムウェルがつとめ、新しい政治体制を主張するレヴェラーズと激しい議論を進めた。A・D・リンゼイは、ここに近代デモクラシー思想の源泉があったとする。本書は、ウドハウスの編集によるテキスト『パトニー討論』の翻訳に訳者注記と解説を付し、この討論の政治思想史における意義を解明する。

A5判　六〇九〇円

ポール・ヘルム 著
松谷好明 訳

カルヴァンとカルヴァン主義者たち

宗教改革者カルヴァンの思想はヨーロッパ、イギリスなどにどのような影響を与えたのか。本書は、カルヴァンの影響がカルヴァン主義者たちによって変節されたとする最近のケンドールなどの研究に対してカルヴァンの著作に基づき批判し、カルヴァンの思想のイギリス・ピューリタンへの継承を跡づける。

四六判　三一五〇円

W・パネンベルク 著
大木英夫・近藤勝彦 監訳

キリスト教社会倫理

ドイツの神学者、W・パネンベルクが論ずるキリスト教社会倫理学。倫理的規範がゆらぐ現代の倫理的危機状況を認識しながら、法、倫理の基礎づけの基本的問題から、政治権力、平和、人類統一など、現実的諸問題までを、神学を基盤に論じている。この試みは、この世界的課題に対する神学からの一つの強力な寄与を提示してくれるといってよいであろう。

四六判　二六五〇円

W・パネンベルク編著　大木英夫・近藤勝彦・朴憲郁・西谷幸介・大住雄一・荒木忠義・深井智朗 訳

歴史としての啓示

神の啓示を客観的な歴史的事実の中に見ようとする「歴史の神学」の立場を明確にした論争の書。啓示を超歴史的なものと理解する立場（バルトを含む）と実存論的にとらえる立場（ブルトマン）に対して、創造から終末にいたるまでの普遍的な歴史過程全体が啓示の場所であるとし、啓示は神が「直接的に自己を顕示する」ものではなく、歴史過程において「間接的に自己を啓示する」と主張する。

四六判　三二六二円

W・パネンベルク 著　深井智朗 訳

近代世界とキリスト教

近代世界の成立にキリスト教はどのような役割を果たしたのか。この問いに対して、ヴェーバーやトレルチなどの見解が提示されてきた。ポスト・モダンや近代の終焉が語られる現代において、プロテスタント・キリスト教が果たした役割について、時代遅れのものと見なされる傾向がある。現代ドイツ神学者のパネンベルクは、近代世界の成立とキリスト教の関係を積極的に評価し、さらに現代のキリスト教の諸問題を明らかにしている。

四六判　二一〇〇円

深井智朗 著

政治神学再考

プロテスタンティズムの課題としての政治神学

「政治神学」の定義は無数にあるが、本書は「宗教と国家との関係」という視点からの「政治神学の類型論」を試みている。いわゆるコンスタンティヌス体制における宗教と国家との関係における政治神学をタイプAとし、それに対してアングロサクソン世界に展開したプロテスタンティズムの政治神学をタイプBとして、後者のコンテクストで日本における「宗教と国家との関係」の考察を試みている。

四六判　二七三〇円

キリスト教学校の形成とチャレンジ——教育の神学第３集

2006年４月28日　初版第１刷発行

編　者　　学校伝道研究会
発行者　　大木英夫
発行所　　聖学院大学出版会

〒362-8585 埼玉県上尾市戸崎１－１
電話　048-725-9801
Fax　048-725-0324
E-mail press@seigakuin.univ.ac.jp

印刷・堀内印刷
ISBN4-915832-61-9 C3037

執筆者一覧（執筆順）

高橋義文（たかはし・よしぶみ）
1943年生まれ。ローマリンダ大学卒業。アンドリューズ大学大学院修士課程修了。東京神学大学大学院博士課程修了。神学博士。三育学院短期大学教授，学長を経て，現在，三育学院短期大学名誉教授，聖学院大学総合研究所客員教授。学校伝道研究会会長。
著書：『キリスト教を理解する』，『ラインホールド・ニーバーの歴史神学』，『パウル・ティリッヒ研究』（共著），その他。

小倉義明（おぐら・よしあき）
1935年生まれ。東京神学大学大学院修士課程修了。滝野川教会伝道師・副牧師を経て，女子聖学院短期大学宗教主任。その間，ユニオン神学大学及びレキシントン神学大学に学ぶ。現在，女子聖学院中学校・高等学校校長，学校法人聖学院副院長，聖学院キリスト教センター所長。
著書：『自由への招き』，『自由への訓練』，その他。

古屋安雄（ふるや・やすお）
1926年生まれ。国際基督兄弟学名誉教授，国際基督教大学教会名誉牧師，聖学院大学大学院アメリカ・ヨーロッパ文化学研究科教授。
著書：『宗教の神学』，『日本の神学』，『日本伝道論』，『日本のキリスト教と将来』，『キリスト教国アメリカ再訪』，その他。

倉松　功（くらまつ・いさお）
高知県出身。日本基督教神学専門学校（現東京神学大学）卒，ドイツハイデルベルク大学神学部留学。東北学院大学名誉教授，同前学長，東北学院学院長。キリスト教学校教育同盟常任理事（教研担当），文学博士。
著書：『ルター神学とその社会教説の基礎構造』，『宗教改革，教育，キリスト教学校』，『キリスト教信仰概説』，『神と自然と人間』（小説教集），『ルター神学の再検討』，『私学としてのキリスト教大学』，その他。

執筆者一覧

近藤勝彦（こんどう・かつひこ）
1943年東京生まれ。東京大学文学部哲学科卒業。東京神学大学大学院修士課程修了。日本基督教団小岩教会牧師を経て，1973年より1977年までドイツのチュービンゲン大学に留学。神学博士。現在，東京神学大学教授。聖学院大学大学院特任教授を兼務。
著書：『現代神学との対話』，『トレルチ研究上・下』，『キリスト教大学の新しい挑戦』（共著），『デモクラシーの神学思想』，『伝道の神学』，その他多数。

後藤田典子（ごとうだ・のりこ）
1959年東京生まれ。自由学園卒。東京神学大学，同大学院修士課程（組織神学専攻）修了。横須賀学院小学校及び中学校宗教主任を経て，現在，金城学院中学校・高等学校宗教主事。
著書：『キリスト教との出会い——旧約聖書』，その他。

阿部洋治（あべ・ようじ）
1946年北海道生まれ。東京神学大学大学院修士課程修了。日本基督教団巣鴨教会伝道師，大阪教会伝道師・副牧師（長居伝道所兼務）を経て，1984年より1986年までアメリカのミシガン州のウェスタン神学校に留学，神学修士。現在，聖学院大学人間福祉学部チャプレン，日本基督教団上尾使徒教会協力牧師。
著書：『講解説経 コリント人への第二の手紙』，『マルコ福音書のイエス像 Ⅰ』。

深谷松男（ふかや・まつお）
1933年生まれ。東北大学法学部卒業。金沢大学法学部教授(民法)，同学部長・大学院社会環境科学研究科長を歴任。金沢大学名誉教授。宮城学院長。キリスト教学校教育同盟理事，東京神学大学理事。
著書：『現代家族法（第4版）』，『新版注釈民法第24巻』（共著），『脳の死人の死』（共編），『信仰告白・教会法』（共著），『信託された教育』，その他。

阿久戸光晴（あくど・みつはる）
1951年東京生まれ。一橋大学社会学部・法学部卒業。住友化学工業株式会社勤務を経て，東京神学大学大学院修士課程修了。聖学院大学開設，聖学院アトランタ国際学校開設に関わる。その間アメリカ・エモリー大学神学部留学。聖学院大学宗教主任，副学長を経て，現学長・教授。キリスト教文化学会理事長，日本私立大学連盟学長会議運営委員。

著書：『新しき生(説教集)』，『近代デモクラシー思想の根源――「人権の淵源」および「教会と国家の関係」の歴史的考察』，『ルカによる福音書・ヨハネによる福音書』，『ヴェーバー・トレルチ・イェリネック』（共著），『神を仰ぎ，人に仕う』（共著），その他。

菊地　順（きくち・じゅん）
1955年生まれ。東北大学文学部卒業。同大学院文学研究科博士課程後期中退。東京神学大学大学院修士課程修了。日本基督教団滝野川教会伝道師・副牧師を経て，エモリー大学大学院に留学，Th. M 修了。現在，聖学院大学人文学部チャプレン，同学部欧米文化学科教授。
著書：『信仰から信仰へ』，『とこしなえのもの』，その他。

鈴木健一（すずき・けんいち）
女子聖学院中学校高等学校理科教諭，聖学院小学校校長，聖学院幼稚園園長，聖学院みどり幼稚園園長を歴任。現在，聖学院大学大学院アメリカ・ヨーロッパ文化学研究科博士前期課程在学。
著書：『おとなに育つ・育てる』，『おとなに育つ・育てる　II』，その他。

木戸真千子（きど・まちこ）
1959年北海道札幌市生まれ。青山学院大学文学部教育学科卒業，東洋英和女学院小学部教諭，聖学院小学校常務常勤講師を経て，現在，捜真小学校教諭。

木戸健一（きど・けんいち）
1956年宮城県仙台市生まれ。青山学院大学大学院経済学研究科修士課程修了，明示学院東村山高等学校社会科講師を経て，現在，東京神学大学大学院に在学。

濱田辰雄（はまだ・たつお）
1947年山口県徳山市生まれ。國學院大學文学部日本史学科卒業，日本聖書神学校卒業，東京神学大学大学院修士課程修了。現在，日本基督教団緑聖協会牧師，聖学院みどり幼稚園園長，聖学院キリスト教センター幹事。聖学院大学非常勤講師。
著書：『光の道しるべ――村上由喜子の信仰と生涯』，『神道学者・折口信夫とキリスト教』『説教集・蝶と空』，その他。

資　料

1　学校伝道研究会規約

日本プロテスタント教会は，宣教のその始めより，教育機関と密接な関わりを持ってきた。札幌バンドの札幌農学校，横浜バンドのブラウン塾，バラ塾，又，熊本バンドの熊本洋学校らがそれである。そしてそこから育ったキリスト者達は，新日本建設のために，キリスト教信仰によって形成せられた人材の育成に多大の責任を感じ，多くのミッションスクールを建てて，その責任を果たさんと志したのである。

日本の教育史を顧みる時，これらのミッションスクールの果たしてきた役割は，創始者達の志にかなって，質・量とも重要な位置を占めてきている。

しかし，百年の歴史を経た現在，その実状は必ずしも満足すべきものではない。それぞれの内容においても，又，諸学校と教会の関係等においても，改善もしくはより良き進展を望む声は大なりと言わざるを得ない。

これらの現状に鑑み，今，ここにわたしたちは学校教育の場に奉仕する伝道者・教育者として力を集め，この時代とまた将来にわたるわが国の伝道・教育の課題と責任を負っていきたく願うものである。

第1条（名称）

本会は学校伝道（キャンパス・ミニストリー）研究会と称する。

第2条（目的）

本会は学校（大学，高等学校，中学校，小学校）及びその他の教育機関において福音宣教の実を結ばしめるために，研鑽を積むことを目的とする。

第3条（活動）

本会はその目的達成のため以下の活動を行う。

1）　研究会

2）　講演会

3）　会報発行

4）　その他，運営委員会が認めたもの。

第4条（会員）

本会は次の会員をもって構成する。

1）　正会員――第2条に定める教育機関に於いて奉仕する伝道者，キリスト者。

2）　賛助会員――本会の目的に賛同し賛助会費を納める個人，教会，学校。

第5条（総会）

1）　定期総会――年1回正会員の1/3以上の出席をもって開催する。

2）　臨時総会――必要に応じ運営委員会の議を経て開催する。

第6条（組織）

本会はその運営のため以下の組織をもつ。

1）　役員は会長，副会長，幹事，書記，会計，監査する。

2）　運営委員会役員及び若干名の委員によって構成される。

②　運営委員は総会において選出され，役員は運営委員会の互選により選出される。

③　役員及び委員の任期は1年とする。但し再任をさまたげない。

第7条（事務所）

本会は事務所を下記に置く。

埼玉県上尾市戸崎1-1　聖学院大学宗教センター

第8条（財政）

本会の財政は以下によってまかなわれる。

1）　人会金（正会員のみ）1,000円

2）　会費

イ）　正会員　年額　5,000円

ロ）　賛助会員　年額　一口　10,000円

3）寄附

第9条（人会）

本会への人会は会員の推薦により，運営委員会の承認を経てなされる。

附則1　本規約は運営委員会の議を経て，総会において改訂することができる。

附則2　本規約は1982年5月5日より施行される。

附則3　本規約は2001年4月30日の総会で一部修正された。

2　学校伝道研究会の歴史と活動記録

1　学校伝道研究会の歴史

1980年

- 7月7日　小倉義明牧師（現聖学院副院長・女子聖学院中学高校校長，当時女子聖学院短期大学宗教主任）の呼びかけに応じ，キリスト教学校で宗教主任やキリスト教科目担当者として奉仕する十人ほどの牧師たちによる「キリスト教学校（教育）に奉仕する牧師の集い」が開催される。これが「学校伝道研究会」の発端となる。
- 11月　会の名称を「教育に奉仕する牧師の集い」と改める。以後，1982年1月までに七回の研究例会を重ねた。

1982年

- 5月5日　この会の公的な性格を強調し，研究と活動の更なる深化と充実を目指すべく名称を「学校伝道（キャンパス＝ミニストリー）研究会」と改め，初代会長に小倉義明牧師を立てる（～1987年度）。
- 『キャンパス・ミニストリー――第一回学校伝道研究会研究例会報告』を発刊。第二号以降は，『学校伝道研究会紀要――キャンパス・ミニストリー』として，一年ないし二年に一度の頻度で刊行し今日まで16号を数えている。

1984年

- 1984年からは，会の活動報告や予定などを載せる『学伝研ニュース』（B5判，4頁）も発刊している。第1号（1984年3月30日発行）に小倉義明「キリスト教教育界の伝道者に呼びかける」が掲載されている。
- また，1984年から，公開講演会と例会に加えて，「夏季研修会」を設けることになった。

2　学校伝道研究会の歴史と活動記録

1987年

- 第二代会長として伊藤久男牧師就任（青山学院理工学部宗教主任）（～1994年度）
- 『教育の神学』（ヨルダン社)出版。大木英夫氏による冒頭論文「教育の神学」（1983年講演）は本会の基本的な姿勢と方向を示唆する本会にとって特に重要な論文。

1995年

- 第三代会長として高橋義文牧師就任（三育学院宗教部長，後同短大学長）（～現在）

1997年

- 『キリスト教学校の再建――教育の神学第二集』（聖学院大学出版会）出版。

2005年

- ４月　「ミッション・ステートメント」を採択。

2006年

- ４月　『キリスト教学校の形成とチャレンジ――教育の神学第三集』（聖学院大学出版会）を出版。

2　学校伝道研究会の活動記録

学校伝道研究会は，①総会・公開講演会，②夏季研修会講演，③例会，および④総会，夏季研修会での事例発表・研究発表・発題によって活動してきた。なお所属（役職）は発表当時のものである。また敬称は略した。

①　総会・公開講演

開催日		発表者	所属（役職）	タイトル	場所	出席者
1982/5/5	創立総会	古屋安雄	国際基督教大学教授	現代におけるキリスト教学校の使命	玉川聖学院	20名
1983/5/5	第2回総会	大木英夫	東京神学大学教授	教育の神学について	聖学院中学校・高等学校	19名
1984/4/30	第3回総会	倉松　功	東北学院大学教授	キリスト教学校教育――カトリックとプロテスタントの場合	女子聖学院中学校・高等学校	20名
1985/4/29	第4回総会	佐藤敏夫	東京神学大学教授	キリスト教学校の再興	東京神学大学	
1986/4/29	第5回総会	近藤勝彦	東京神学大学教授	プロテスタント大学の理念――大学神学をめざして	国際基督教大学	
1987/4/29	第6回総会	斎藤和明	国際基督教大学教授・同高等学校校長	キリスト教教育と人間形成	東京神学大学	
1988/4/29	第7回総会	斎藤正彦	女子学院校長	キャンパス・ミニストリーの構造と実際	女子学院	36名
1989/4/29	第8回総会	大木雅夫	上智大学教授	学問・教育事始め――東西比較――	聖学院大学	

1990/4/30	第９回総会	秋月　徹	キリスト教学校教育同盟総主事	現場から見た中学・高校の課題——小学・中学・高校の経験から	女子聖学院中学校・高等学校	16名
1991/4/29	第10回総会	佐藤敏夫	東京神学大学名誉教授	福音と教育の交錯——羽仁もと子と高倉徳太郎の出会い——	聖学院中学校・高等学校	25名
1992/5/5	第11回総会	小林政吉	東洋英和女学院短大教授	キリスト教教育と家庭教育	女子聖学院中学校・高等学校	20名
1993/4/29	第12回総会	伊藤久男	青山学院大学理工学部宗教主任	プロテスタント・キリスト教学校の現状と課題——アンケート調査に基づいて——	聖学院中学校・高等学校	26名
1994/4/29	第13回総会	近藤勝彦	東京神学大学教授	競争社会における教育の課題	滝野川教会	27名
1995/3/21	第14回総会	酒井文夫	聖学院大学教授	近代日本の歩みとキリスト教教育の課題——憲法学徒として——	青山学院大学	28名
1996/4/29	第15回総会	金子晴勇	聖学院大学大学院教授	人間学から見た霊性の教育	相模原教会	39名
1997/4/29	第16回総会	大木英夫	東京神学大学教授	自由の伝統と教育の神学	横須賀学院	29名
1998/4/29	第17回公開講演会・1998年度定期総会	倉松　功	東北学院大学学長	両親の教育権と私学——キリスト教学校の使命との関連で——	鳥居坂教会	30名
1999/4/29	第18回公開講演会	稲垣久和	東京基督教大学神学部教授	キリスト教大学論とその問題	東京神学大学	25名
2000/5/13	第19回公開講演会	朴　憲郁	東京神学大学教授	学生・生徒たちの中のクリスチャン教師像——教師論について	聖学院中学校・高等学校	
2001/4/30	第20回公開講演会・2001年度定期総会	徳善善和	ルーテル学院大学教授	「子供」の発見——ルターと現代	東洋英和女学院中等部・高等部	

2002/4/29	第21回公開講演会・2002年度定期総会	大住雄一	東京神学大学教授	伝道の言葉，教育の言葉	女子栄養大学	
2003/4/29	第22回公開講演会・2003年度定期総会	田坂　興亜	アジア学院校長	虚しさからの解放——キリストにある出会いと活動が若者を変える	女子栄養大学	
2004/4/29	第23回公開講演会・2004年度定期総会（シンポジウム）	《発題》小倉義明	女子聖学院中学高等学校校長	「学校伝道と霊性の回復」——ミッション・ステートメントの検討に際して——	女子聖学院中学校・高等学校	
		《コメンテーター》倉松　功	東北学院大学			
		古屋安雄	聖学院大学大学院			
		近藤勝彦	東京神学大学			
		後藤田典子	金城学院中学校・高等学校			
2005/4/29	第24回公開講演会 2005年度定期総会	小友　聡	東京神学大学助教授	問う者から応答する者へ——旧約「知恵」思想の教育学的考察——	聖学院大学・緑聖教会チャペル	

②　夏季研修会講演

開催日		発表者	所属（役職）	タイトル	場所	出席者
1984/7/30	第１回夏季研修会	斎藤正彦	女子学院校長	日本における教会とキリスト教学校の関係	目黒みやこ荘	10名
1984/7/30	第１回夏季研修会（座談会）	《ゲスト》深町正信	青山学院大学教授	キリスト教概論教科書について		
1985/8/1	第２回夏季研修会	鷲山林蔵	日本基督教団横浜指路協会	学校伝道をになう者——人材養成の諸問題	青山学院大学ウェスレーホール	

1986/7/31	第3回夏季研修会	山北宣久	日本基督教団聖ケ丘協会牧師	キリスト教教育の現代的課題	青山学院大学ウェスレーホール	
		早坂禮吾	宮城女学院院長			
1987/8/3	第4回夏季研修会	斎藤友紀雄	いのちの電話理事長	学校における牧会カウンセリング――いのちの電話の経験を通して	滝野川教会	
1988/8/2	第5回夏季研修会	古屋安雄	国際基督教大学名誉教授	魅力あるキリスト教授業であるために	東京神学大学	25名
1989/7/1	第6回夏季研修会	安部北夫	聖学院大学教授	敬虔と学問――Pietas et Scientia――	青山学院大学	19名
1990/8/8	第7回夏季研修会	小林貞夫	山梨県立中央高等学校副校長	公教育の現実とキリスト教主義学校	青山学院大学	17名
1991/8/7	第8回夏季研修会	鈴木広徳	仙台東一番町教会牧師	キリストの道を歩む者	仙台ガーデンパレス	26名
1992/7/31	第9回夏季研修会	大曽根良衛	青山学院大学教授	教育思想史におけるマルティン・ルター	青山学院大学	23名
1994/8/2	第11回夏季研修会	茂泉　昭男	東北学院大学教授	キリスト教古典における教育の原理――アウグスチヌスとトマス・アクイナス――	東北学院大学土樋キャンパス	
1995/8/10	第12回夏季研修会	小林　宏	横浜共立学園中学高等学校教諭	今日における学校伝道――教育の宣教的役割――	横浜共立学園	22名
1996/8/9	第13回夏季研修会	森本あんり	国際基督教大学教授	日本の学校における「キリスト教概論」の位置と意義――宣教論的視点から――	東奥義塾高等学校	22名
1997/8/6	第14回夏季研修会	古屋安雄	国際基督教大学教授	これからの日本伝道とキリスト教学校	聖学院小学校	22名

1999/8/1	第15回夏季研修会	山内一郎	関西学院大学神学部教授	メソジスト・ミッションの教育的理念	大阪女学院	26名
1999/8/10	第16回夏季研修会（シンポジウム）	小倉義明	女子聖学院中学校・高等学校長	今日キリスト教学校の現状と課題	ルーテル学院大学	18名
		高橋義文	三育学院大学学長			
		鈴木健一	聖学院小学校校長			
2000/8/3	第17回夏季研修会	赤城　泰	遺愛学院理事長・院長	教務教師50年：回想と総括	酪農学園大学	
2001/8/2	第18回夏季研修会（シンポジウム）	《発題》濱田辰雄	聖学院大学みどり幼稚園宗教主任	幼児期におけるキリスト教教育	聖学院中学校・高等学校	
		後藤田典子	横須賀学院小学校	子どもが聖書に出会う時を		
		木戸健一	横浜共立学園中学高等学校教諭	中等教育（中学・高校）におけるキャンパス・ミニストリーの実践と課題		
		石井　昇	ルーテル学院中学校・高等学校	キャンパス教会設立に向かって		
		〈コメンテーター〉古屋安雄	聖学院大学大学院教授			
		朴　憲郁	東京神学大学教授			
2002/8/7	第19回夏季研修会	深谷松男	宮城学院院長	キリスト教学校と教育基本法	宮城学院中学校高等学校	
2003/8/6	第20回夏季研修会	近藤勝彦	東京神学大学教授	教育における公共精神と愛国心	アイビーホール青学会館	

2004/8/6	第21回夏季研修会研究・事例発表，講演会	井上良彦	北陸学院学院長	日本の学校に福音を接木する	北陸学院短期大学　国際交流研修センター	
2005/8/5	第22回夏季研修会発題，講演会	湊　晶子	東京女子大学学長	日本のキリスト教学校の将来像——課題とビジョン	東京女子大学	

《特別企画》
キリスト教学校シンポジウム

開催日		発表者	所属（役職）	タイトル	場所	出席者
1993/7/30	第10回夏季研修会	古屋安雄	国際基督教大学教授	『大学の神学』について	女子聖学院中学校・高等学校	82名
		倉松　功	東北学院大学教授	キリスト教大学——その形成への課題——		
		鈴木健一	女子聖学院中学校・高等学校教諭	父の心を子に　子の心を父に——青年前期までの成長における「学校」の役割		

③　例会

開催日		発表者	所属（役職）	タイトル	場所	出席者
1982/6/21	第1回例会	鈴木有郷	青山学院大学教授	ラインホールド・ニーバーの教育観	青山学院大学	12名
1982/10/18	第2回例会	伊藤忠彦 西谷幸介	和泉短期大学宗教主任 日本神の国教会連盟玉川教会	ラインホールド・ニーバーの「人間論」を読んで	横浜共立学園	12名
1982/12/6	第3回例会	小倉義明	女子聖学院短期大学宗教主任	キリスト教学校教師論	青山学院大学	7名

1983/2/6	第4回例会	濱田辰雄	緑聖協会牧師	わが国におけるキリスト教学校教育の必然性とその課題	鳥居坂教会	9名
1983/7/15	第5回例会	伊藤忠彦	和泉短期大学宗教主任	キリスト教学校における礼拝の位置について	青山学院大学	16名
1983/9/23	第6回例会	西谷幸介	日本神の国教会連盟玉川教会	日本における教育の論議	滝野川教会	13名
		荒井多賀子	横浜共立学院教諭	キリスト教学校の教会論的基礎づけ		
1983/11/4	第7回例会	高橋義文	三育学院短期大学宗教主任	教育の教育試論	SDA原宿クリスチャンセンター	13名
1984/1/27	第8回例会	小池磨理子	女子聖学院短期大学宗教副主任	学校付牧師の役目	女子学院	13名
1984/6/22	第9回例会	伊藤久男	青山学院大学理工学部宗教主任	キリスト教大学における宗教主任制度について	SDA原宿クリスチャンセンター	7名
1984/9/14	第10回例会	清水正	青山学院中学高等学校宗教主任	福音と教育	男子聖学院中学校・高等学校	8名
1984/11/23	第11回例会（読書会）	《ゲスト》倉松功	東北学院大学教授	倉松功著『宗教改革・教育・キリスト教学校』（聖文舎）をめぐって	SDA原宿クリスチャンセンター	10名
		《レポーター》森田恭一郎	浜松教会牧師			
1985/2/8	第12回例会（読書会）	《レポーター》濱田辰雄	緑聖教会牧師	武田清子編『日本プロテスタント人間形成論』（明治図書）をめぐって	和泉短期大学	7名
1985/6/21	第13回例会	小島一郎	フェリス女子大学宗教主任	キリスト教学校教務教師論	青山学院大学	

1985/10/18	第14回例会	本田栄一	女子学院宗教主任	キリスト教科目のカリキュラムについて	女子学院	
1985/11/18	第15回例会	東方敬信	青山学院大学経済学部宗教主任	H.R.ニーバーの教育論	青山学院大学	
1986/7/4	第16回例会	鈴木健一	女子聖学院中学高等学校教諭	女子中学生高校生の自己確立の一過程——女子論をめぐって	青山学院大学	
1986/11/21	第17回例会	濱田辰雄	緑聖教会牧師	E.ブルンナーの教育論メモ	聖学院中学校・高等学校	
1987/6/15	第18回例会	小倉義明	女子聖学院中学高等学校長	『教育の神学』第1章（ヨルダン社）	和泉短期大学	
		伊藤久男	和泉短期大学宗教主任			
		濱田辰雄	緑聖教会牧師			
		小池磨理子	女子聖学院短期大学宗教副主任			
1987/11/9	第19回例会	須田康子		P.ティリッヒにおける教育の神学	青山学院大学	
1988/1/11	第20回例会	阿部洋治	女子聖学院短期大学宗教主任	ルソー『エミール』を読んで——自由について考える	女子聖学院中学校・高等学校	
1988/6/17	第21回例会	小倉義明	女子聖学院中学高等学校長	キリスト教学校教師論	女子聖学院中学校・高等学校	10名
1988/11/21	第22回例会	西谷幸介	聖学院大学宗教主任	宗教の文化的・言語的理解とキリスト教学校教育	青山学院大学	9名
1989/6/24	第23回例会	小池磨理子	女子聖学院短期大学宗教副主任	願いと計画——教育学から学ぶ	青山学院大学	6名
1989/11/13	第24回例会	清水　正	青山学院中学高等学校宗教主任	P.ティリッヒの学問論	聖学院中学校・高等学校	8名

1990/6/29	第25回例会（読書会）	《レポーター》高橋義文	三育学院短期大学教授・宗教部長	アラン・ブルーム著『アメリカン・マインドの終焉』の読書会	青山学院大学	11名
1990/11/9	第26回例会	小島一郎	フェリス女子大学宗教主任	キリスト教教育の神学的基礎づけ	青山学院大学	
1991/6/28	第27回例会	荒井多賀子	横浜共立学院教諭	鈴木健一著『おとなに育つ，育てる』を読んで	滝野川教会	9名
1991/11/18	第28回例会	高橋義文	三育学院短期大学教授・宗教部長	博士論文「ラインホールド・ニーバーの歴史神学」の概要について	和泉短期大学	11名
1992/6/12	第29回例会	小池磨理子	女子聖学院短期大学宗教副主任	伝道者の孤独——学校の場合——	青山学院大学	
1992/11/6	第30回例会	伊藤忠彦	和泉短期大学宗教主任	キリスト教学校におけるキリスト教科目の実際	青山学院大学	
		阿部洋治	女子聖学院短期大学宗教主任			
1993/6/18	第31回例会	濱田辰雄	緑聖教会牧師	日本伝道とキリスト教学校——折口信夫をてがかりとして——	市ヶ谷ルーテル・センター	10名
1993/11/12	第32回例会	小倉義明	女子聖学院中学校・高等学校校長	ミッション・スクールの変遷——社団法人から財団法人へ——	女子聖学院中学校・高等学校	14名
1994/6/13	第33回例会	木戸健一	明治学院東村山中学校・高等学校教諭	キリスト教学校の現状と課題——高校教育の現場からの視点——	青学会館	8名
1994/11/4	第34回例会	山本　昂	女子聖学院短期大学長	キリスト教女子大学・短期大学の将来像を模索する	青学会館	15名
1995/6/16	第35回例会	阿部洋治	女子聖学院短期大学宗教主任	学校史に見る学生伝道	女子聖学院中学校・高等学校	12名

1995/12/1	第36回例会	菊地　順	聖学院大学人文学部宗教主任	現代と宗教――ティリッヒの宗教概念をめぐって――	青学会館	9名
1996/6/7	第37回例会	鈴木健一	女子聖学院中学校・高等学校教諭	教育における「性」の記憶	青学会館	9名
1996/11/5	第38回例会	阿久戸光晴	聖学院大学宗教主任	キリスト教学校の社会形成的使命――特に国家との関わりにおいて――	学校法人聖学院本部新館	16名
1997/11/7	第39回例会	濱田辰雄	日本基督教団緑聖教会牧師	折口信夫「感染教育」とキリスト教教育	青学会館	
1998/6/19	第40回例会	鈴木健一	女子聖学院中学校・高等学校教頭	宗教的イメージと言葉――神戸少年事件に見えたもの――	青学会館	7名
1998/11/13	第41回例会	阿久戸光晴	聖学院大学宗教主任	自著『近代デモクラシー思想の源流――「人権の淵源」および「教会と国家の関係」の歴史的考察――』にこめた問題提起	青学会館	11名
1999/6/19	第42回例会	後藤田典子	横須賀学院小学校教諭	聖書に見るナザレのイエスの成長――青年から成人へ――	青学会館	6名
1999/11/5	第43回例会	鈴木正和	自由学園教諭	自由学園とキリスト教――信仰と礼拝――	女子聖学院中学校・高等学校	10名
2000/6/23	第44回例会	菊地　順	聖学院大学宗教主任	宗教教育の可能性――P.ティリッヒの教育論	学校法人聖学院本部新館	
2000/11/	3第45回例会	阿久戸光晴	聖学院大学副学長	「教育基本法」のキリスト教的基礎	東京YMCAホテル	
2001/6/29	第46回例会	大柳弘正	東北学院榴ヶ岡高等学校宗教主任・同大学非常勤講師	「キリスト教教育原論試論」マイケル・ポラニーの科学哲学との関連で	東北学院榴ヶ岡高等学校	

2001/11/9	第47回例会	菱刈晃夫	国士舘大学	メランヒトンの学習計画——その理念と内実——	学校法人聖学院本部新館	
2002/6/7	第48回例会	鈴木健一	聖学院みどり幼稚園園長	明治大正期における保育思想受容に関する一考察——中里幼稚園の主任保母　中澤咲子の場合——	愛恵福祉支援財団愛恵ビル	
2002/11/8	第49回例会	多田　創	玉川大学通信教育学部教育学科生	教育における内面からの働き——感性教育——	愛恵福祉支援財団愛恵ビル	
2003/6/20	第50回例会（読書会）	《発表者》菊地　順	聖学院大学宗教主任	読書会　近藤勝彦著『伝道の神学』	愛恵福祉支援財団愛恵ビル	
		濱田辰雄	聖学院大学宗教センター幹事・緑聖教会牧師			
2003/11/7	第51回例会（読書会）	《発表者》高橋義文	三育学院短期大学学長	読書会　大木英夫著『組織神学序説』	愛恵福祉支援財団愛恵ビル	
		小倉義明	女子聖学院中学高等学校校長			
2004/11/19	第52回例会	高橋恵一郎	女子聖学院中学校・高等学校宗教主任	女子聖学院における授業実践（聖書）——すべての生徒の主体的参加を目指し	女子聖学院中学校・高等学校	
2005/11/4	第53回例会	高橋義文	三育学院短期大学学長	チャールズ・C・ブラウンのニーバー理解をめぐって	女子聖学院中学校・高等学校	

④　事例発表・研究発表・発題

発表者	所属（役職）	タイトル	開催日		場所	出席者
濱田辰雄	緑聖教会牧師	私見：聖学院教育会議の目指すもの――戦後教育行政の問題点を踏まえて――	2000/8/3	第17回夏季研修会	酪農学園大学	
木戸真千子	捜真小学校教諭	小学校におけるキリスト教教育の展開――組体操を通しての讃美の表現――	2001/4/30	第20回公開講演会・2001年度定期総会	東洋英和女学院中等部・高等部	
森田美千代	聖学院大学総合研究所助教授	ホーレス・ブッシュネルがめざしたクリスチャン・アメリカ	2001/4/30	第20回公開講演会・2001年度定期総会	東洋英和女学院中等部・高等部	
大柳弘正	東北学院榴ヶ岡高等学校宗教主任・同大学非常勤講師	「キリスト教教育の自然神学的可能性」を巡っての一考察――マイケル・ポラニー『暗黙知の次元』を手がかりに	2002/4/29	第21回公開講演会・2002年度定期総会	女子栄養大学	
徳野昌博	九州ルーテル学院大学	ルーテル教会が設置した大学におけるチャプレンシーと礼拝について	2002/4/29	第21回公開講演会・2002年度定期総会	女子栄養大学	
石井道夫	横浜共立学園中学校・高等学校	キリスト教学校における礼拝・聖書科授業――「総合的な学習の時間」との関係を巡って――	2002/8/7	第19回夏季研修会	宮城学院中学校高等学校	
小倉義明	聖学院副院長・女子聖学院中学校・高等学校校長	聖学院の教育憲章をめぐって	2003/4/29	第22回公開講演会・2003年度定期総会	女子栄養大学	
伊藤　悟	青山学院大学	チャプレンシーの現状と課題	2003/8/6	第20回夏季研修会	アイビーホール青学会館	

永井英司	岐阜済美学校・院高等学校宗教主任	ケリュグマと学校伝道	2004/8/5	第21回夏季研修会・学校伝道懇談会	金沢教会	
釜土達雄	七尾教会牧師	命の大切さを，どのように伝えるか――キリスト教幼稚園の取り組みから――	2004/8/6	第21回夏季研修会研究・事例発表，講演会	北陸学院短期大学　国際交流研修センター	
井本晴雄	聖学院中学校・高等学校宗教主任	学校礼拝から教会の礼拝へ	2005/4/29	第24回公開講演会・2005年度定期総会	聖学院大学・緑聖教会チャペル	
重富勝己	大阪キリスト教短期大学チャプレン	学生の魂に届くために――大阪キリスト教短大チャペル活動紹介――	2005/8/5	第22回夏季研修会・学校伝道懇談会	東京女子大学	
岸　憲秀	千葉本町教会牧師	全国教会青年同盟からの発題――教会青年の育成をめぐって――	2005/8/5	第22回夏季研修会発題，講演会	東京女子大学	
岩田昌路	狛江教会牧師	教会青年の育成をめぐって――西日本教会青年同盟の歩みを通して――	2005/8/5	第22回夏季研修会発題，講演会	東京女子大学	

3　学校伝道研究会紀要「キャンパス・ミニストリー」

学校伝道研究会の研究成果は紀要「キャンパス・ミニストリー」に発表してきた。1982年に「キャンパス・ミニストリー――第1回学校伝道研究会研究例会報告」創刊号を発行し，2号から「学校伝道研究会紀要――キャンパス・ミニストリー」と改題した。

第1号　1983年5月5日，A5，39頁

巻頭言	小倉義明
創立総会講演　「今日のキリスト教学校における伝道の使命」	古屋安雄
ラインホルド・ニーバーの教育観	鈴木有郷
キリスト教（主義）学校教育の必然性と課題 ――日本プロテスタント教会との関連において――	濱田辰雄

第2号　1984年4月30日，A5，43頁

巻頭言	伊藤久男
第二回定期総会講演　「教育の神学について」	大木英夫
日本の神学における教育の論義	西谷幸介
教育の神学試論	高橋義文

第3号　1985年2月8日，A5，60頁

第三回定期総会講演「キリスト教学校教育論 ――カトリックとプロテスタントの場合――」	倉松　功
日本における教会とキリスト教学校の関係	斎藤正彦
キリスト教大学における宗教主任制度	伊藤久男
福音と教育	清水　正

第4号　1986年4月29日，A5，34頁

第四回定期総会講演「キリスト教学校再興」　佐藤敏夫

キリスト教主義学校の在りかた――学校伝道をになう者――　鷲山林蔵

キリスト教教育の基本構造　小島一郎

キリスト教科目のカリキュラムについて　本田栄一

第5号　1988年1月3日，A5，60頁

学校伝道研究会のために　斎藤和明

キリスト教教育試論――女子中学校高等学校の場合――　鈴木健一

キリスト教教育の現代的課題　山北宣久

エミール・ブルンナーの教育思想　濱田辰雄

キリスト教学校の新しい形成とその理論に向つて
――『教育の神学』出版に際して――　西谷幸介

孤立した子どもたち
――いのちの電話にみる子どもたちの訴え――　斎藤友紀雄

第6号　1989年7月1日，A5，70頁

キリスト教学校教育における
キャンパス・ミニストリーの役割と位置づけ　斎藤正彦

魅力あるキリスト教授業であるために　古屋安雄

学問・教育事始め――東西比較――　大木雅夫

人 その心 ――教育的洞察を求めて聖書を読む――　小倉義明

キリスト教学校教育と宗教の文化的・言語的理解　西谷幸介

第7号　1991年4月29日，A5，68頁

象徴的存在としての教育者　近藤勝彦

キリスト教大学の神学的基礎づけ試論　小島一郎

公教育の現実とキリスト教主義学校　小林貞夫

学生の求めているもの
——大学における福音宣教の可能性について——　小池磨理子
キリスト教教育のための聖書講話(1)
——横浜共立学園教職員研修会にて——　小倉義明

第8号　1993年10月31日，A5，66頁
第10回公開講演会講演 「福音と教育の交錯
——羽仁もと子と高倉徳太郎——」　佐藤敏夫
聖学院との合同シンポジウム発題①「大学の神学について」　古屋安雄
聖学院との合同シンポジウム発題②「キリスト教大学——
その形成への課題——」　倉松 功
聖学院との合同シンポジウム発題③「父の心を子に，
子の心を父に——青年期前期までの『学校』の役割——」　鈴木健一
投稿「キリスト教主義幼稚園の現実」　釜土達雄

第9号　1995年3月1日，A5，80頁
巻頭言　伊藤久男
競争主義社会における教育の問題　近藤勝彦
キリスト教古典に聴く教育の原理
——アウグスティヌスとトマスを手がかりとして——　茂泉昭男
キリスト教学校教育の類型的理解への一試論　木戸健一
'94ノート——少女たちの「性」——　鈴木健一
キリスト教女子大学・短期大学の将来像を摸索する　山本 昂

第10号　1996年8月7日，A5，66頁
巻頭言　高橋義文
近代日本の歩みとキリスト教教育の課題　酒井文夫
今日における学校伝道——教育の宣教的役割——　小林 宏
人間学から見た霊性教育　金子晴勇

資　料

'96ノート――「死」のめぐりの若者たち――　鈴木健一
[書評]　古屋安雄著『日本伝道論』を読んで　濱田辰雄

第11号　1998年6月25日，A5，65頁
巻頭言　高橋義文
これからの日本伝道とキリスト教学校　古屋安雄
親の教育権と私学
――私学としてのキリスト教学校の使命との関連で――　倉松　功
'97ノート神戸少年殺傷事件　鈴木健一

第12号　1999年4月29日，A5，79頁
巻頭言　高橋義文
フィリピンのキャンパスミニストリーのワークショップ　古屋安雄
大塚久雄における「苦難の神義論」の意味
――社会科学と信仰のあいだをめぐって――　木戸健一
ティリッヒの伝道論　菊地　順
感染教育とキリスト教教育――折口信夫から八木重吉へ――　濱田辰雄
学校伝道研究会規約

第13号　2000年11月1日，A5，88頁
巻頭言　高橋義文
キリスト教大学論とその問題
――キリスト教世界観の形成を目指して――　稲垣久和
学生・生徒たちの中のクリスチャン教師像
――教師論について――　朴　憲郁
キリスト教学校教育の主体形成　柴田　昭
神か物質か　石川富士夫
テイリッヒの教育論――キリスト教教育の可能性をめぐって――　菊地　順

第14号　2002年３月１日，A5，75頁

巻頭言　高橋義文

小学校におけるキリスト教教育の展開
——組体操を通しての賛美の表現——　木戸真千子

幼児期におけるキリスト教教育——「聞く力」を中心として——　濱田辰雄

子どもが聖書に出会う時後　藤田典子

キャンパス教会設立の経緯と今後の課題　石井　昇

中等教育（中学・高校）における
キャンパス・ミニストリーの実践と課題　木戸健一

ホーレス・ブッシュネルがめざしたクリスチャン・アメリカ　森田美千代

メランヒトンの教育活動——その原理的特質と具体例——　菱刈晃夫

第15号　2003年３月１日，A5，84頁

巻頭言　高橋義文

伝道の言葉，教育の言葉　大住雄一

キリスト教学校と教育基本法　深谷松男

明治大正期における保育思想受容に関する一考察
——中里幼稚園の主任保母中川咲子の場合——　鈴木健一

キリスト教信仰に基づく人格形成とは　小林　宏

第16号　2004年７月30日，A5，79頁

巻頭言　高橋義文

虚しさからの解放
——キリストにある出会いと活動が若者を変える——　田坂興亜

教育における公共の精神と愛国心
——中央教育審議会の答申をめぐって——　近藤勝彦

キリスト教大学におけるチャプレンシーの現状と課題
——現行チャプレン制度の類型化の試み——　伊藤　悟

資　料

学校伝道研究会ミッション・ステートメント（案）

学校伝道と霊性の回復　古屋安雄

「新しい人」に応じる教育　近藤勝彦

ミッション・ステートメント作成に向けて

——中高の現場から求められるものを——　後藤田典子

シンポジウム報告

発題　小倉義明

コメンテータ　倉松　功

古屋安雄

近藤勝彦

後藤田典子

3 「学校伝道」に関する参考文献リスト

「学校伝道」に関すると思われるものと，本会の研究テーマにつながると思われるもののみを挙げた。「キリスト教教育」のみ，「伝道」のみに関するものは原則として省いた。なおこのリストには挙げていないが『宗教教育資料集』國学院大學日本文化研究所，鈴木出版社，1993年）は，宗教教育に携わるものにとっては，貴重な文献と思われる。（濱田辰雄）

『キリスト教と教育の接点』（宮本武之助先生喜寿記念論集編集委員会，YMCA出版，1982年）

『公教育と宗教』（長納円信，勁草書房，1987年）

『宗教教育の哲学　教育と神礼拝』（P・H・フェニックス　佐野安仁・吉田謙二訳　晃洋書房，1987年）

『教育の神学』（学校伝道研究会編，ヨルダン社，1987年）

『キリスト教学校教育の理念と課題』（キリスト教学校教師養成事業委員会，キリスト教学校教育同盟，1991年）

『大学の神学』（古屋安雄，ヨルダン社，1993年）

『学校の中の宗教——教育大国のタブーを解読する』（下村哲夫，時事通信社，1996年）

『キリスト教学校の再建——教育の神学第２集』（学校伝道研究会編，聖学院大学出版会，1997年）

『宗教と教育——日本の宗教教育の歴史と現状』（國學院大學日本文化研究所，弘文堂，1997年）

『大学とキリスト教教育』（稲垣久和，増井志津代，櫻井圀郎，伊藤明生，東京基督教大学共立キリスト教研究所，1998年）

『キリスト教大学の新しい挑戦』（倉松功，近藤勝彦，聖学院大学出版会，1998年）

『「宇魂和才」の説――二一世紀の教育理念』（大木英夫，聖学院出版会，1988年）
『ミッション・スクールとは何か　教会と学校の間』（北川直利，岩田書院，2000年）
『日本の将来とキリスト教』（古屋安雄，聖学院出版会，2001年）
『伝道の神学――21世紀キリスト教伝道のために』（近藤勝彦，教文館，2002年）
『私学としてのキリスト教大学』（倉松功，聖学院出版会，2004年）